高等职业教育铁道交通运营管理专业教材

铁路特殊条件货运组织

王景馨◎主　编
刘海涛◎副主编
韩　梅◎主　审

中国铁道出版社有限公司

2025年·北　京

内 容 简 介

本书为高等职业教育铁道交通运营管理专业教材。全书共分为阔大货物运输、危险货物运输、鲜活货物运输3个模块，包括铁路阔大货物装载基本条件判定，避免集重装载、超长货物装载，超限超重货物运输组织，阔大货物装载加固方案制订，危险货物判定，危险货物运输组织，危险货物施救与应急处理，鲜活货物运输组织等内容。

本书可作为高等职业教育铁道交通运营管理专业教材，也可供铁路货物运输有关职工学习参考。

图书在版编目（CIP）数据

铁路特殊条件货运组织 / 王景馨主编. -- 北京 ：中国铁道出版社有限公司，2025. 9. --（高等职业教育铁道交通运营管理专业教材）. -- ISBN 978-7-113-32524-4

Ⅰ. U294.1

中国国家版本馆 CIP 数据核字第 2025BK6750 号

书　　名：铁路特殊条件货运组织
作　　者：王景馨

责任编辑：王佳琪　悦　彩　　**编辑部电话：**（010）51873169　　**电子邮箱：**2307202638@qq.com
封面设计：刘　莎
责任校对：苗　丹
责任印制：高春晓

出版发行：中国铁道出版社有限公司（100054，北京市西城区右安门西街8号）
网　　址：https://www.tdpress.com
印　　刷：三河市宏盛印务有限公司
版　　次：2025年9月第1版　2025年9月第1次印刷
开　　本：787 mm×1 092 mm　1/16　**印张：**15.75　**字数：**389千
书　　号：ISBN 978-7-113-32524-4
定　　价：49.00元

前言

为更好顺应我国铁路货运的发展趋势，依据中国国家铁路集团有限公司（以下简称国铁集团）最新的货运规章、文电，以及货运系统工种要求，参照高等职业教育铁道交通运营管理专业教学标准、国铁集团铁路特有工种技能培训规范《铁路货运员（修订版）》等，编者科学规划组织架构，整合铁路特殊条件货运组织内容，严谨规范地开展了本书的编写工作。本书主要涵盖以下内容：

1. 阔大货物运输。着重介绍超长、超限、超重等阔大货物装载加固的基本技术条件、常用加固方式与材料，以及装载加固工作和运输组织流程。

2. 危险货物运输。重点阐述危险货物运输的特殊条件及运输组织要点。

3. 鲜活货物运输。主要涉及铁路鲜活、易腐货物和活动物运输的相关知识与操作要点。

全书共分为 8 个项目 25 个典型工作任务，每个典型工作任务均包含学习目标、安全案例、相关知识，每个项目还包含相关规范、规程与标准，实作问答，课后作业，部分项目设拓展阅读，构建了完整且系统的学习体系。

本书具有以下显著特色：

1. 教学目标明确。将知识传授、技能培养、能力提升和素质塑造有机融合，融入职业道德与职业素养等内容，充分发挥立德树人的教育功能。

2. 学习任务清晰。内容严格遵循国家铁路局和国铁集团现行的规章和标准，依据现场工作流程合理编排，条理清晰。

3. 案例丰富实用。案例均源自现场作业情况，所设计题目具有极强的针对性和代表性，融入职业教育特色，能够满足不同层次的教学与职业培训需求。

4. 深化校企合作。本书由山东职业学院与中国铁路济南局集团有限公司货运部携手共同编写，内容紧密贴合现场实际，实用性强。

本书由山东职业学院王景馨任主编，中国铁路济南局集团有限公司刘海涛任副主编，北京交通大学韩梅任主审，中国铁路济南局集团有限公司项书峰、王建春、章伟峰和南京铁道职业技术学院张苏敏参与编写。具体编写分工如下：王景馨编写项目1至项目3、项目5、项目6、项目8典型工作任务1；刘海涛编写项目4；项书峰编写项目8典型工作任务2；王建春编写项目7；章伟峰编写项目8典型工作任务3；张苏敏编写项目8典型工作任务4。

在本书编写过程中，得到了北京交通大学交通运输学院、中国铁路济南局集团有限公司货运部、中国铁路沈阳局集团有限公司货运部等单位的大力支持与帮助，在此致以诚挚的感谢！

本书严格参照国铁集团最新的货物运输规章和文电编写，并经过多次修订完善。然而，特殊条件货物运输规章与文电数量众多且变化频繁，若书中内容与现行规章存在不符之处，敬请以现行规章为准。

铁道交通运营管理专业课程与教材的改革创新是一个持续探索的过程。由于编者水平有限，书中难免存在疏漏之处，恳请广大读者批评指正，以便不断改进和完善。

编　者
2025年3月

目录

模块 1　阔大货物运输

模块2　危险货物运输

模块3　鲜活货物运输

模块1

阔大货物运输

项目 1　铁路阔大货物装载基本条件判定

典型工作任务 1　铁路阔大货物运输装备认知

学习目标

1. 能力目标

熟悉铁路运输阔大货物的技术装备，能够合理运用。

2. 知识目标

(1)理解阔大货物装载加固的重要意义。

(2)了解我国铁路常用平车及长大货物车的特点及技术参数。

(3)了解我国铁路常用敞车的特点及技术参数。

(4)了解我国铁路货车超偏载检测装置的运用。

3. 素质目标

能够认识到装车工作对铁路行车及安全的重要性，培养细致、认真、负责的工作态度。

安全案例

1. 装运汽车吊严重偏重

(1)事故概况：某日，A 站使用 NX_{17k} 型车装运的汽车吊(图 1-1-1)，经 B 站超偏载检测报警，偏重 10.6 t。

图 1-1-1　使用 NX_{17k} 型车装运的汽车吊

(2)原因分析：托运单位对该货物的重心位置标注有误，装后未使用轮重测定仪进行复测。

2. 装载散堆装货物超载

(1)事故概况：某日，C站接轨专用线使用装载机装载一批8车膨润土，途经D站货车运行状态地面安全监测系统(TPDS)报警，有6车严重超载，甩车复衡检测分别超载16 t、15.8 t、13.9 t、10.9 t、16.2 t、12 t。

(2)原因分析：装车专用线使用装载机电子秤进行称重。因装载机司机违章作业，每车装车前未对电子秤进行置零操作，且装车中多次边起臂边称重，导致误差累积造成超载。

相关知识

国家或行业重点建设工程中所需要的大型机械、重型设备，如发电机定子、变压器、大型石化罐体、锅炉、桥梁等，这些"庞然大物"多为超重、超长、超宽、超高的不可分割的整体货物。铁路运输中，一般将超长货物、超限、超重货物统称为阔大货物，阔大货物的运输往往成为制约行业发展的重要因素。铁路运输作为阔大货物的主要运输方式之一，为国家重点工程建设、大型设备制造业的发展提供了重要的基础保证。

货物装载加固质量是影响行车安全的重要因素，直接关系列车运行安全和货物的安全。货物装载加固是铁路运输组织工作的重要组成部分，其主要任务是：保证货物、车辆的完整和行车安全，充分利用货车载重力和容积，安全、迅速、合理、经济地运输货物，以适应国民经济对铁路运输的需要。

阔大货物装载，除必须满足普通货物装载的一般要求之外，还应针对货物重量大、体积大和长度长等方面的特点，制订不同侧重点的装载技术方案。一般来说，车辆应有足够的强度，尤其是承受集中载荷的能力要强；应便于对货物进行装载加固；对于超限货物装车还应尽量降低超限等级，以保证运输安全和避免损伤车辆。了解铁路阔大货物运输装备的特点、技术参数和适用条件，正确使用车辆，按照《铁路货物装载加固规则》(以下简称《加规》)的技术要求合理地确定货物装载方案，是保证列车运行安全和货物安全的前提。

一、装运阔大货物的车辆

我国铁路装运阔大货物主要使用平车和长大货物车，部分货物也可使用敞车装载。

1. 平车

平车没有固定的侧壁和端壁，作用在车上的垂向载荷和纵向载荷完全由底架的各梁承担，属于典型的底架承载结构。为了提高平车承受集中载荷的能力，部分平车底架采用鱼腹梁。平车具有装运多种货物的功能，主要运输集装箱、钢材、木材、汽车和拖拉机等体积重量比较大的货物及机械设备、大型混凝土桥梁等货物。平车共16种车型，车底架长度有13 m、15.4 m两种规格，标记载重量有60 t、61 t、70 t三种。

我国铁路平车多为平集共用车，是在通用平车和集装箱平车的基础上发展而成的车辆，其结构形式如图1-1-2所示。平集共用车由底架、地板、集装箱锁闭装置、端板、制动装置、车钩缓冲装置、转向架等部分组成。其中，底架由端梁、中梁、侧梁、枕梁、中央大横梁、大横梁、小横梁和辅助梁等部分组焊而成。集装箱锁闭装置设于底架之上，锁头可原位翻转。

图 1-1-2　平集共用车

2. 敞车

敞车是我国铁路运输中的主要车型。在我国目前的货车总数中，通用敞车数量最多，占比超过一半。敞车设有底架、侧墙和端墙，底架为平底或浴盆（单浴盆或双浴盆）结构，不设车顶，除能满足人工装卸外，还能适应翻车机等机械化卸车作业，并能适应解冻库的要求。

敞车按用途不同可分为两类：一类为可装运煤炭、矿石、建筑物资、木材、钢材、机械设备等多种货物的通用敞车，如图 1-1-3 所示；另一类是只适用于大型厂矿企业、站场、码头之间成列固定编组运输，专门用于装卸煤炭或矿石等专用货物的专用敞车，如图 1-1-4 所示。

图 1-1-3　通用敞车

图 1-1-4　C_{80} 型运煤专用敞车

3. 长大货物车

长大货物车简称 D 型车，和通用货车相比，其载重量及自重均较大。长大货物车由于其载重量大、载重货物特殊，其承载方式、转向架形式、车体结构等各方面具有自身特点，适用于装运电力、冶金、化工、机械等行业的长大货物。长大货物车按照承载结构可以分为长大平车、凹底平车、双联平车、落下孔车和钳夹车五种类型。

(1)长大平车。

从底架结构形式上看，长大平车与普通平车基本相同，其差别主要是长大平车的底架长度和标记载重量比较大，其结构形式如图 1-1-5 所示。长大平车共 8 个车型，主要用于装运长度较大的钢轨、型钢及锅筒等。目前，D_{23G} 型载重 265 t 的长大平车是我国载重量最大的长大平车。

图 1-1-5　长大平车

(2)凹底平车。

凹底平车的结构特点是转向架或转向架群分布于车辆的两端,中部为装载货物的凹底架,如图 1-1-6 所示。凹底架承载面距轨面高度较低,可降低货物装后高度,从而降低超限等级和重车重心高度。凹底平车适于装运高度较大、长度不太长的长大货物,如机械设备、变压器等货物。

图 1 1 6　凹底平车

现有的长大货物车中,凹底平车的车型种类和数量所占比例最高。凹底平车共 20 个车型,标记载重量以 30～40 t 为级差,已形成系列。目前,DA_{37} 型凹底平车是我国载重量最大的凹底平车,载重量 370 t。

(3)双联平车。

双联平车无承载底架,由两个安装于两转向架群中央心盘上的可回转鞍座支承货物。货物一般比较长,跨装在两个转向装置上。为避免货物受到过大纵向冲击力的作用,两节车之间有缓冲装置。双联平车自重系数小,货物支承点可根据货物长度调节,适于装运长度较大、有自承载能力的圆柱体货物,如氨合成塔、尿素合成塔、加氢反应器、锅炉等。D_{30G} 型双联平车空车如图 1-1-7 所示,双联平车装运低温液体储罐如图 1-1-8 所示。

图 1-1-7　D_{30G} 型双联平车空车

图 1-1-8　双联平车装运低温液体储罐

(4)落下孔车。

落下孔车底架中部具有一定长度和宽度的装货孔，装货时，使货物落入孔内，货物的重量由两根截面高度较大的侧梁承担，如图 1-1-9 所示。落下孔车自重系数较小，能充分利用铁路建筑限界高度，适于装运超限、超重阔大货物，如轧机机架、具有承载肩座的变压器、发电机定

图 1-1-9　落下孔车

子等，但由于两根侧梁占据了一定的宽度及落下孔长度的限制，落下孔车不适合装运长度或宽度特别大的货物。目前，落下孔车共 9 种车型，D_{45} 型落下孔车是我国载重量最大的落下孔车，载重量 450 t。

(5)钳夹车。

钳夹车具有独特的超限货物运输能力，它由两个对称的半节车组成。装运货物时，将两个半节车分开，货物夹置在两个半节车之间，使货物与两个半节车的钳形梁成为一个整体，货物成为整个车辆的一部分，称为长连挂。空车运行时，两个对称的半节车由辅助装置连接在一起，称为短连挂。由于钳夹车无承载货物的地板面和侧承梁，因此装载货物时能最有效地利用铁路限界空间。钳夹车适用于装运电力、冶金等行业的超限货物，如发电机定子、主变压器、轧钢机牌坊、核电站压力壳等。钳夹车空车如图 1-1-10 所示，重车如图 1-1-11 所示。

图 1-1-10　钳夹车空车

图 1-1-11　钳夹车重车

目前，我国铁路钳夹车共有 D_{38}、DQ_{35} 和 DQ_{45} 型 3 种车型，其中 DQ_{45} 型钳夹车是我国载重量最大的钳夹车，载重量 450 t。

二、铁路货车超偏载检测装置

铁路货车超偏载检测装置是铁路货运计量安全检测系统的重要组成部分，是检测货车超载、偏载、偏重的主要装置之一，如图 1-1-12 所示。铁路货车超偏载检测装置主要由称重轨传感器、钢结构梁架等组成，称重轨与线路钢轨可实现不断轨连接，其操作系统可以显示车辆的节重、轴重、车速、车号等货车装载信息。

(a)

(b)

图 1-1-12　铁路货车超偏载检测装置

1. 货车超偏载等级分类

货车超偏载分严重、一般两级，具体分级标准见表 1-1-1。

表 1-1-1　货车超偏载分级标准

分　级	严　重	一　般
超　载	大于货车容许载重量 10 t	大于货车容许载重量 5 t，但未达到严重程度
偏　载	货物总重心投影距车辆纵中心线距离大于 150 mm	货物总重心投影距车辆纵中心线距离大于 100 mm，但未达到严重程度
偏　重	货车两转向架承受重量之差大于 15 t	货车两转架承受重量之差大于 10 t，但未达到严重程度

2. 超偏载货车的处理

(1)超偏载货车处理方式。

根据超偏载检测装置检测结果，对严重的超偏载货车，应通知货检和列检人员联合检查，车辆技术状态正常不危及行车安全的，要做出记录，重点监控运行；危及行车安全的，须立即扣车，换装整理后，方能挂运。对一般的超偏载货车，可不换装整理。

车站对未扣车处理的严重、一般超偏载车辆，应记录车种、车号、发到站、货物品名、发收货人等，并将上述信息及时通知发到站，电报通知下一编组站，同时在 24 h 内，将信息上报铁路局集团公司货运主管部门，并反馈到铁路局集团公司计量主管部门。

(2)严重超偏载货车换装整理作业流程。

①车站货检人员应根据检测结果，核对现车无误后，对危及行车安全的，及时打印超偏载甩车通知卡(一式三份，调度、货检、列检各一份)，并向车站行车调度部门报告。

②车站行车调度部门接到货检人员报告后，值班人员应在超偏载甩车通知卡上签字，安排甩车，并送入指定地点。

③车站对甩下的货车重新过衡或进行偏载、偏重复核，确认超载、偏载、偏重后，按规定换装整理和拍发电报。

④车站对卸载货车重新过衡复磅，确认货物重量不超过货车容许载重量后，方可编入列车继续运行。

⑤车站将严重超偏载货车的超偏载检测单和轨道衡复磅单，随运输票据一并寄送到站，到站应按规定处理，并按月将有关超偏载统计资料报送主管铁路局集团公司和责任铁路局集团公司。

典型工作任务 2　货物重心水平位置的确定

学习目标

1. 能力目标

掌握铁路货物装载加固的基本要求，能够正确确定货物重心水平的合理位置。

2. 知识目标

(1)掌握铁路货物装载加固的基本要求及技术条件。

(2)掌握一车装载一件或多件货物时，货物重心纵向水平位置的确定方法。

(3)掌握货物重心横向水平合理位置的确定方法及配重方法。

3. 素质目标

认识到货物重心位置对保证铁路行车和货运安全的重要性，树立安全第一的工作态度。

安全案例

1. 货车严重偏载导致脱轨

(1)事故概况：某日，A 站接轨专用线内，一辆货车在调车作业经过弯道时脱轨。

(2)原因分析：货车内螺纹钢未卸净且堆积在一侧，构成严重偏载，造成车辆经过弯道时脱轨，如图 1-2-1 所示。

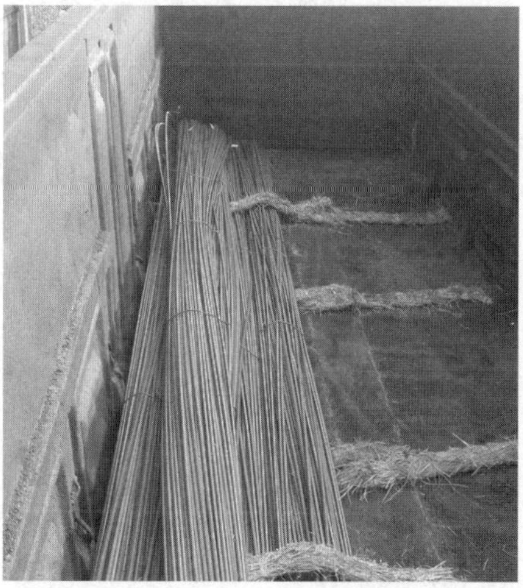

图 1-2-1　货车内螺纹钢偏载

2. 货车在专用铁路脱轨

(1)事故概况：某日 16:12，B 站接轨的××专用铁路调车机，牵引 26 辆空车运行至××专用铁路，机后第 20 位车辆脱轨。经处理，19:30 起复完毕。构成铁路交通一般 D2 类事故。

(2)原因分析：B 站货运员未按要求落实卸车及空车残货检查制度，未发现车底有残货，造成未卸空车辆上线，车辆偏载运行经过 200 m 小半径曲线时，外侧车轮悬浮脱轨。

相关知识

《加规》明确了铁路货物装载加固工作的主要任务是:保证货物、货车的完整和行车安全,充分利用货车载重力和容积,安全、迅速、合理、经济地运输货物。这也是贯穿《加规》始终的制定原则与目的。

一、货物装载加固的基本要求

货物装载加固的基本技术要求是:使货物均衡、稳定、合理地分布在货车上,不超载,不偏载,不偏重,不集重;能够经受正常调车作业以及列车运行中所产生各种力的作用,在运输全过程中,不发生移动、滚动、倾覆、倒塌或坠落等情况。其中,“正常调车作业以及列车运行”是指列车运行速度≤120 km/h,调车连挂速度≤5 km/h 的工况。

均衡指货物重量均匀分布在货车上;非理想状态的分布,也要使车辆两转向架受力及车轮对钢轨的压力基本相等。

稳定指未加固货物自身或者加固货物本身所具有的抗倾覆、防移动、防滚动的能力。

合理指根据货物的性质、规格(包括外形轮廓、结构特征、重心位置)等,针对所装车型的最佳码放。

不超载即不超过车辆的容许载重量。

不偏载即货物在车辆横方向上左右重量相等。由于运输的需要,货物重心横向偏离量不得超过 100 mm,即视为不偏载。

不偏重指货物重心在车辆纵方向上的不过量偏离,符合《加规》规定。

不集重指货物在车辆上的支重面长度和宽度,符合所装车辆集载能力的规定。也就是车辆主要部件的工作应力不大于其许用应力。

二、货物重心在车辆的合理位置

装车后货物总重心的投影应位于货车纵、横中心线的交叉点上。必须偏离时,横向偏离量不得超过 100 mm;纵向偏离时,每个车辆转向架所承受的货物重量不得超过货车容许载重量的二分之一,且两转向架承受重量之差不得大于 10 t。

1. 货物重心在车辆纵向的合理位置

货物装车时,一般情况下应使货物重心或总重心落在车辆中央。这样装载车辆两转向架承受的货物重量相等,同一轮对的两个车轮轮压相同,重车的运行稳定性最好。

但在实际工作中,遇到以下情况时,货物重心或总重心可偏离车辆横中心线:

(1)超长均重货物,为节省一辆游车,采用一端突出车端的装载方案时。

(2)非均重货物,如果将货物重心落到车辆中央,一端突出车辆端梁,需要加挂游车,而另一端车地板长度尚有空余,为了节省游车,采取不突出车端的装载方案时。

(3)一车装载两件或多件货物,各件的重量和外形尺寸又互不相同时,其总重心往往很难恰好落在车辆中央。

2. 货物重心在车辆横向的合理位置

货物重心或总重心的投影应位于车辆的纵中心线上,这时同一转向架两侧轮压相同,两侧弹簧负荷均匀，有利于车辆的平稳运行。但有一些不规则的货物，其重心所在的纵向垂直平面两侧的宽度不等，当将其重心落在车辆纵中心线上时，可能超限，甚至受限界的限制无法运输。为了避免超限或降低超限等级，可以采用货物重心偏离纵中心线的装载方案。

货物重心偏离纵中心线将使车辆一侧弹簧负荷较大，如果偏移量过大，有可能造成车辆或线路的损坏，同时亦可能使车辆一侧的旁承游间压死，影响车辆顺利通过曲线。实践证明，货物重心偏离车辆纵中心线距离不超过 100 mm 时，不会影响重车运行安全。

三、确定货物重心水平合理位置——纵向偏移量计算

由于车辆、线路、货物装载技术条件所限，货物重心水平位置应限制在一定的范围以内，以防货物偏载、偏重，以及在运行中发生货物移动、滚动、倾覆，造成车辆损坏或列车颠覆。

1. 货物重心在车辆纵向合理位置的确定

假设货车容许载重量为 $P_{容}$，车辆两个转向架 A、B 承受货物重量分别为 R_A、R_B，如图 1-2-2 所示，且有 $R_A > R_B$。货物重心在车辆纵向合理位置可用公式表述为

$$R_A - R_B \leqslant 10\ \text{t} \tag{1-2-1}$$

$$R_A \leqslant \frac{P_{容}}{2} \tag{1-2-2}$$

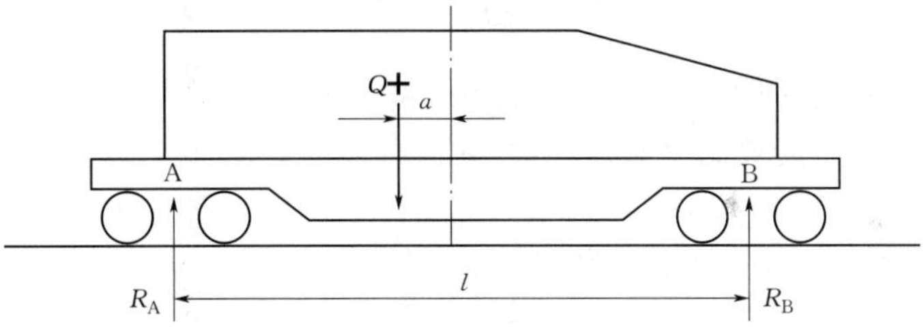

图 1-2-2　货物重心纵向偏移

2. 货物重心在车辆纵向合理位置的计算

(1)一车装载一件货物的重心纵向偏离量计算。

根据货物的计划装载方案，可以测量有关数据。如图 1-2-2 所示，设货物重量为 Q，车辆的转向架中心距为 l，重心纵向偏移量为 a。以 B 为支点，根据力矩平衡原理 $\sum M_B = 0$，可得

$$R_A l - Q\left(a + \frac{l}{2}\right) = 0$$

经推导得

$$R_A = Q\left(0.5 + \frac{a}{l}\right) \tag{1-2-3}$$

$$R_B = Q - R_A = Q\left(0.5 - \frac{a}{l}\right) \tag{1-2-4}$$

在实际工作中，计算每个转向架的负重再进行判断，过程比较复杂，可采取以下方式简化步骤：

将式(1-2-3)代入式(1-2-1)，可得 $Q\left(0.5 + \frac{a}{l}\right) \leqslant \frac{P_{容}}{2}$，则

$$a \leqslant \left(\frac{P_{容}}{2Q}-0.5\right) l \tag{1-2-5}$$

将式(1-2-3)、式(1-2-4)代入式(1-2-2),可得 $Q\left(0.5+\frac{a}{l}\right)-Q\left(0.5-\frac{a}{l}\right)\leqslant 10$,则

$$a \leqslant \frac{5l}{Q} \tag{1-2-6}$$

为同时符合货物重心纵向偏移量的两个条件,应取较小的 a 值。经比较两式可知:

当 $P_{容}-Q<10$ t 时,式(1-2-5)计算的 a 值较小;

当 $P_{容}-Q>10$ t 时,式(1-2-6)计算的 a 值较小;

当 $P_{容}-Q=10$ t 时,式(1-2-5)与式(1-2-6)计算的 a 值相等。

由此可得货物总重心偏离车辆横中心线的容许距离 $a_{容}$ 的计算方法:

当 $P_{容}-Q<10$ t 时,

$$a_{容}=\left(\frac{P_{容}}{2Q}-0.5\right) l \quad (\mathrm{mm}) \tag{1-2-7}$$

当 $P_{容}-Q\geqslant 10$ t 时,

$$a_{容}=\frac{5l}{Q} \quad (\mathrm{mm}) \tag{1-2-8}$$

可以通过以下步骤判断货物装载是否符合要求:

①通过装载方案确定需要的纵向偏移量 $a_{需}$。

②根据已知条件,代入公式计算 $a_{容}$。

③比较 $a_{需}$、$a_{容}$大小,确定是否符合装载技术条件。

【例 1-2-1】 某客户托运货物一件,货物重 50 t,长 12 m,宽 3 m,高 2 m,货物非均重,重心距两端分别为 5 m 和 7 m,拟使用一辆 60 t N17AK 型平车(车地板高 1 211 mm,车地板长 13 000 mm,转向架中心距 9 000 mm),采用不突出合理装载(货物一端紧靠车辆端梁),如图 1-2-3 所示。试问该装载方案是否符合货物重心纵向位移的技术条件?

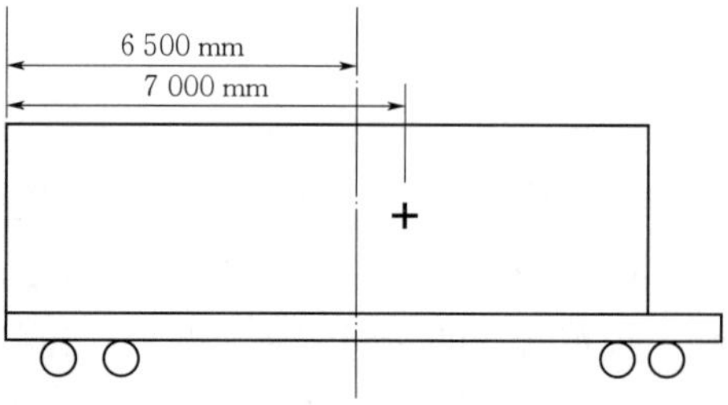

图 1-2-3　例 1-2-1 货物装载方案

【解】 解一:

货物一端与车辆端梁平齐装载,则有需要的纵向偏移量

$$a_{需}=7\,000-6\,500=500(\mathrm{mm})$$

$$R_{\mathrm{A}}=Q\left(0.5+\frac{a}{l}\right)=50\times\left(0.5+\frac{500}{9\,000}\right)\approx 27.78(\mathrm{t})$$

$$R_{\mathrm{B}}=Q-R_{\mathrm{A}}=50-27.78=22.22(\mathrm{t})$$

由于 $R_{\mathrm{A}}-R_{\mathrm{B}}=27.78-22.22=5.56(\mathrm{t})$,$R_{\mathrm{A}}-R_{\mathrm{B}}\leqslant 10$ t,且 $R_{\mathrm{A}}\leqslant\frac{P_{容}}{2}$,故两个转向架所承受的货物重量符合装载技术规定,该装载方案符合货物重心纵向位移的技术条件。

解二：

(1)通过装载方案确定 $a_{需}$。

$$a_{需}=7\ 000-6\ 500=500(\text{mm})$$

(2)计算 $a_{容}$。

当 $P_{容}-Q\geqslant 10$ t 时，$a_{容}=\dfrac{5l}{Q}=\dfrac{5}{50}\times 9\ 000=900(\text{mm})$

(3)比较 $a_{需}$、$a_{容}$ 大小。

由于 $a_{容}>a_{需}$，故货物重心纵向偏离合理。综上可知，该装载方案符合货物重心纵向位移的技术条件。

【例 1-2-2】 一件均重货物重 40 t，长 16 m，宽 2 m，高 1.8 m，拟用标重为 60 t 的 N17AK 型平车(车地板高 1 211 mm，车地板长 13 000 mm，车地板宽 2 980 mm，销距 9 000 mm)装运，横垫木高度为 200 mm，试确定经济合理的装载方案。

【解】 方案一：N17AK 型平车负重，货物重心投影在车辆中央，两端均衡突出装载，突出车端 1 500 mm>300 mm，两端各使用同车型平车作游车，共使用三辆货车。

思考：此方案货物重心水平投影在车辆中央，但共使用三辆货车，能否节省一辆游车？

方案二：货物重心在车地板上的位置按最大容许偏离距离装载。

$$P_{容}-Q=60-40=20(\text{t})，即\ P_{容}-Q>10\ \text{t}$$

$$a_{容}=\frac{5l}{Q}=\frac{5}{40}\times 9\ 000=1\ 125(\text{mm})$$

当货物重心偏离车辆横中心线 1 125 mm 时，货物突出车辆两端的长度分别为 375 mm 与 2 625 mm，仍需两辆游车，共使用三辆货车，如图 1-2-4 所示。

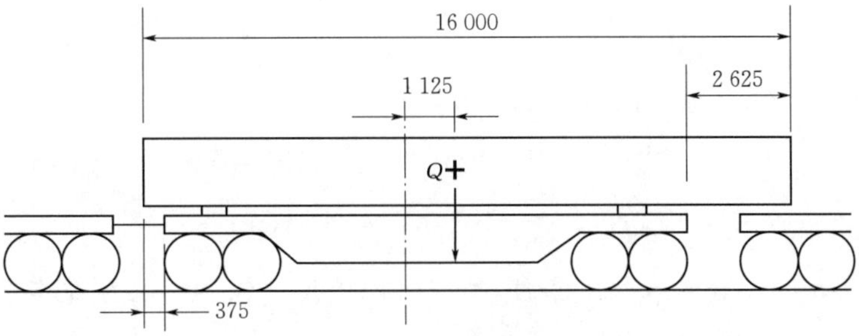

图 1-2-4　例 1-2-2 货物装载方案(单位：mm)

两方案比较，因两方案使用车数相同，方案一稳定性较好，故应采用方案一。

(2)一车装载多件货物的重心纵向偏离量计算。

一车装载多件货物(图 1-2-5)时可以根据拟定的装载方案，先求出多件货物的总重心偏离横中心线的距离，然后按一车装载一件货物的方法判定装载是否符合技术条件。不符合时，调整货物装载方案，重复上述过程，直到符合为止。因此，一车装载多件货物需要解决两个问题，一是确定多件货物的总重心距车辆横中心线的距离，二是确定货物总重心纵向最大容许偏移量。

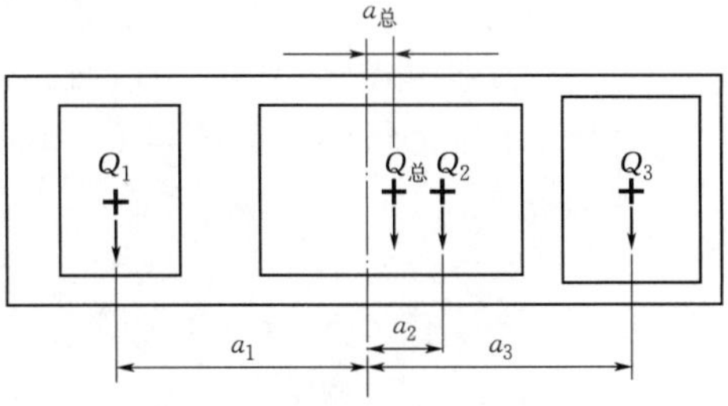

图 1-2-5　一车装载多件货物重心纵向偏移量

可以通过以下步骤判断货物装载是否符合要求：

①确定多件货物的总重心纵向偏移量 $a_{总}$。

②代入公式计算 $a_{容}$。

③比较 $a_{总}$、$a_{容}$大小，确定是否符合装载技术条件。

以货车横中心线为轴，根据力矩平衡原理可得

$$a_{总}(Q_1+Q_2+\cdots+Q_n)=\pm a_1Q_1\pm a_2Q_2\pm\cdots\pm a_nQ_n$$

$$a_{总}=\frac{\pm a_1Q_1\pm a_2Q_2\pm\cdots\pm a_nQ_n}{Q_1+Q_2+\cdots+Q_n} \tag{1-2-9}$$

式中　$Q_1,Q_2,\cdots,Q_n$——每件货物的重量，t；

$a_1,a_2,\cdots,a_n$——每件货物重心纵向偏移量，以货车横中心线为准，一侧取正号，另一侧取负号，mm；

$a_{总}$——多件货物总重心纵向偏移量，mm。

【例 1-2-3】 客户托运两件货物，货$_1$ 重 26 t，长 7 m，宽 2.8 m，高 2 m；货$_2$ 重 6 t，长 5 m，宽 2.2 m，高 0.8 m，两件货物均为均重货物，试确定可否用一辆 N17AK 型平车（标重 60 t，车地板高 1 211 mm，车地板长 13 000 mm，车地板宽 2 980 mm，销距 9 000 mm）装运。

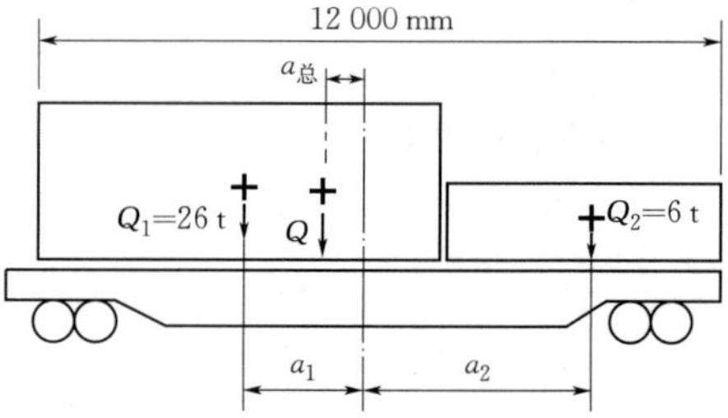

图 1-2-6　例 1-2-3 货物装载方案

【解】 解一：

将两件货物紧靠在一起，视为一件，将货$_2$ 一端与车辆一端平齐装载，货$_1$ 紧挨着货$_2$ 装载，如图 1-2-6 所示。

(1)总重心偏离车辆横中心线的实际距离为 $a_{总}$，代入式(1-2-7)可求得

$$a_{总}=\frac{\pm a_1Q_1\pm a_2Q_2}{Q_1+Q_2}=\frac{2\,000\times26-4\,000\times6}{26+6}=875(\text{mm})$$

(2)计算货物重心纵向容许位移量 $a_{容}$，可得

$$P_{容}-Q=60-(26+6)=28(\text{t})，即\ P_{容}-Q>10\ \text{t}$$

则
$$a_{容}=\frac{5l}{Q}=\frac{5}{32}\times9\,000\approx1\,406(\text{mm})$$

(3)因为 $a_{总}<a_{容}$，符合装载技术条件，所以可以使用一辆 N17AK 型平车装运。

解二：

将两件货物紧靠在一起，视为一件，如图 1-2-7 所示，两件货物的总重心至两外端的距离为

$$l_1=\frac{26\times3\,500+6\times9\,500}{26+6}=4\,625(\text{mm})$$

$$l_2=12\,000-4\,625=7\,375(\text{mm})$$

将重 6 t 的货物一端与车端平齐装载，在另一端紧靠着装重 26 t 的货物，需要重心偏离车辆横中心线距离为

$$a_{需}=7\,375-13/2\times1\,000=875(\text{mm})$$

由于 $P_{容}-Q=60-(26+6)=28(\text{t})$，即 $P_{容}-Q>10$ t，

则
$$a_{容}=\frac{5l}{Q}=\frac{5}{32}\times9\,000=1\,406(\text{mm})$$

$a_{容}>a_{需}$，所以可以用一辆 N17AK 型 60 t 平车装运。

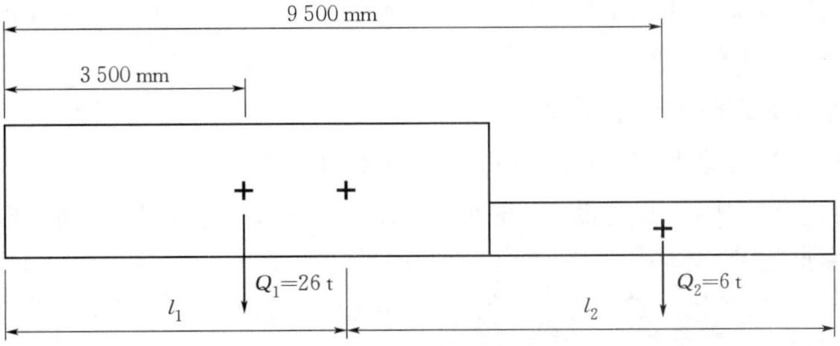

图 1-2-7　货物总重心位置

如果由于某种原因，货物在车上需要分开一定距离时，只要在计算货物总重心至两外端距离时考虑到分开的距离，仍可用相同方法确定装载方案。

四、确定货物重心水平合理位置——横向偏移量计算

铁路运输的货物形状各异，有时货物重心所在纵向垂直平面至货物两侧宽度不等，当将其重心投影落在车辆纵中心线上装载时，可能会超限，甚至可能受铁路限界的限制无法运输。为了避免超限或降低超限程度，可以采用货物重心偏离车辆纵中心线的装载方案。

货物重心偏离车辆纵中心线，将使车辆一侧弹簧负荷较大，如果偏离量过大，车辆在运行中侧滚振动的垂直惯性力向下时，可能使弹簧装置周期性地压死，引起很大的垂直力，而车辆与线路均不可能按如此巨大的力设计建造，因此横向偏载过大有可能造成车辆或线路的毁损。同时，横向偏载过大，亦可能使车辆一侧的旁承游间压死，影响车辆顺利通过曲线。实践证明，货物重心偏离车辆纵中心线距离不超过 100 mm 时，不致影响重车运行安全。

1. 一件货物的重心横向位置的确定

当一辆货车只装载一件货物时，货物重心的横向位置可以通过测量直接确定是否符合装载技术条件。

【例 1-2-4】 现有均重等断面体货物一件，重 36 t，长 10 m，横断面如图 1-2-8 所示，拟用 N17AK 型平车一辆装运，试拟定装载方案。

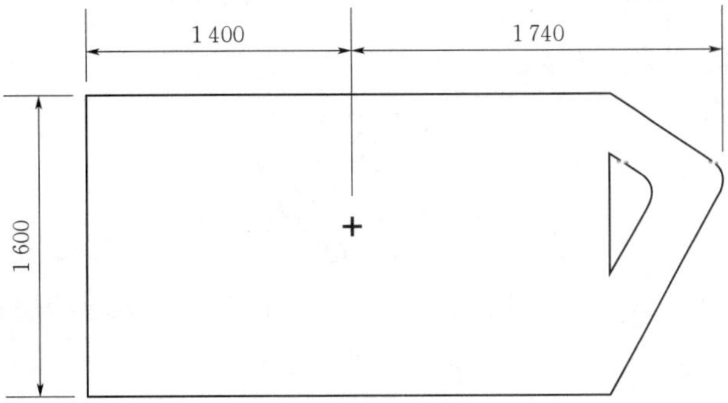

图 1-2-8　货物横断面(单位：mm)

【解】 方案一：在纵向，令货物重心投影落在车辆横中心线上；在横向，令货物重心投影落在车辆纵中心线上。属于一级超限。

方案二：在纵向，令货物重心投影落在车辆横中心线上；在横向，为避免超限，将货物重心偏离车辆纵中心线 40 mm。

两种方案比较，方案二更优，尽管其装载货物时货物重心横向偏移 40 mm，但是符合装载规定，不超限，不影响行车安全。

2. 多件货物总重心横向位置的确定

设 $Q_1, Q_2, \cdots, Q_n$ 是每件货物的重量；以货车纵中心线为轴，$b_1, b_2, \cdots, b_n$ 为每件货物重心横向偏移量以货车纵中心线为准，一侧取正号，另一侧取负号；$b_{总}$ 为货物总重心横向偏移量，根据力矩平衡原理得

$$b_{总}(Q_1+Q_2+\cdots+Q_n)=\pm b_1Q_1\pm b_2Q_2\pm\cdots\pm b_nQ_n$$

$$b_{总}=\frac{\pm b_1Q_1\pm b_2Q_2\pm\cdots\pm b_nQ_n}{Q_1+Q_2+\cdots+Q_n} \tag{1-2-10}$$

3. 配重货物的确定

实际工作中，需要装载的货物重心偏离车辆纵中心线的距离超过 100 mm 时，应采用配重措施，即在车辆另一侧配装其他货物，使配装后货物总重心横向偏离量不超过 100 mm，如图 1-2-9 所示。

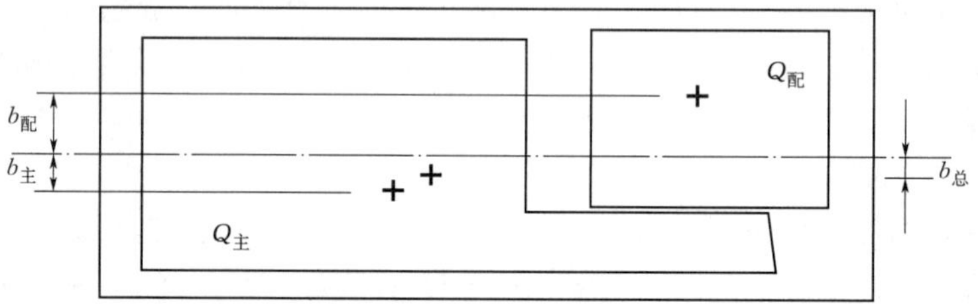

图 1-2-9　货物配重

设原装货物重量为 $Q_{主}$，其重心横向偏移量为 $b_{主}$，配重货物重量为 $Q_{配}$，配重货物重心横向偏移量 $b_{配}$，则有

$$b_{总}=\frac{Q_{主}\,b_{主}-Q_{配}\,b_{配}}{Q_{主}+Q_{配}} \tag{1-2-11}$$

根据装载技术条件，配重后的货物总重心偏移量应不超过 100 mm，同时满足所装货物总重不超过车辆的容许载重量，即 $|b_{总}|\leqslant 100$ mm，且同时满足 $Q_{配}\leqslant P_{容}-Q_{主}$，$b_{配}\leqslant\frac{B_{车}}{2}$。其中，$B_{车}$ 为车地板宽度。可得 $Q_{配}$、$b_{配}$：

$$Q_{配}=\frac{Q_{主}(b_{主}-b_{总})}{b_{总}+b_{配}} \tag{1-2-12}$$

$$b_{配}=\frac{Q_{主}\,b_{主}-b_{总}(Q_{主}+Q_{配})}{Q_{配}} \tag{1-2-13}$$

要求配重后的货物总重不产生横向偏移，配重货物的重量或重心位置为

$$Q_{配}=\frac{Qb}{b_{配}}\quad(\text{t}) \tag{1-2-14}$$

$$b_{配}=\frac{Qb}{Q_{配}}\quad(\text{mm}) \tag{1-2-15}$$

【例 1-2-5】　用标重 60 t 的平车装载重 40 t 的货物一件，$b_{主}=200$ mm，在车辆纵中心线的另一侧装载 10 t 的配重货物一件，试问当配重货物重心偏离纵中心线多远时，才能使总重心：(1)位于车辆纵中心线上；(2)距车辆纵中心线为 100 mm；(3)与车辆纵中心线的距离大于 0 且

小于100 mm。

【解】 (1)当总重心位于车辆纵中心线上，即$b_{总}=0$时，有

$$b_{配}=\frac{Q_{主}b_{主}}{Q_{配}}=\frac{40\times200}{10}=800(\text{mm})$$

(2)当总重心距车辆纵中心线为100 mm，即$b_{总}=100$ mm时，

$$\begin{aligned}b_{配}&=\frac{Q_{主}b_{主}-b_{总}(Q_{主}+Q_{配})}{Q_{配}}\\&=\frac{40\times200-100\times(40+10)}{10}\\&=300(\text{mm})\end{aligned}$$

(3)总重心距车辆纵中心线大于0且小于100 mm，即$0<b_{总}<100$ mm时，得300 mm$<b_{配}<$800 mm。

【例1-2-6】 三件货物使用一辆标重60 t的NX17AK型平车(销距9 000 mm)装运，装载相关数据如下：

货$_1$：$Q_1=20$ t，$a_1=850$ mm，$b_1=-120$ mm。

货$_2$：$Q_2=15$ t，$a_2=-4\,000$ mm，$b_2=100$ mm。

货$_3$：$Q_3=10$ t，$a_3=4\,000$ mm，$b_3=160$ mm。

要求：(1)确定货物总重心投影在车辆上的位置。

(2)检查货物总重心投影位置是否符合装载技术条件。

【解】 (1)计算三件货物总重心的位置：

$$a_{总}=\frac{\pm a_1Q_1\pm a_2Q_2+\cdots\pm a_nQ_n}{Q_1+Q_2+\cdots+Q_n}=\frac{850\times20-4\,000\times15+4\,000\times10}{20+15+10}\approx-67(\text{mm})$$

$$b_{总}=\frac{\pm b_1Q_1\pm b_2Q_2+\cdots\pm b_nQ_n}{Q_1+Q_2+\cdots+Q_n}=\frac{-120\times20+100\times15+160\times10}{20+15+10}\approx16(\text{mm})$$

得出货物总重心投影在车辆上的位置为(−67 mm，16 mm)。

(2)检查货物总重心投影位置：

①纵向偏离检验：$|a_{需}|=67$ mm。

由于$P_{容}-Q=60-45=15$(t)，即$P_{容}-Q>10$ t，则$a_{容}=5l/Q=5\times9\,000/45=1\,000$(mm)。

可得$a_{需}<a_{容}$。

②横向偏离检验：$b_{需}=16$ mm，$b_{容}=100$ mm。

可得$b_{需}<b_{容}$。

综上所述，货物总重心投影位置符合装载技术条件。

典型工作任务3 重车重心高度的确定

学习目标

1. 能力目标

能够确定重车重心高度及运行条件，设计合理的货物装载方案。

2. 知识目标

(1)掌握重车重心高度的影响因素,掌握一车装载一件或多件货物及跨装运输时重车重心高度的计算方法。

(2)掌握配重的方法,掌握配重货物重量和重心高度的计算方法。

3. 素质目标

认识到重车重心高度对保证铁路行车和货运安全的重要性,树立安全第一的工作态度。

安全案例

煤炭整列超载导致货物列车坡停

(1)事故概况:某日,A站装运的煤炭整列超载造成该列在××线坡停。

(2)原因分析:该列车全列58车中有57车超载,其中15车严重超载,最大超载12.9 t。此超载状况为托运人在开车前加装造成。

相关知识

货车和所装货物的总重心为重车重心,重车重心自轨面起算的高度为重车重心高度。

重车重心高度是铁路货物运输的一项基本技术指标,是影响重车运行稳定性和运行安全的主要因素之一。重车重心高度越高,运行稳定性越差。为了保证重车运行安全,我国铁路规定,货物装车后的重车重心高度一般不超过2 000 mm,超过此限,有条件时,应配重重心较低的货物降低重车重心高度,否则应按表1-3-1的规定限速运行(罐车、双层集装箱专用车除外)。罐车重车重心高度不得超过2 200 mm,双层集装箱专用车重车重心高度应符合有关规定。

表1-3-1　重车重心高度超过2 000 mm时运行限速表

重车重心高度/mm	运行限速/(km·h^{-1})	通过侧向道岔限速/(km·h^{-1})
2 000<H≤2 400	50	15
2 400<H≤2 800	40	15
2 800<H≤3 000	30	15

一、重车重心高度的计算

1. 一车装载一件货物

一辆货车只装载一件货物时(图1-3-1),根据势能相等的原理可以得到重车重心高度的计算公式:

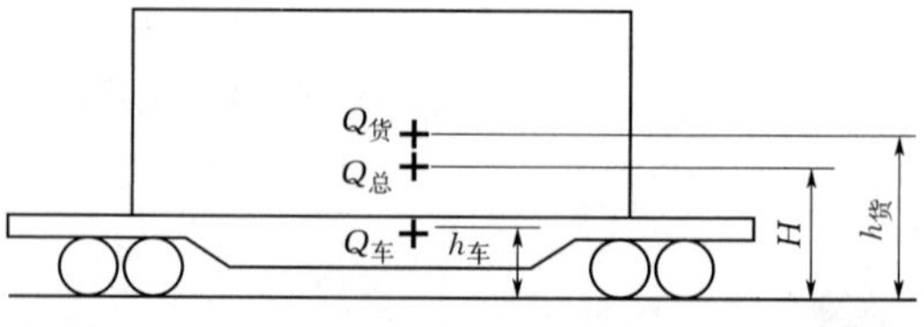

图1-3-1　一车装一件货物时重车重心高度

$$H=\frac{Q_车 h_车+Q_货 h_货}{Q_车+Q_货} \tag{1-3-1}$$

式中 H——重车重心高度,mm;

$Q_{车}$——货车自重,t;

$Q_{货}$——每件货物重量,t;

$h_{车}$——空车重心自轨面起算的高度,mm;

$h_{货}$——装车后每件货物重心自轨面起算的高度,mm。

【例 1-3-1】 现有一件货物重 30 t,货物本身重心高度为 1 900 mm,使用 60 t N17AK 型平车(车地板高 1 211 mm,车地板长 13 000 mm,销距 9 000 mm,自重 20.6 t,空车重心高度 723 mm)一辆直接装载。试计算重车重心高度,并确定运行条件。

【解】 重车重心高度为

$$H=\frac{Q_{车}h_{车}+Q_{货}h_{货}}{Q_{车}+Q_{货}}=\frac{20.6\times723+30\times(1\,900+1\,211)}{20.6+30}\approx2\,139(\text{mm})$$

因为重车重心高度 $H>2\,000$ mm,所以应限速运行:区间限速 50 km/h,通过侧向道岔限速 15 km/h。

2. 一车装载多件货物

(1)一车装载多件货物时(图 1-3-2),重车重心高度可按式(1-3-2)计算:

$$H=\frac{Q_{车}h_{车}+Q_1h_1+Q_2h_2+\cdots+Q_nh_n}{Q_{车}+Q_1+Q_2+\cdots+Q_n}\quad(\text{mm})\tag{1-3-2}$$

式中 $Q_1,Q_2,\cdots,Q_n$——每件货物重量,t;

$h_1,h_2,\cdots,h_n$——装车后每件货物重心自轨面起算的高度,mm。

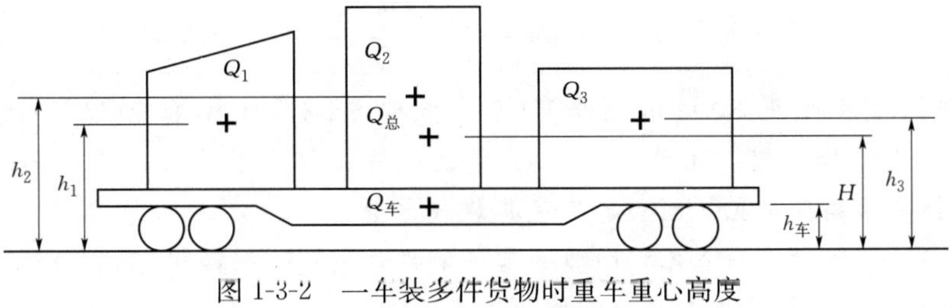

图 1-3-2 一车装多件货物时重车重心高度

(2)同理可得货物跨装运输时,重车重心高度计算公式:

$$H=\frac{Q_{车1}h_{车1}+Q_{车2}h_{车2}+Qh_{货}}{Q_{车1}+Q_{车2}+Q}\quad(\text{mm})\tag{1-3-3}$$

式中 $Q_{车1},Q_{车2}$——两负重车自重,t;

$h_{车1},h_{车2}$——两负重车空车重心自轨面起算的高度,mm。

【例 1-3-2】 一件货物重 96 t,货物本身重心高度为 1 400 mm,使用两辆 NX17AK 型平车(车地板高 1 211 mm,车地板长 13 000 mm,销距 9 000 mm,自重 22.5 t,载重 60 t,空车重心高度 768 mm)跨装运输,两端各加挂一辆游车。货物转向架高 600 mm,试计算重车重心高度并确定运行条件。

【解】 重车重心高度为

$$H=\frac{Q_{车1}h_{车1}+Q_{车2}h_{车2}+Q_{货}\ h_{货}}{Q_{车1}+Q_{车2}+Q_{货}}$$

$$=\frac{22.5\times768+22.5\times768+96\times(1\,400+600+1\,211)}{22.5+22.5+96}$$

$$\approx2\,432(\text{mm})$$

因为 $H>2\,000$ mm，应限速运行：区间限速 40 km/h；通过侧向道岔限速 15 km/h。

二、重车重心高度超过 2 000 mm 时应采取的措施

1. 降低重车重心高度的措施

降低重车重心高度的措施有两种。第一，选用能降低重车重心高度的货车。由式(1-3-1)可以看出，选用重心高度和车地板高度较低、自重较大的车辆装载货物，有利于降低重车重心高度。第二，采用配重措施。重车重心高度超过 2 000 mm 时，可以通过配装重心较低的货物降低重车重心高度。满足配重的条件，一是车辆的载重能力尚有富余，二是车地板上有可供配重货物装载的位置，且符合装载技术条件的要求。

配重后的重车重心高度 H'可按下式计算：

$$H'=\frac{Q_{车}\ h_{车}+Q_{货}\ h_{货}+Q_{配}\ h_{配}}{Q_{车}+Q_{货}+Q_{配}}$$

当 $H'\leqslant2\,000$ mm 时，整理得

$$Q_{配}\geqslant\frac{Q_{总}(H-2\,000)}{2\,000-h_{配}} \tag{1-3-4}$$

式中 $Q_{总}$——货车自重与主货重量之和，t；

$h_{配}$——配重货物装车后，其重心自轨面起算的高度，mm。

$$H_{配}\leqslant2\,000-\frac{Q_{总}(H-2\,000)}{Q_{配}} \tag{1-3-5}$$

【例 1-3-3】 计划使用 NX17AK 型平车(车地板面高 1 211 mm，自重 22.5 t，载重 60 t，销距 9 m，车地板长 13 m，空车重心高度 768 mm)，装运一件重 40 t，长 6 m，宽 2.2 m，高 3 m 的均重货物一件，货物重心高度 1 500 mm，请确定其装载方案。

【解】 方案一：假设使用 NX17AK 型平车一辆装载，横垫木(两根)高 140 mm，货物重心投影落于车辆中央，装后，货物重心自轨面起算的高度为

$$h_{货}=1\,211+140+1\,500=2\,851(\text{mm})$$

计算重车重心高度：

$$H=\frac{Q_{车}\ h_{车}+Q_{货}\ h_{货}}{Q_{车}+Q_{货}}=\frac{22.5\times768+40\times2\,851}{22.5+40}=2\,101.12(\text{mm})$$

运行条件：区间限速 50 km/h，通过侧向道岔限速 15 km/h。

方案二：使用车辆及装载方法同方案一。

车站有到达同一到站的其他货物多件，每件重 3 t，重心高度 240 mm；车地板上尚有位置，车辆载重能力还可加装 20 t，具有通过配重降低重车重心高度的条件。

设在原货物两端的车地板上配装，只装一层，配重货物装车后重心距轨面高度为

$$h_{配}=1\,211+240=1\,451(\mathrm{mm})$$

计算需配装的货物重量：

$$Q_{配}=\frac{Q_{总}(H-2\,000)}{2\,000-h_{配}}=\frac{62.5\times(2\,101.12-2\,000)}{2\,000-1\,451}\approx 11.51(\mathrm{t})$$

应配装单件重 3 t，重心高度 240 mm 的货物 4 件。

按正常条件运行。

2. 限速运行

在无法降低重车的重心高度时，重车重心高度从钢轨面起，超过 2 000 mm 时，应按表 1-3-1 的规定限速运行，以保证重车运行安全。

限速运行时，由装车站以文电向铁路局集团公司请示，铁路局集团公司货运管理部门以电报确认，跨铁路局集团公司运输则应同时抄给有关铁路局集团公司货运、运输、调度、机务、工务等有关部门，并符合《加规》第三十四条的规定：“限速运行时，发站应在货物运单、票据封套、编组顺序表及货车表示牌上注明‘限速××公里’字样。”

相关规范、规程与标准

1.《铁路货物装载加固规则》(铁总运〔2015〕296 号)。

2.《铁路货运计量安全检测设备运用管理规则》(铁总运〔2016〕272 号)。

3.《铁路货物装载加固技术要求》(TB/T 30004—2021)。

实作问答

1. 某日 11:35，100××次列车由某站通过，经超偏载检测装置检测发现机后 21 位车号 C_{62A}14220××，甲站发乙站卷板，前偏重 17.2 t，同时货检集中监控中心监控员发现该车装载的两个卷板中，运行方向第二卷已向前滚动至中门位置，严重危及行车安全，如题图 1-1 所示。该站应如何处理？

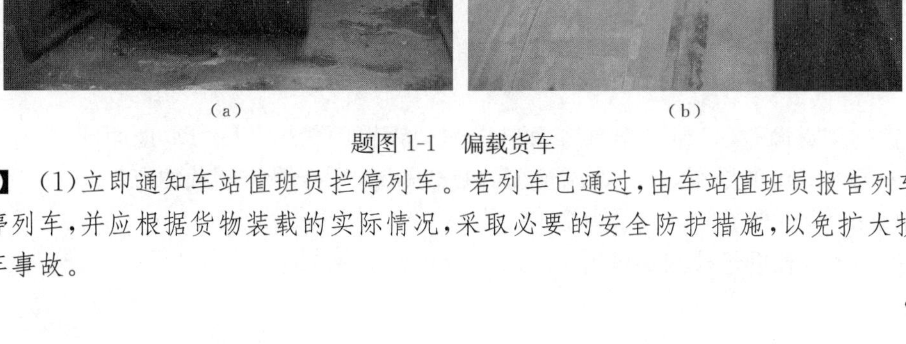

(a)　　　　(b)

题图 1-1　偏载货车

【解】 (1)立即通知车站值班员拦停列车。若列车已通过，由车站值班员报告列车调度员及时拦停列车，并应根据货物装载的实际情况，采取必要的安全防护措施，以免扩大损失或者造成行车事故。

(2)对拦停的列车,根据严重超偏载货车换装整理作业流程进行处理。

①监控货检员打印“超偏载甩车通知卡”一式三份(调度、货检、列检各一份),向车站行车调度部门报告。

②车站行车调度部门接到货检人员报告后,值班人员应在“超偏载甩车通知卡”上签字,安排甩车,并送入指定地点。

③对整理完毕的货车,进行偏载偏重复核,确认货车不偏载偏重。

④将严重超偏载货车的超偏载检测单,一并随运输票据寄送到站。

⑤按规定向上一货检站拍发电报,同时抄知发到站。

⑥向所属铁路局集团公司货运主管部门报告。

2. 某货检站到达一列货车,货检员检查发现其中1车 NX_{17AK}52134××装载锅炉配件一件,车辆捆绑加固线部分断裂,货物横、纵向移动,货物重心偏离车辆纵中心60 mm,偏离车辆横中心600 mm。查看货运票据得知,货物重量38 t。车站应如何处理?并请说明原因。(已知 NX_{17AK} 型车销距9 000 mm,其他条件符合要求。)

【解】 (1)确定运用公式 $P_{容}-Q=60-38=22$(t),因 $P_{容}-Q>10$ t,故有

$$a_{容}=\frac{5l}{Q}=\frac{5}{38}\times 9\,000\approx 1\,184(\text{mm})$$

(2)$a_{实}=600$ mm,$a_{容}>a_{实}$;货物实际横向位移60 mm,小于100 mm,不违反《加规》规定,因此可以继续运行。

(3)处理情况:进行在列整理。货检员应同整理工共同进行整理,更换捆绑加固线,拧紧至适度,重新整理加固,符合规定后放行。在列整理时,应做好防护工作,预计整理时间超过技术作业时间时,应及时通知车站值班员。

课后作业

1. 单项选择题

(1)货物装车后,货车两转向架承受重量之差大于10 t,为(　　)。

A. 一般偏载　　B. 一般超载　　C. 一般偏重　　D. 严重偏重

(2)货物总重心投影距车辆纵中心线距离大于100 mm时,为(　　)。

A. 偏载　　B. 超载　　C. 偏重　　D. 超重

(3)重车重心高度在2 400 mm时,通过侧向道岔限速运行在(　　)。

A. 13 km/h　　B. 14 km/h　　C. 15 km/h　　D. 20 km/h

(4)重车重心高度从钢轨面起,超过(　　)时,应限速运行。

A. 1 500 mm　　B. 1 800 mm　　C. 2 000 mm　　D. 2 200 mm

(5)重车重心高度是指货物装车后,车辆和所装货物通过加固成为一个整体,该整体的重心距(　　)的高度。

A. 货物支重面　　B. 车辆负重面　　C. 钢轨面　　D. 地面

(6)下列装载煤的敞车,在中途站检测的装载重量,属于严重超载的有(　　)。

A. C_{62BK} 装载重量检测重量为73.5 t

B. C_{62AT} 装载重量检测重量为73.5 t

C. C_{70} 装载重量检测重量为 75.5 t

D. 某企业自备车标记载重量 60 t 级敞车装载重量检测重量为 71 t

2. 判断题

(1)装运危险货物的罐车重车重心限制高度不得超过 2 000 mm。 ( )

(2)超偏载检测装置、轨道衡在列车通过速度超过称量速度范围时，其检测数据不作为判定超偏载的依据，但可作为判断货物装载加固状态的参考。 ( )

(3)装车后货物总重心偏离货车纵中心线 100 mm，属一般偏载。 ( )

3. 简答题

(1)货物装载加固的基本要求是什么？

(2)何谓车辆自重、载重(标重)？

(3)何谓货车超载、偏载、偏重、集重？偏载与偏重有何不同？

4. 计算题

(1)现有重 55 t，长 15 m，宽 2 m，高 1.8 m 均重货物一件，拟用 N_{17T} 型平车(标重 60 t，车长 13 m，销距 9 m)装运，横垫木高度为 200 mm。试确定经济合理的装载方案。

(2)某企业拟托运一件大型货物，重 50 t，长 12 m，宽 2.5 m，高 1.5 m，重心距一端 7.5 m，使用 N_{17AK} 平车(标重 60 t，车长 13 m，销距 9 m)装运，请为客户确定合理的装载方案。

(3)A 站某专用线装非均重货物一件(长 12.2 m，重 41 t，货物重心距一端 7 m)，使用 60 t N_{17AK} 型平车装运，站企交接检查时车站发现货物装载加固的捆绑加固线部分断裂，货物一端垂直面与车端相齐，测量该端距货物重心 5 100 mm，货物重心距车辆纵中心线 40 mm。请问 A 站能否不用整理，直接加固后继运？

(4)一件货物重 45 t，使用标重 60 t NX_{17K} 型平车装载，装车后货物重心横向偏移 200 mm，另有配重货物一件，因外形轮廓限制只能放在重心水平投影偏离车地板纵中心线另一侧 700 mm 处。配重货物的重量范围是多少时，才能使货物总重心横向偏移量在合理范围内？

(5)某站受理一批机械设备，使用 N_{17K} 型平车(自重 21 t，空车重心高度 723 mm，车地板高度 1 211 mm)装载。有主机一件重 42 t，货物重心高度 1 300 mm；另有附属设备两件，其中一件重 6 t，货物重心高度 800 mm，另一件重 8 t，货物重心高度 1 000 mm。装载方法为主机下使用 200 mm 横垫木两根装在车辆中部，另两件货物分别装在车辆两端，直接落在车地板上。

要求：①确定该车重车重心高度。

②确定该车运行条件。

(6)某站发运均重货物一件，重 40 t，重心高度为 1 200 mm，使用 N_{17T} 型平车(自重 20.2 t，空车重心高度 723 mm，车地板高 1 209 mm)跨装运送，货车转向架每只重 1 t，高 600 mm，重心高度 300 mm。请计算重车重心高度。

(7)A 站拟发到 B 站大型机械配件一件，重 25 t，长 10 500 mm，宽 2 550 mm，高 2 672 mm，货物重心高度 1 720 mm，使用高度为 200 mm 的横垫木两根，拟使用 N_{17AK} 型平车(自重 20.6 t，标重 60 t，空车重心高度 723 mm，车地板高度 1 211 mm)一辆装运。

要求：①计算重车重心高度。

②若使用一件重量为 5 t 的货物配重，则其重心高度为多少？

(8)使用一辆 NX_{17T} 型平车(自重 22.5 t，标重 60 t，空车重心高度 777 mm，车地板高度 1 216 mm)装运一件 40 t 重的货物，货物重心高度 1 500 mm，货物直接装在车地板上。

要求:①试计算重车重心高度。

②若重车重心高度超过规定,用一件重心高度为 694 mm 的货物配重,试确定该配重货物重量的取值范围。

(9)均重货物一件,重 50 t,长 14.8 m,宽 2.6 m,高 2.0 m,拟使用 60 t NX_{17AK} 型平车一车装运。

要求:①确定经济合理的装载方案。

②若使用横垫木的高度为 200 mm,计算重车重心高度。

③计算重车重心高度,并确定运行条件。

项目 2　避免集重装载、超长货物装载

典型工作任务 1　避免集重装载

学习目标

1. 能力目标

能够利用资料、规章等确定避免集重装载的装车方案。

2. 知识目标

(1)掌握集重的概念。

(2)掌握平车装载货物免于集重的技术条件。

(3)掌握敞车装载货物免于集重的技术条件。

3. 素质目标

认识到装车工作应符合装载技术条件,培养精益求精、一丝不苟的工作态度。

安全案例

运输途中货车中梁折断

(1)事故概况:××线××××次货物列车,行进途中,机后第 15 位 C_{50} 型货车中梁折断,插入道床,破坏线路,造成 13 辆货车颠覆,中断行车 31 h 1 min,构成重大事故。该车所装货物为钢锭,装载方法为 17 件钢锭在中梁上部均匀放置,大小头颠倒,以木板防滑。

(2)原因分析:

①车辆使用年久,疲劳损伤布满中梁断面。

②托运人提供的检斤重量为 55.15 t,超载。

③货物沿中梁在车内部均匀装载,经计算中梁断面处应力超过了材料许用应力。

相关知识

装载货物应正确选择车辆,遵守货车使用限制表及有关规定。货车装载的货物重量,包括货物包装、防护物、装载加固材料及装置,不得超过其容许载重量,假设一辆 N_{17AK} 型平车,所装货物 45 t,没有超过其容许载重量,但该车辆局部地板面的承重却有可能超出限制,即集重装载。

一、关于集重的概念

车辆的承载状况可以分为两类：第一类为均布载荷，车辆车地板均匀承载货物重量，如图 2-1-1 所示；第二类为集中载荷，车辆局部地板面上承受货物重量，如图 2-1-2 所示。

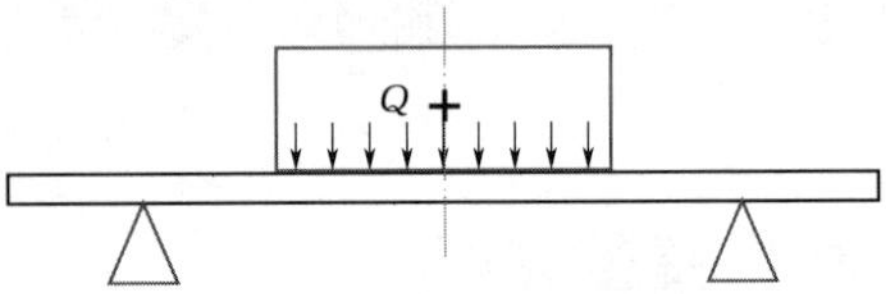

图 2-1-1　均布载荷

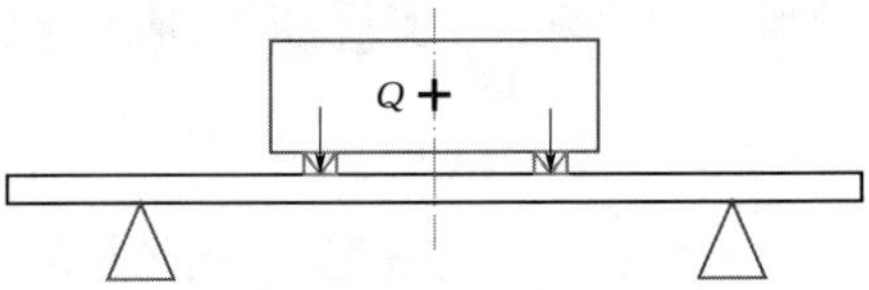

图 2-1-2　集中载荷

车辆承受均布载荷，当装载重量达到车辆的标记载重量时，车体主要部件的工作应力不会超过其许用应力。车辆承受集中载荷时，车体主要部件的工作应力有可能超过其许用应力。货物装车后车体主要部件（中梁、侧梁、横梁、枕梁等）的工作应力（或工作弯曲力矩）超过其许用应力（或最大容许弯曲力矩）时，称为集重装载。

集重装载会损伤车辆，缩短车辆的使用寿命，严重的集重装载有可能造成车辆断梁，酿成重大行车事故。为了保证车辆不受损伤，确保行车安全和货物完整，在确定货物的装载方案时，要避免集重装载。

避免集重装载的方法主要有使用横垫木、使用纵横垫木、令重心纵向偏移等方法。

支重面长度（$L_{支}$）指支撑货物重量的货物底面长度，如图 2-1-3 所示。负重面长度（K）指承担货物重量的货车地板长度。

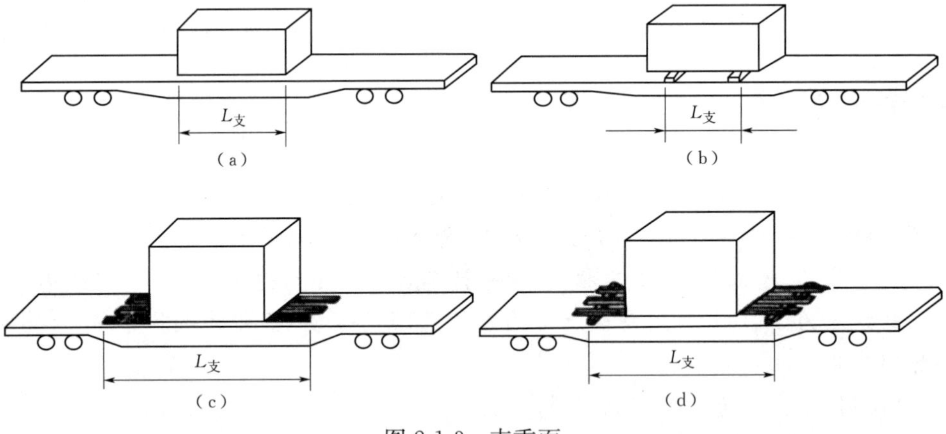

图 2-1-3　支重面

当货物直接装在货车车地板上时，负重面长度等于支重面长度，如图 2-1-4 所示；当货物使用横垫木时，负重面长度等于两横垫木中心线距离的 2 倍；当货物使用纵垫木时，负重面长度等于纵垫木长度。

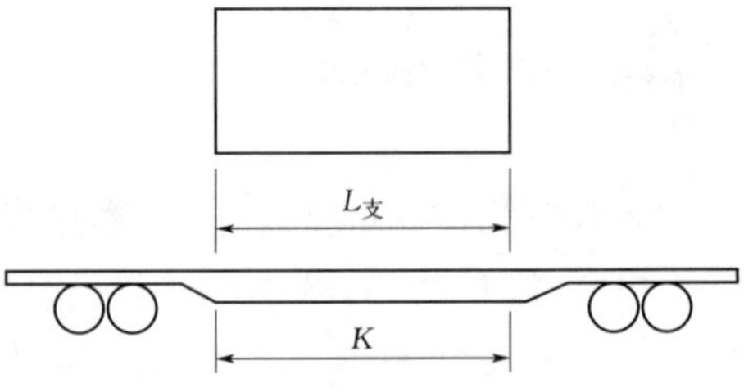

图 2-1-4　支重面与负重面

二、避免平车集重装载的技术条件

1. 车辆局部地板面承受载荷情况

用平车装运比较长的钢板、钢筋等货物，通常是在平车车地板中部摞装一垛，直接装在车地板上，装载宽度接近车地板宽度。这些货物的刚度较小，可按车辆中部承受均布载荷看待，也就是 $L_{支}=K$。

(1)货车负重面最小长度 K。

如遇单件成件货物，支重面宽度接近车地板面宽度，货物自身刚度较小，每车只装一件，可按车辆在货物支重面长度范围内承受均布载荷对待，货车负重面最小长度为 K，如图 2-1-5 所示。当货物重心落在车辆横中心线上时，根据弯曲力矩平衡原理，得出《加规》中“平车局部地板面承受均布载荷或对称集中载荷时容许载重量表”(表 2-1-1)的第一列数据。

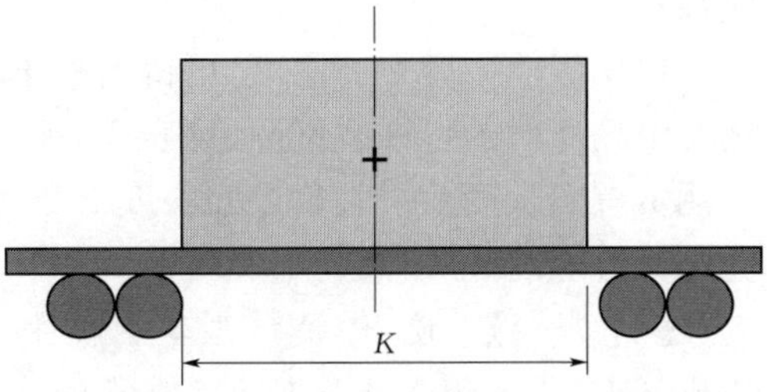

图 2-1-5　货车负重面最小长度 K

表 2-1-1　平车局部地板面承受均布载荷或对称集中载荷时容许载重量　　单位：t

地板负重面长度/mm	两横垫木中心线间最小距离/mm	车型				
		N17AK、N17AT、N17GK、N17GT、N17K、N17T	NX17AK、NX17AT、NX17K、NX17T	NX17BK、NX17BT、NX17BH	NX70、NX70H	NX70A
1 000	500	25	25	25	30	40
2 000	1 000	30	30	30	35	50
3 000	1 500	40	40	40	45	62
4 000	2 000	45	45	45	50	66
5 000	2 500	50	50	50	55	70
6 000	3 000	53	53	53	57	—
7 000	3 500	55	55	55	60	—
8 000	4 000	57	57	57	63	—
9 000	4 500	60	60	61	65	—
10 000	5 000	—	—	—	70	—

注：当负重面长度介于上表两数之间时，可采用线性插入法确定容许载重量。

(2)两横垫木中心线间最小距离 K_1。

将货物放置于铺在平车地板上的两根横垫木上时，货物重量通过横垫木均匀地传到平车底架上，可按车辆承受对称集中载荷看待，如图 2-1-6 所示。两横垫木中心线间最小距离为 K_1。当货物重心落在车辆横中心线上时，根据弯曲力矩平衡原理，得出表 2-1-1 中的第二列数据。

货物直接装在车地板上，车辆负重面的最小长度是货物加横垫木时两横垫木中心线间最小距离的两倍，即 $K=2K_1$。

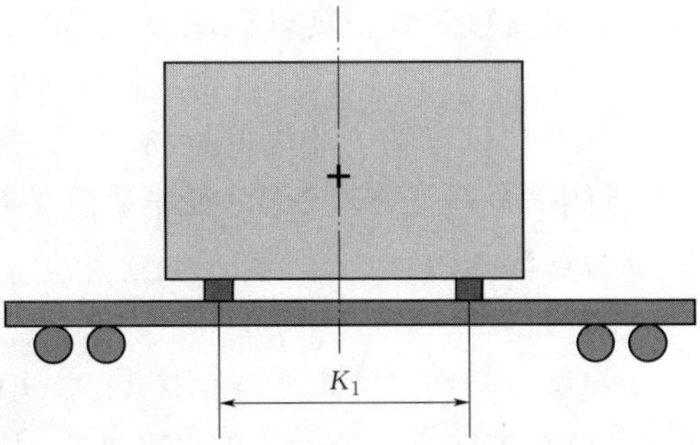

图 2-1-6　两横垫木中心线间最小距离 K_1

(3)货车容许载重量。

在平车上装载货物时,货车容许载重量是根据平车底架最大弯曲力矩确定的。所谓平车底架的最大弯曲力矩,系指作用于车底架某一截面上的所有外力对于该截面中心的力矩代数和。

根据弯曲力矩平衡原理,可得出平车车辆横中心线两侧等距离范围内承受均布载荷或对称集中载荷时的容许载重量,见表 2-1-1。在确定货物装载方法时,一定重量的货物所需要的车辆负重面长度及一定负重面长度上最大容许装载的货物重量就可以查表 2-1-1 得出,可据此选择合理的装载方法。

【例 2-1-1】 使用 NX_{70} 型车装载货物一件,货物重量 30 t,支重面长 4 000 mm,直接装在车地板上,判断该货物是否为集重货物。

【解】 解一:

查表,货物支重面长 4 000 mm,直接装在车地板上,车辆负重面长度为 4 000 mm 时,NX_{70} 型车可承载重量为 50 t。货物重量 30 t,未超过所装平车地板负重面长度的容许载重量,所以不是集重货物。

解二:

查表,NX_{70} 型车载重量 30 t 时需要的最小负重面长度是 1 000 mm。小于 $L_{支}$=4 000 mm,所以不是集重货物。

【例 2-1-2】 使用 NX_{17BK} 型车装载一件货物,货物重量 50 t,货物底面长度 3 000 mm,下垫两根横垫木,横垫木之间的中心距为 2 000 mm,试判断该货物是否为集重货物。

【解】 解一:

货物下垫两根横垫木,横垫木中心距为 2 000 mm,即 K_1=2 000 mm,查表 2-1-1,K_1=2 000 mm 时,NX_{17BK} 型车可承载重量为 30 t。货物重量 50 t,超过所装平车地板负重面长度的容许载重量,所以是集重货物。

解二:

查表 2-1-1,NX_{17BK} 型平车,货重 50 t 时,需要的最小负重面长度 K=5 000 mm,使用横垫木,可得 K_1=2 500 mm,两横垫木间距为 2 000 mm,所以是集重货物。

2. 避免平车集重的装载方法

根据货物的外形、重量和特点,结合使用的车辆类型,正确选择货物装载方案,是保证运输安全、货物完整的重要条件。

(1)直接装载。

货物直接装载在货车车地板上,重心不偏移。车地板承受均布载荷时,其容许载重量见表 2-1-1。即当车型一定、货物重量已知时,货物支重面长度大于表中对应车型负重面长度,即 $L_{支}>K$ 时,则货物为非集重货物,可直接装车。

【例 2-1-3】 使用 NX_{70} 型车装载货物一件,货物重量 30 t,支重面长度 4 000 mm,试确定合理的装载方法。

【解】 解一:

查表 2-1-1,货物支重面长度 $L_{支}$=4 000 mm,直接装在车地板上,车辆负重面长度 K=4 000 mm 时,NX_{70} 型车可承载重量为 50 t。货物重量 30 t,未超过所装平车地板负重面长度的容许载重量,可直接装载车地板上。

解二：

查表 2-1-1，NX_{70} 型车载重量 30 t 时，需要的最小负重面长度是 1 000 mm，货物支重面长度 4 000 mm＞1 000 mm，可直接装载车地板上。

(2)使用横垫木。

使用横垫木对称装载，车地板承受对称集中载荷时，其容许载重量见表 2-1-1 中第二列。当货物支重面长度小于车辆负重面长度的最小长度大于两横垫木间最小距离，即 $K>L_{支}>K_1$ 时，可使用横垫木装载的方法。

【例 2-1-4】 使用 NX_{17BK} 型车装载一件货物，货物重量 50 t，货物支重面长度 4 000 mm，试确定合理的装载方法。

【解】 货物重 50 t，支重面长度 4 000 mm，使用 NX_{17BK} 型车装载，查表 2-1-1，货重 50 t 时，需要的最小负重面长度是 5 000 mm，但货物支重面长度只有 4 000 mm，可使用横垫木，横垫木间距不小于 2 500 mm。

(3)使用纵横垫木。

当车型一定，货物重量一定时，货物支重面长度小于所需两横垫木之间的最小距离时，可按需要先铺设两根横垫木，然后在横垫木上加纵垫木，将货物均衡地装在纵垫木上，如图 2-1-7 所示。即车型一定、货物重量已知，当 $L_{支}<K_1$ 时，使用纵横垫木。横垫木间距应大于表 2-1-1 中数值。

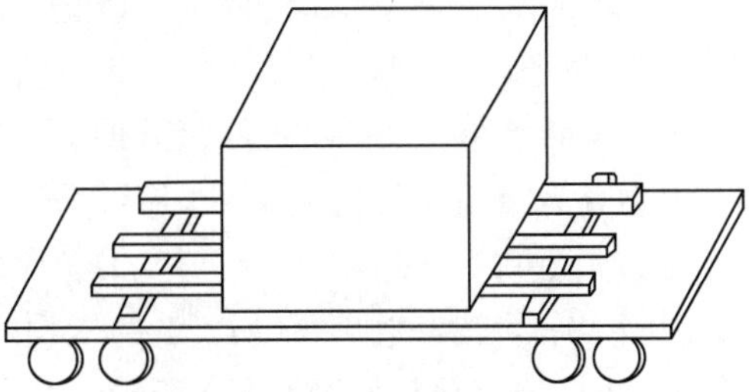

图 2-1-7 使用纵横垫木装载

【例 2-1-5】 使用 NX_{17BK} 装载一件货物，货重 50 t，支重面长度 2 000 mm，试确定合理的装载方法。

【解】 查表 2-1-1，货重 50 t 时，$K=5\ 000$ mm，$K_1=2\ 500$ mm，但是货物支重面长度 $L_{支}=2\ 000$ mm，$L_{支}<K_1$ 时，使用纵横垫木，横垫木间距不小于 2 500 mm。

3. 插入法

如果货物的重量和支重面长度与表 2-1-1 中数据不相符，无法通过查表获取所需数据，在现场工作中一般使用插入法。所谓插入法，就是按两相邻数据之间的长度、重量差的比例确定容许载重量的方法，即以二数之间的容许载重量之差除以长度差再乘货物支重面长度的增量，就是容许载重量的增量。

$$Q=Q_1-\frac{Q_2-Q_1}{L_2-L_1}(L-L_1) \tag{2-1-1}$$

式中 Q——地板实际负重面长度(或两横垫木中心线间距离)的容许载重量；

Q_1，Q_2——两相邻负重面长度的容许载重量；

L——需要计算的货物实际负重面长度；

L_1，L_2——两相邻负重面长度。

【例 2-1-6】 某站使用 60 t N_{17AK} 型平车装运设备一件，重 43 t，支重面长度 3 700 mm，请问使用该车型装运是否符合平车局部地板面承受容许载重量的规定？

【解】 查表 2-1-1，车地板负重面长 3 000 mm 和 4 000 mm，对应的容许载重量为 40 t 和 45 t，即该车型车地板负重面长度在 3 000～4 000 mm 的范围内，增加 1 000 mm 的长度，容许载重量的增量是 5 t，由此得出每增加 100 mm，可以多承载 0.5 t 的重量，则增加 700 mm 可多承载 3.5 t 的重量。由此得出,车地板负重面长 3 700 mm 的容许载重量为 43.5 t,大于设备重量 43 t,符合规定。

或代入式(2-1-1):

$$Q = Q_1 + \frac{Q_2 - Q_1}{L_2 - L_1}(L - L_1)$$
$$= 40 + \frac{45 - 40}{4\,000 - 3\,000} \times (3\,700 - 3\,000)$$
$$= 43.5(\text{t})$$

由于 43.5 t>43 t,故符合规定。

4. 一车装载多件货物避免集重装载的方法

实际工作中,常遇到一辆平车装多件货物的情况。如钢管、型钢等货物采取并排顺装时,不论是单层装载还是多层摞装,可以把一垛当作一件看待。若遇到大型卷板、钢锭、电缆、钢丝绳等时,可通过合理确定货物在车地板上装载位置的方法,避免集重装载。

一车装载偶数件即 $2n$ 件货物时,如果这多件货物重量和外形尺寸相同,可以把全车装载的货物分为重量相等的两部分,每部分为 n 件,分别装到车辆横中心线两侧(至横中心线距离相等),如图 2-1-8 所示。

当一车装载奇数件即 $2n+1$ 件货物时,在车辆中央部位装载一件,其余 $2n$ 件可分别装在车辆横中心线两侧,如图 2-1-9 所示。

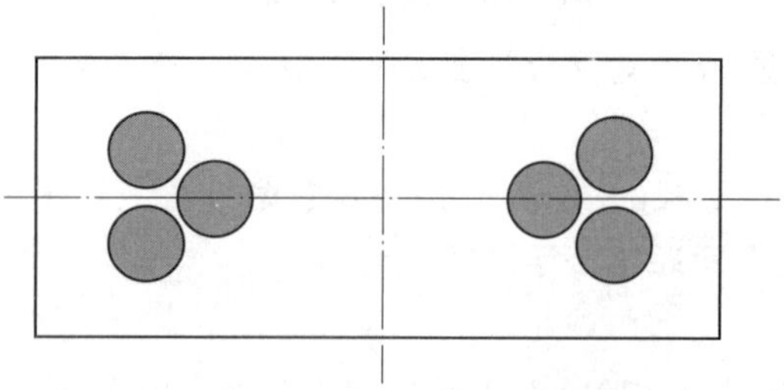

图 2-1-8　一车装载 $2n$ 件货物

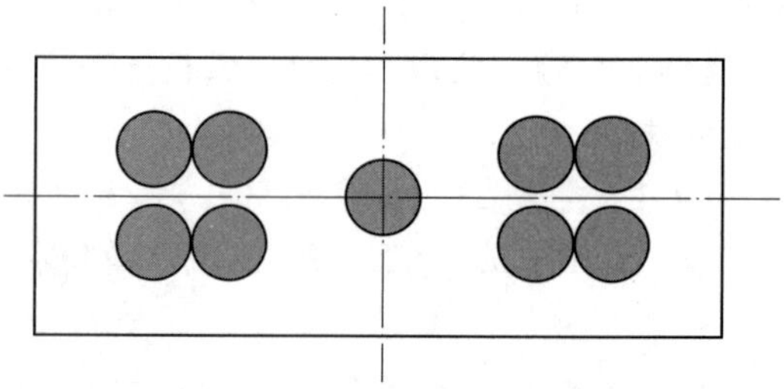

图 2-1-9　一车装载 $2n+1$ 件货物

三、敞车避免集重装载的技术条件

1. 60 t、61 t 敞车避免集重装载的技术条件

C62A*、C62A*K、C62AK、C62A*T、C62AT、C62BK、C62BT、C64K、C64H 及 C64T 型敞车局部车地板面承受货物重量时,应遵守下列规定:

(1)仅在车辆两枕梁之间、横中心线两侧等距离范围内承受均布载荷(图 2-1-10)或对称集中载荷(图 2-1-11)时,容许载重量见表 2-1-2、表 2-1-3。

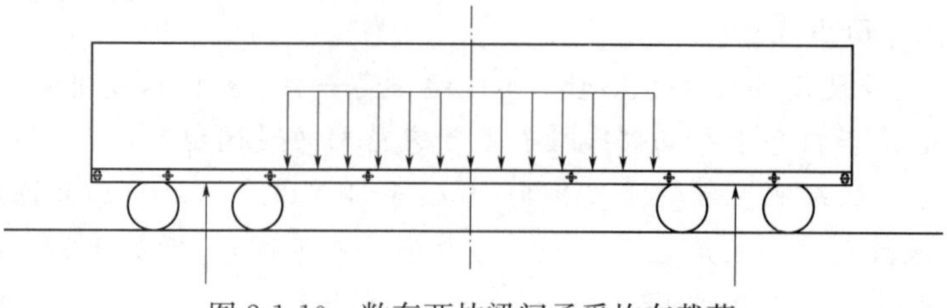

图 2-1-10　敞车两枕梁间承受均布载荷

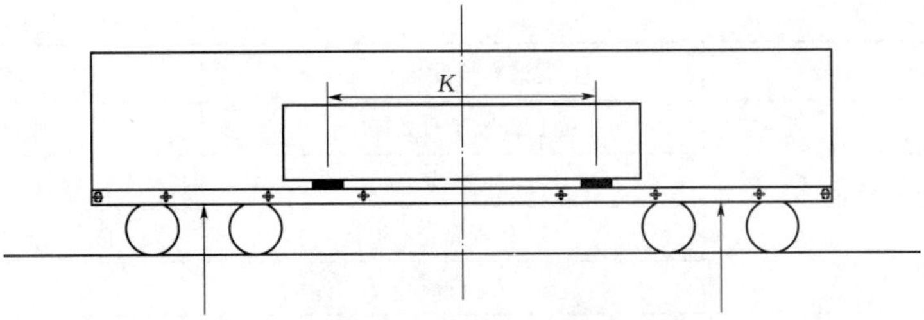

图 2-1-11　敞车两枕梁间承受对称集中载荷

表 2-1-2　60 t、61 t 敞车两枕梁间承受均布载荷时容许载重量

车辆负重面长度/mm	车辆负重面宽度 B/mm	容许载重量/t
2 000	1 300≤B<2 500	15
	B≥2 500	20
3 000	1 300≤B<2 500	16
	B≥2 500	23
4 000	1 300≤B<2 500	17
	B≥2 500	26
5 000	1 300≤B<2 500	18.5
	B≥2 500	29
6 000	1 300≤B<2 500	20
	B≥2 500	32
7 000	1 300≤B<2 500	23.5
	B≥2 500	35.5
8 000	1 300≤B<2 500	27
	B≥2 500	39
9 000	1 300≤B<2 500	30
	B≥2 500	43

注：当负重面长度介于上表两数之间时，可采用线性插入法确定容许载重量。

表 2-1-3　60 t、61 t 敞车两枕梁间承受对称集中载荷时容许载重量

横垫木中心间距/mm	横垫木长度 L/mm	容许载重量/t
1 000	1 300≤L<2 500	13
	L≥2 500	17
2 000	1 300≤L<2 500	14
	L≥2 500	20
3 000	1 300≤L<2 500	17
	L≥2 500	21
4 000	1 300≤L<2 500	24
	L≥2 500	30

续上表

横垫木中心间距/mm	横垫木长度 L/mm	容许载重量/t
5 000	1 300≤L<2 500	32
	L≥2 500	42
6 000	1 300≤L<2 500	43
	L≥2 500	49
7 000	1 300≤L<2 500	46
	L≥2 500	55
8 000	1 300≤L<2 500	50
	L≥2 500	60(61)
8 700	—	60(61)

注:1. 当负重面长度介于上表两数之间时,可采用线性插入法确定容许载重量。

2. 表中括号内数据表示当使用 61 t 敞车时,两枕梁间承受对称集中载荷的容许载重量。

【例 2-1-7】 一件货物支重面长度为 4 000 mm,直接装在车地板上,支重面宽度分别为 2 000 mm 和 2 600 mm 时,使用 C_{62A} 型车容许载重量为多少?

【解】 查表 2-1-2,负重面长度为 4 000 mm,负重面宽度为 2 000 mm 时,使用 C_{62A} 型车容许载重量为 17 t;负重面宽度为 2 600 mm 时,容许载重量为 26 t。

(2)两枕梁直接承受货物重量且两枕梁承受的货物重量相等时,全车装载重量可以达到车辆容许载重量。

(3)在车辆两枕梁内外等距离(装载长度不超过 3.8 m)、宽度不小于 1.3 m 范围内(小于 1.3 m 时加垫长度不小于 1.3 m 的横垫木)承受均布载荷(加垫横垫木为对称集中载荷)时,全车装载重量可以达到车辆标记载重量,如图 2-1-12 所示。

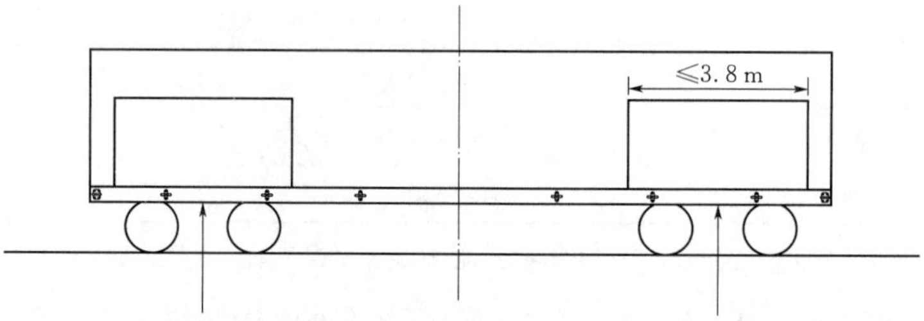

图 2-1-12　车辆两枕梁内外等距离承受均布载荷

如果需要在货物下加垫横垫木或条形草支垫(稻草绳把)时,应分别加垫在枕梁上及其内外各 1 m 处,如图 2-1-13 所示。

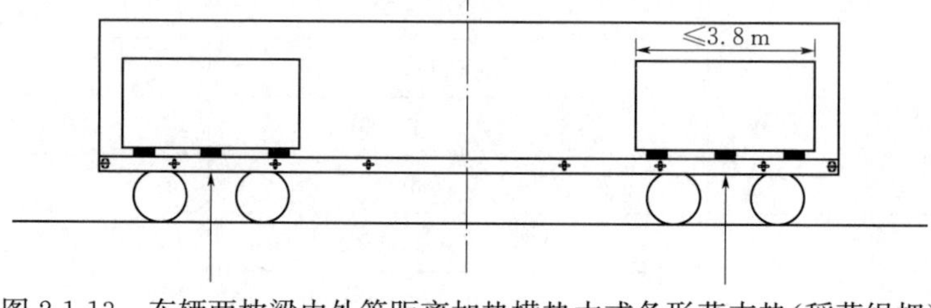

图 2-1-13　车辆两枕梁内外等距离加垫横垫木或条形草支垫(稻草绳把)

(4)靠车辆两端墙向中部连续装载货物，每端装载长度超过 3.8 m 时(图 2-1-14)，应遵守下列规定：

①装载宽度不小于 2.5 m 时，全车装载重量可以达到车辆标记载重量。

②装载宽度不小于 1.3 m、不足 2.5 m 时，全车装载重量不得超过 55 t。

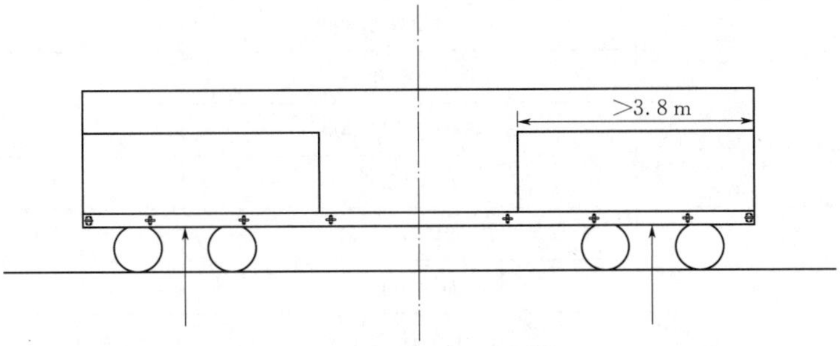

图 2-1-14　靠车辆两端墙向中部连续装载货物，每端装载长度超过 3.8 m

(5)在车辆两枕梁内外等距离、宽度不小于 1.3 m 范围内和车辆中部三处承载时(图 2-1-15)，中部货物重量不得大于 13 t，全车装载重量不得超过 57 t。

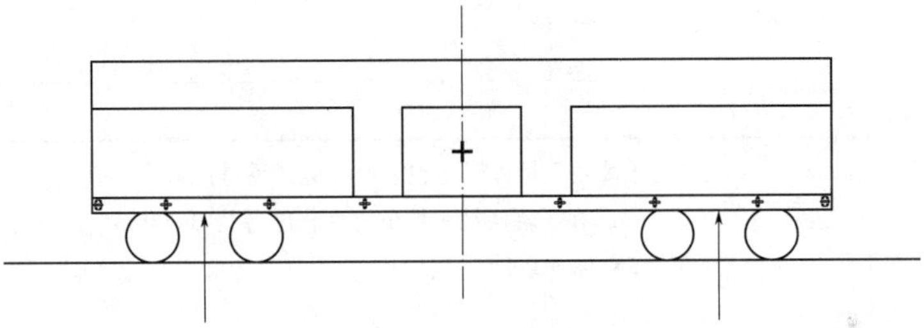

图 2-1-15　车辆两枕梁内外等距离和车辆中部三处承载

(6)靠车辆两端墙向中部连续装载，每端装载长度超过 3.8 m，且在车辆中部装载货物时，应遵守下列规定：

①中部所装货物的重量不得超过 13 t。

②当两端货物的装载宽度不小于 2.5 m 时，全车装载重量不得超过 57 t。

③当两端货物的装载宽度在 1.3～2.5 m 之间时，全车装载重量不得超过 55 t。

(7)仅靠防滑衬垫防止货物移动时，全车装载重量不得超过 55 t。

2. 70 t 敞车避免集重装载的技术条件

C_{70}、C_{70H}、C_{70E}、C_{70EH} 型敞车局部车地板面承受货物重量时，应遵守下列规定：

(1)仅在车辆两枕梁之间、横中心线两侧等距离范围内承受均布载荷或对称集中载荷时，容许载重量见表 2-1-4、表 2-1-5。

表 2-1-4　C_{70}、C_{70H}、C_{70E}、C_{70EH} 型敞车两枕梁间承受均布载荷时容许载重量

车辆负重面长度/mm	车辆负重面宽度 B/mm	容许载重量/t
2 000	1 300≤B<2 500	25
	B≥2 500	30
3 000	1 300≤B<2 500	28
	B≥2 500	39

续上表

车辆负重面长度/mm	车辆负重面宽度 B/mm	容许载重量/t
4 000	1 300≤B<2 500	34
	B≥2 500	40
4 500	1 300≤B<2 500	34
	B≥2 500	40
5 000	1 300≤B<2 500	36
	B≥2 500	42
6 000	1 300≤B<2 500	42
	B≥2 500	45
7 000	1 300≤B<2 500	44
	B≥2 500	48
8 000	1 300≤B<2 500	48
	B≥2 500	52
9 000	1 300≤B<2 500	52
	B≥2 500	62

注:1. 以下情况 C_{70}、C_{70H}、C_{70E}、C_{70EH} 全车装载重量可以达到车辆标记载重量:

①当车辆负重面宽度不小于 2 000 mm,在车辆两枕梁处负重面长度各为 3 800 mm 或在车辆两枕梁及中央三处负重面长度不小于 2 000 mm 且均布对称装载时;

②全车均布装载时。

2. 当负重面长度介于上表两数之间时,可采用线性插入法确定容许载重量。

表 2-1-5　C_{70}、C_{70H}、C_{70E}、C_{70EH} 型敞车两枕梁间承受对称集中载荷时容许载重量

横垫木中心间距/mm	横垫木长度 L/mm	容许载重量/t
1 000	1 300≤L<2 500	26
	L≥2 500	30
2 000	1 300≤L<2 500	32
	L≥2 500	36
3 000	1 300≤L<2 500	35
	L≥2 500	39
4 000	1 300≤L<2 500	42
	L≥2 500	46
5 000	1 300≤L<2 500	48
	L≥2 500	54
6 000	1 300≤L<2 500	58
	L≥2 500	64
7 000	1 300≤L<2 500	60
	L≥2 500	68

续上表

横垫木中心间距/mm	横垫木长度 L/mm	容许载重量/t
8 000	$1\,300 \leqslant L < 2\,500$	64
	$L \geqslant 2\,500$	70

注：1. 使用横垫木在两枕梁处对称装载，当横垫木长度不小于 2 000 mm，两横垫木中心间距为 1 000 mm 时，全车装载重量可以达到车辆标记载重量。

2. 当负重面长度介于上表两数之间时，可采用线性插入法确定容许载重量。

(2)两枕梁直接承受货物重量且两枕梁承受的货物重量相等时，全车装载重量可以达到车辆标记载重量。

(3)在车辆两枕梁内外等距离(装载长度不超过 3.8 m)范围内承受均布载荷时，应遵守下列规定：

①装载宽度不小于 2.5 m 时，全车装载重量可以达到车辆标记载重量。

②装载宽度不小于 1.2 m、不足 2.5 m 时，全车装载重量不得超过 65 t。

如果需要在货物下加垫横垫木或条形草支垫(稻草绳把)时，应分别加垫在枕梁上及其内外各 1 m 处。

(4)靠车辆两端墙向中部连续装载货物，每端装载长度超过 3.8 m 时，应遵守下列规定：

①装载宽度不小于 2.5 m 时，全车装载重量可以达到车辆标记载重量。

②装载宽度不小于 1.2 m、不足 2.5 m 时，全车装载重量不得超过 65 t。

(5)在车辆两枕梁内外等距离(装载长度不超过 3.8 m)范围内和车辆中部三处承载时，应遵守下列规定：

①中部货物装载宽度不小于 1.2 m，重量不得大于 25 t。

②当两端货物的装载宽度不小于 2.5 m 时，全车装载重量可以达到车辆标记载重量。

③当两端货物的装载宽度不小于 1.2 m、不足 2.5 m 时，全车装载重量不得超过 65 t。

(6)货物的装载宽度小于 1.2 m 时，可双排装载或加垫长度不小于 1.2 m 的横垫木。

四、长大货物车免于集重装载的技术条件

凹底平车、长大平车及落下孔车局部车地板面承受货物重量时，应遵守表 2-1-6、表 2-1-7 相关规定。

表 2-1-6　凹底平车局部地板面承受均布载荷或对称集中载荷时容许载重量　　单位：t

地板负重面长度/mm	两横垫木中心线间最小距离/mm	车型																	
		D_2	D_{10}	D_{2G}	D_{2A}	D_{9A}	D_{15}	D_{25A}	D_{12K}	D_{18A}	D_{10A}	D_{15A}	D_{32}	D_{28}	QD_3	D_{15B}	D_{32A}	DA_{21}	DA_{25}
1 000	500	160	—	—	—	—	—	—	—	—	—	—	—	—	22	—	—	—	—
1 500	750	—	71	172	172	—	129	—	95	165	72	130	—	—	—	130	—	—	—
2 000	1 000	—	—	—	—	—	—	—	—	—	—	—	—	—	23	—	—	—	—
3 000	1 500	—	72	178	178	76	131	215	100	166	76	132	—	250	24	132	—	180	220

续上表

地板负重面长度/mm	两横垫木中心线间最小距离/mm	车型																	
		D_2	D_{10}	D_{2G}	D_{2A}	D_{9A}	D_{15}	D_{25A}	D_{12K}	D_{18A}	D_{10A}	D_{15A}	D_{32}	D_{28}	QD_3	D_{15B}	D_{32A}	DA_{21}	DA_{25}
3 500	1 750	—	—	—	—	—	—	—	—	—	—	—	—	—	—	—	—	—	—
4 000	2 000	—	—	—	—	—	—	—	—	—	—	—	—	—	25	—	—	—	—
4 500	2 250	—	74	183	183	80	134	216	105	168	—	135	—	260	—	—	—	185	225
5 000	2 500	—	—	—	—	—	—	—	—	—	—	—	—	—	27	—	—	—	—
5 500	2 750	—	—	—	—	—	—	—	—	—	—	—	—	—	—	—	—	—	—
6 000	3 000	—	77	189	189	84	137	224	109	171	83	138	—	270	28	140	—	190	230
7 000	3 500	—	—	—	—	—	—	229	—	—	—	—	300	—	30	—	300	—	—
7 500	3 750	—	81	197	197	87	142	—	113	175	88	142	—	275	—	145	—	200	240
8 000	4 000	—	—	—	—	—	—	236	—	—	—	—	—	280	—	—	310	—	—
9 000	4 500	—	87	210	210	90	150	243	120	180	90	150	315	—	—	150	315	210	250
9 300	4 650	—	—	—	—	—	—	—	—	—	—	—	—	—	—	—	—	—	—
9 800	4 900	—	—	—	—	—	—	250	—	—	—	—	—	—	—	—	—	—	—
10 000	5 000	—	90	—	—	—	—	—	—	—	90	—	320	—	—	—	320	—	—

注：当负重面长度介于上表两数之间时，可采用线性插入法确定容许载重量。

表 2-1-7　长大平车局部承受均布载荷或对称集中载荷时容许载重量　　单位：t

地板负重面长度/mm	两横垫木中心线间最小距/mm	车型			
		D_{22A}	D_{26A}/D_{26AK}	D_{70}	D_{22B}
2 000	1 000	62	—	32	55
3 000	1 500	—	—	—	—
4 000	2 000	64	—	36	58
4 500	2 250	—	—	—	—
5 000	2 500	—	—	—	—
6 000	3 000	68	—	40	62
7 500	3 750	—	—	—	—
8 000	4 000	74	260	44	66
9 000	4 500	—	—	—	—
10 000	5 000	77	—	46	71
12 000	6 000	81	—	48	76
14 000	7 000	86	—	50	82
15 000	7 500	—	—	60	—
16 000	8 000	98	—	70	88

续上表

地板负重面长度/mm	两横垫木中心线间最小距/mm	车型			
		D22A	D26A/D26AK	D70	D22B
16 500	8 250	—	260	—	—
17 800	8 900	—	—	—	100
18 000	9 000	120	—	—	—
20 000	10 000	—	—	—	108
20 400	10 200	—	—	—	—
22 000	11 000	—	—	—	116
24 000	12 000	—	—	—	120
25 000	12 000	—	—	—	120

注：当负重面长度介于上表两数之间时，可采用线性插入法确定容许载重量。

典型工作任务 2　组织超长货物装载

学习目标

1. 能力目标

能够利用资料、规章等确定超长货物的装车方案。

2. 知识目标

(1)掌握超长货物的概念。

(2)掌握一车负重的装载方法。

(3)理解跨装货物的装载方法与设备。

3. 素质目标

认识到装车工作应符合装载技术条件，培养精益求精、一丝不苟的工作态度。

安全案例

跨装钢轨运输中货物转向架的加固盘条断裂

(1)事故概况：某日，A 站编组××××次货物列车，12:56 开车，17:15 到达 B 站 Ⅰ 场 8 道，机后第 59 位(平车，车号：5273××)、60 位(平车，车号：5275××)为装载跨装钢轨。18:10，货检员检车时发现运行方向左侧第 60 位后部货物转向架死心盘下架体两个加固点中防止下架体前移的两加固盘条断裂(图 2-2-1)，下架体左侧纵向前移约 5 cm，甩车加固整理，构成铁路交通一般 D 类事故。

图 2-2-1　加固盘条断裂

(2)原因分析:A编组站对有禁溜标志的跨装车组实施了溜放作业,是造成事故的直接原因。编组站货检员、货检监控中心作业人员对重点货物检查不认真,将存在严重安全隐患的车辆放行,是造成事故的重要原因之一。

相关知识

在铁路工作中,常常遇到有的货物需要突出车端装载,或用两辆平车跨装运输的情况。若货物长度大于车地板长度,则需要将货物突出车辆一端或两端装载;也有些货物,其长度虽不大于车地板长度,但其重心至一端的长度大于车地板长度的1/2,可能也需要突出车端装载。货物突出车端装载时,必须保证突出车端装载的两辆重车相连挂,行经曲线线路上,车钩处于压缩状态时,两货物突出端不相接触,如图2-2-2所示。《加规》规定:“货物突出平车车端装载,突出端的半宽不大于车辆半宽时,允许突出端梁300 mm;大于车辆半宽时,允许突出端梁200 mm。”这样才能保证在曲线上车钩处于压缩状态时,货物之间仍能保持120 mm的间距,保证运输安全。

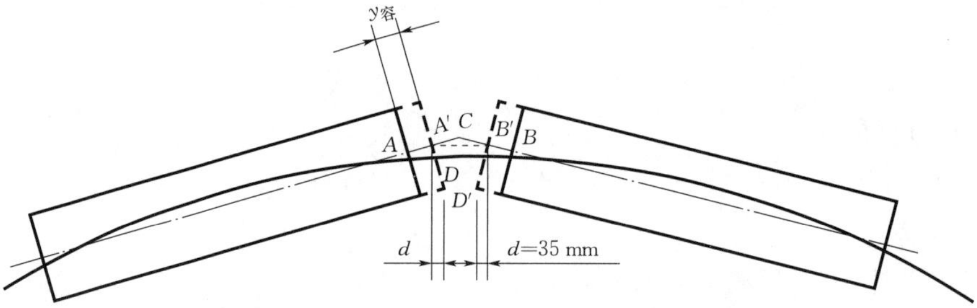

图2-2-2　突出车端装载的重车行经曲线

装车后货物突出端梁的长度,超过上述规定时,需要加挂一辆游车。游车不负重,是为保证运输安全而加挂的平车。当装载货物突出车端不加挂游车时,货物突出端不得与带风挡客车连挂。

一、超长货物的概念

超长货物是指一车负重,突出车端装载,需要使用游车或需要跨装运输的货物。超长货物的判定需要依据货物、所装车辆、装载方案来综合判断。

【例2-2-1】 均重货物一件,重25 t,长13.6 m,宽2 m,要求使用NX_{17A}型平车装运,试问该货物是否为超长货物?

【解】 NX_{17A}型平车长13 m,宽2.98 m。

(1)若采取两端突出均衡装载的方法,货物两端各突出车端300 mm。货物突出端半宽不大于所装车辆半宽,符合允许突出端梁的标准,该货物装车后可不使用游车,不属于超长货物。

(2)若采取一端突出装载时,突出端突出车端600 mm,须使用游车,该货物为超长货物。

【例2-2-2】 均重货物一件,重19 t,长15 m,宽2.2 m,现有NX_{17A}型平车、NX_{17B}型平车各一辆,试问该货物是否为超长货物?

【解】 判定货物是否属于超长货物,与所使用车辆有密切关系。

(1)若使用NX_{17A}型平车装运,车长13 m,宽2.98 m。采用两端突出均衡装载的方法,货物两端各突出车端 1 000 mm，大于 300 mm，需要使用游车，属于超长货物。

(2)若使用 NX_{17B} 型平车装运，车长 15.4 m，宽 2.98 m。采用均衡装载的方法，货物长 15 m，不突出车端，不属于超长货物。

二、一车负重超长货物的装载技术条件

1. 一车负重装载方法

一车负重按货物突出车端的状态可分为两种：一种是一端突出装载，即一车负重，一端突出装载，使用一辆游车，如图 2-2-3 所示；另一种是两端突出装载，即一车负重，两端突出装载，两端各使用一辆游车，如图 2-2-4 所示。

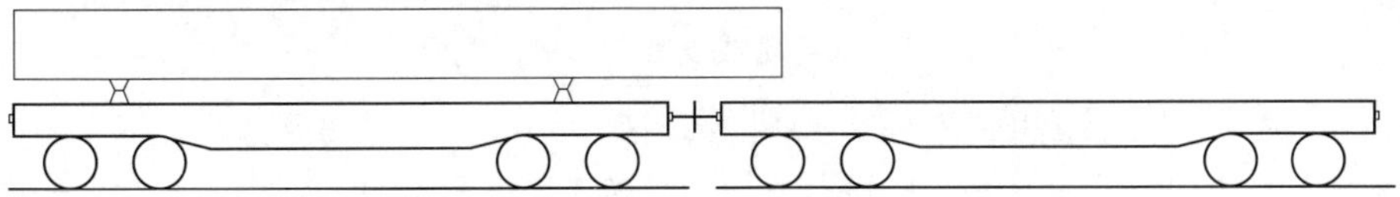

图 2-2-3　一端突出装载

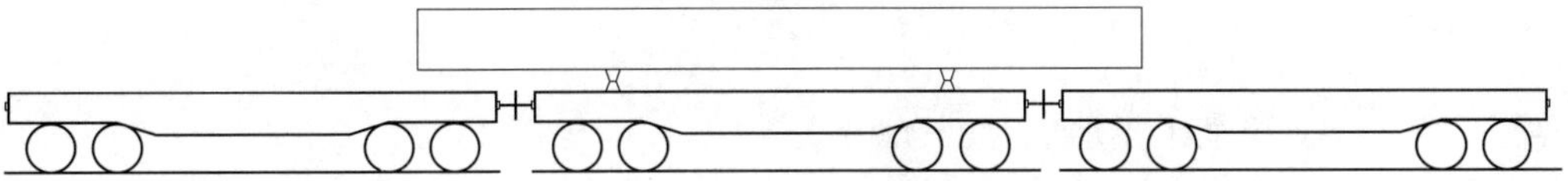

图 2-2-4　两端突出装载

2. 一车负重装载技术条件

一辆平车装载一件超长货物时，须遵守下列要求：

(1)均重货物使用 60 t、61 t 平车装载，两端均衡突出时，其装载重量不得超过表 2-2-1 的规定。

表 2-2-1　60 t、61 t 平车两端均衡突出装载量

突出车端长度 L/mm	$L<1\,500$	$1\,500\leqslant L<2\,000$	$2\,000\leqslant L<2\,500$	$2\,500\leqslant L<3\,000$	$3\,000\leqslant L<3\,500$	$3\,500\leqslant L<4\,000$	$4\,000\leqslant L<4\,500$	$4\,500\leqslant L\leqslant 5\,000$
容许载重量/t	58	57	56	56	55	54	53	52

(2)货物一端突出端梁装载时，重心容许纵向偏离量应根据《加规》附件 2 计算确定。

符合货物装载基本技术条件的规定，特殊情况下货物重心发生纵向偏离时，每个车辆转向架承受的货物重量不得超过货车容许载重量的 1/2，且两转向架承受的货物重量之差不大于 10 t。

货物重心纵向的最大容许偏离距离 $a_{容}$，可按下式计算。

当 $P_{容}-Q<10$ t 时：

$$a_{容}=\left(\frac{P_{容}}{2Q}-0.5\right)l \quad (\text{mm})$$

当 $P_{容}-Q\geqslant 10$ t 时：

$$a_{容}=\frac{5l}{Q} \quad (\text{mm})$$

(3)所用横垫木或支(座)架的高度,应根据《加规》附件 2 计算确定。

超长货物在运输过程中,为了保证车辆行经线路竖曲线变坡点时,货物突出车端部分的底部与游车地板不相接触,必须使用高度符合要求的横垫木或支(座)架,横垫木或支(座)架的高度 $H_{垫}$,可按车辆经过驼峰的要求考虑,如图 2-2-5 所示。

图 2-2-5　横垫木或支架(座)的高度要求

横垫木的合理高度 $H_{垫}$ 可按式(2-2-1)计算:

$$H_{垫}=0.031a+h_{车差}+f+80 \quad (\text{mm}) \tag{2-2-1}$$

式中　a——货物突出端至负重车最近轮轴轴心所在垂直平面的距离,mm;

$$a=\frac{L_{车}-l-l_{轴}}{2}+y \tag{2-2-2}$$

其中　$L_{车}$——负重车车地板长度,mm,

$l_{轴}$——负重车固定轴距,mm,

y——货物突出负重车端梁较长一端的长度,mm;

$h_{车差}$——游车地板高度与负重车地板高度差,游车地板比负重车地板高时,取正值,反之取负值,mm;

f——货物突出端的挠度,mm。

若货物突出车端部分底部低于其支重面时,垫木高度还应加该突出部分低于货物支重面的尺寸,如图 2-2-6 所示;如果货物突出车端部分底部高于货物支重面时,垫木高度应减去货物突出车端部分高于货物支重面的尺寸,如图 2-2-7 所示。

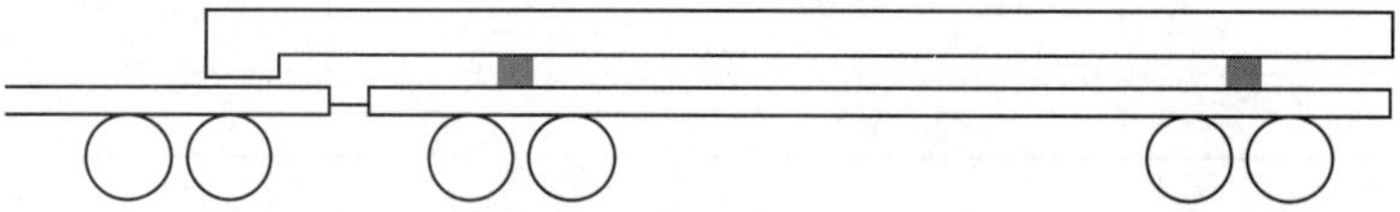

图 2-2-6　货物突出车端部分底部低于其支重面装载

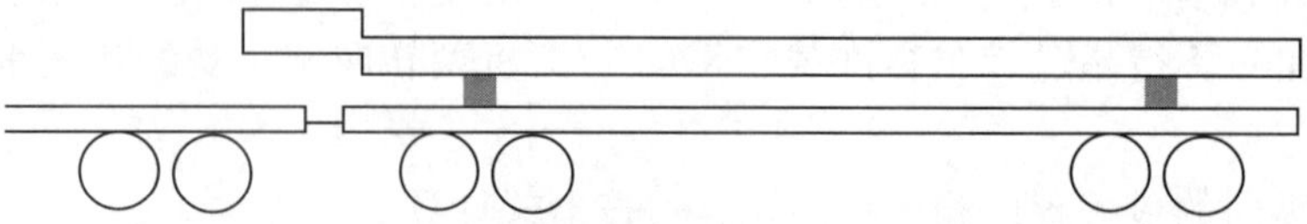

图 2-2-7　货物突出车端部分底部高于货物支重面装载

【例 2-2-3】　现有一件货物长度 17 000 mm,使用 NX17BK 型车为主车装载,货物一端对齐车辆端板,另一端突出,使用 NX17AK 型车为游车,经测量 f=20 mm,计算所需横垫木高度。

【解】　NX17BK 型车的技术参数为:车地板长度 15 400 mm,车地板高 1 214 mm,销距 10 920 mm,转向架轴距 1 750 mm;NX17AK 型车的技术参数为:车地板长 13 000 mm,车地板高 1 211 mm,销距 9 000 mm。

$$a=\frac{L_{车}-l-l_{轴}}{2}+y$$
$$=\frac{15\ 400-10\ 920-1\ 750}{2}+(17\ 000-15\ 400)$$
$$=2\ 965(\text{mm})$$
$$H_{垫}=0.031a+h_{车差}+f+80$$
$$=0.031\times 2\ 965+(1\ 211-1\ 214)+20+80$$
$$\approx 189(\text{mm})$$

(4)共用游车时，两货物突出端间距不小于500 mm，如图2-2-8所示。

500 mm=150 mm×2(两对车钩的压缩量)+60 mm(行经曲线货物内侧的入侵值)+140 mm(安全量)。

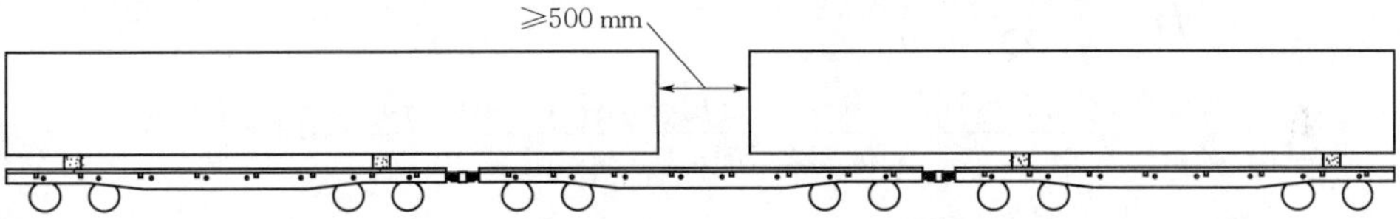

图2-2-8　共用游车间距

(5)游车上装载的货物，与货物突出端间距不小于350 mm，如图2-2-9所示，货物突出部分的两侧不得装载货物。此间距的存在，令车辆在运行的情况下，货物与货物之间仍能保持一定的安全距离。

350 mm=150 mm(车钩压缩量)+60 mm(行经曲线货物内侧的入侵值)+140 mm(安全量)。

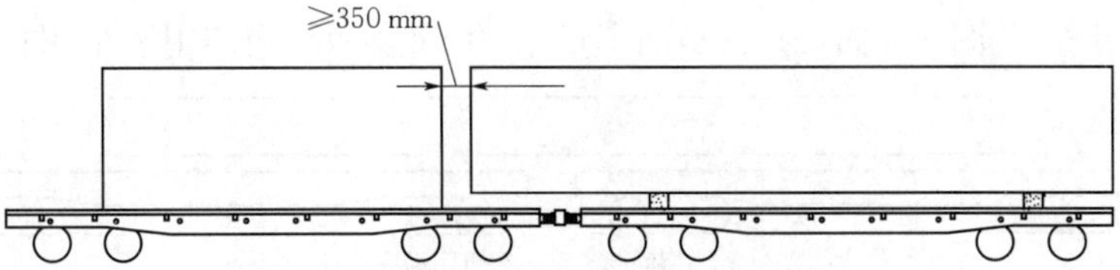

图2-2-9　游车上货物装载间距

【例2-2-4】　均重平底货物一件，重40 t，长15 m，宽2.8 m，高2.4 m，拟选用标重60 t NX17AK型平车(车地板高1 211 mm，车地板长13 000 mm，销距9 000 mm，转向架轴距1 750 mm，自重22.5 t，空车重心高度768 mm)一端突出装运，并使用一辆同车型平车做游车。

要求：(1)检查货物是否偏重；(2)确定使用横垫木的高度($f=10$ mm)；(3)计算重车重心高度。

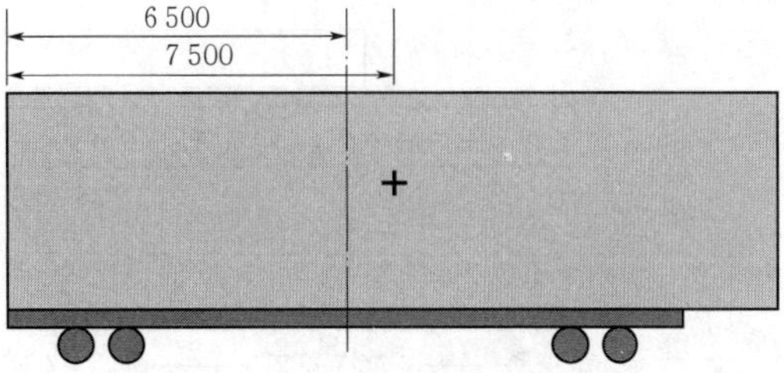

图2-2-10　例2-2-4货物装载方案
(单位：mm)

【解】　(1)货物一端突出车端装载，如图2-2-10所示，有

$$a_{需}=7\ 500-6\ 500=1\ 000(\text{mm})$$

由于 $P_{容}-Q=60-40=20(\mathrm{t})$，即 $P_{容}-Q>10\ \mathrm{t}$，则

$$a_{容}=5l/Q=5\times 9\,000/40=1\,125(\mathrm{mm})$$

$a_{需}<a_{容}$，故装载方案符合装载技术条件，货物不偏重。

(2)计算横垫木高度：

$$\begin{aligned}a&=\frac{L_{车}-l-l_{轴}}{2}+y\\&=\frac{13\,000-9\,000-1\,750}{2}+(7\,500\times 2-6\,500\times 2)\\&=3\,125(\mathrm{mm})\end{aligned}$$

$$H_{垫}=0.031a+h_{车差}+f+80=0.031\times 3\,125+0+10+80=187(\mathrm{mm})$$

(3)计算重车重心高度：

$$\begin{aligned}H&=\frac{Q_{车}h_{车}+Q_{货}h_{货}}{Q_{车}+Q_{货}}\\&=\frac{22.5\times 768+40\times(1\,211+187+2\,400/2)}{22.5+40}\\&\approx 1\,940(\mathrm{mm})\end{aligned}$$

$H<2\,000\ \mathrm{mm}$，所以按正常条件运行。

三、跨装货物装载的技术条件

1. 跨装的装载方法

两车负重装运的货物，称为跨装货物。跨装货物使用的数辆平车，称为跨装车组。跨装车组多由两辆或三辆车组成，也可以由四辆或五辆车组成。跨装运输的超长货物装载方法有以下四种：(1)两车负重，不使用游车[图 2-2-11(a)]；(2)两车负重，中间使用游车[图 2-2-11(b)]；(3)两车负重，两端使用游车[图 2-2-11(c)]；(4)两车负重，中间及两端均使用游车[图 2-2-11(d)]。

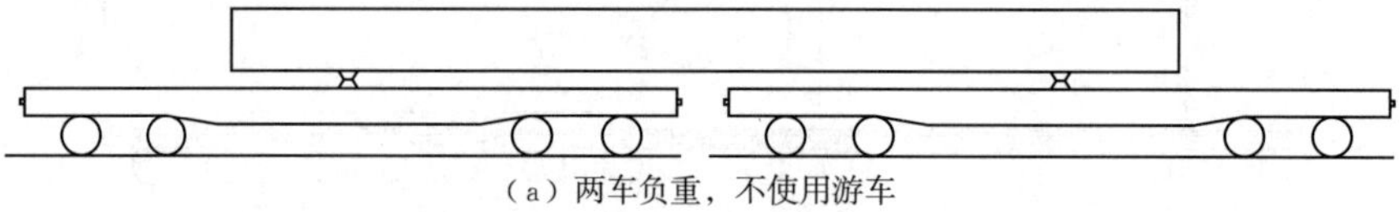
(a) 两车负重，不使用游车

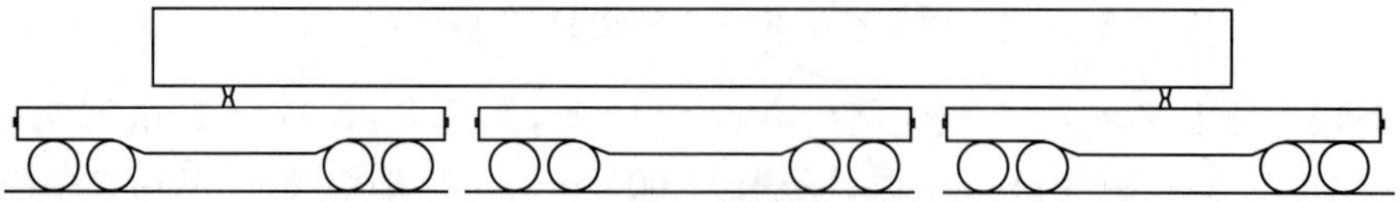
(b) 两车负重，中间使用游车

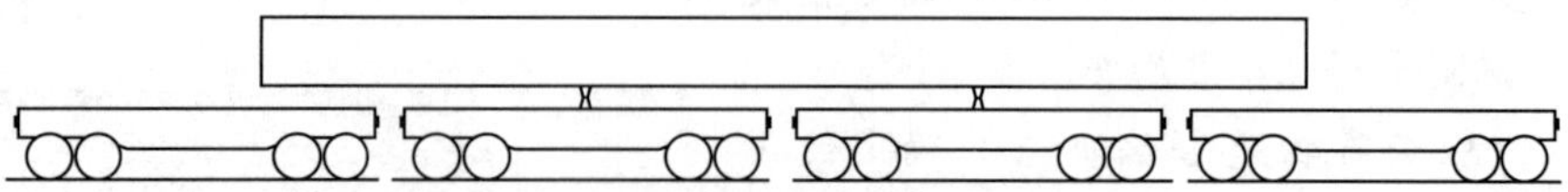
(c) 两车负重，两端使用游车

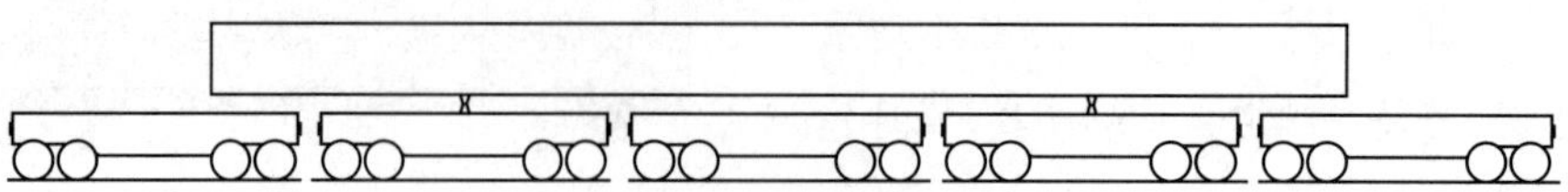
(d) 两车负重，中间及两端均使用游车

图 2-2-11　跨装装载方法

2. 跨装货物的装载技术条件

跨装超长货物应遵守下列规定：

(1)只准两车负重。负重车车地板高度应相等，如高度不等时，需要垫平。

对未达到容许载重量的货车，可以加装货物，但不得加装在货物的两侧，与跨装货物端部间距不小于400 mm。

(2)在两辆负重车的中间只准加挂一辆游车。

(3)跨装货物应使用货物转向架，货物转向架有关具体规定见《加规》附件5。

货物转向架的支重面长度应遵守平车、凹底平车、长大平车局部承受货物重量时的规定，避免集重。货物转向架下架体的重心投影应位于货车纵、横中心线的交叉点上，必须偏离时，横向偏离量不得超过100 mm；纵向偏离时，每个车辆转向架所承受的货物重量不得超过货车容许载重量的二分之一，且两转向架承受重量之差不得大于10 t。

(4)货物转向架上架体与跨装货物，下架体与车辆分别固定在一起。对货物及货物转向架的加固不得影响车辆通过曲线，并将提钩杆用镀锌铁线捆紧。

(5)中间加挂游车的跨装车组通过9号及以下道岔时不得推送调车。遇设备条件不容许或尽头线时，可以不超过5 km/h的速度匀速推进。

(6)跨装车组应使用车钩缓冲停止器，安装应在车钩自然状态下进行。

(7)跨装车组禁止溜放。

拓展阅读

1. 货物转向架与车钩缓冲停止器

(1)货物转向架。

①货物转向架结构。

货物转向架每副两个，一个具有死心盘，中心销孔为一圆孔；另一个具有活心盘，中心销孔为一长孔。每个转向架由上架体[图2-2-12(a)]和下架体[图2-2-12(b)]组成。

货物转向架分为普通型和专用型两类，普通型是指通用的货物转向架，专用型是为某种超长货物专门制备的转向架。

②货物转向架编号。

式样：济P(或Z)30(或60、70等)—2(或3)—××固(或活)。

例如：济P30—2—12活。

其中，济——济南局集团公司的简称；P或Z——货物转向架类型，“P”为普通型，“Z”为专用型；30、60、70——货物转向架单个最大承载重量(t)；2、3——跨装车数；××——铁路局集团公司下达的自然数编号，不得重复，每副两个的号码一致，编号之后以“固”“活”区别，上下架体编号相同。

③货物转向架的基本技术要求。

货物转向架的质量、性能和技术状态必须符合铁道行业标准《铁路货物装载加固材料和装置　第1部分：货物转向架》(TB/T 3079.1—2016)的要求。

在铁路现场工作中，货物转向架的使用应注意以下几点：

a. 货物转向架的强度和刚度必须与其所承受的负荷相适应。

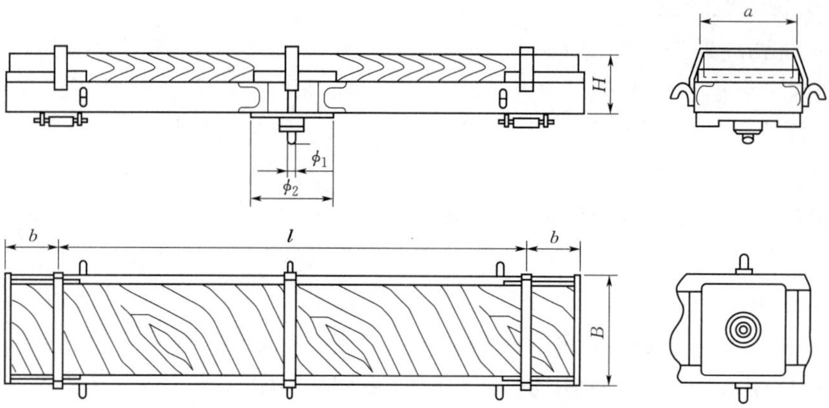

（a）上架体

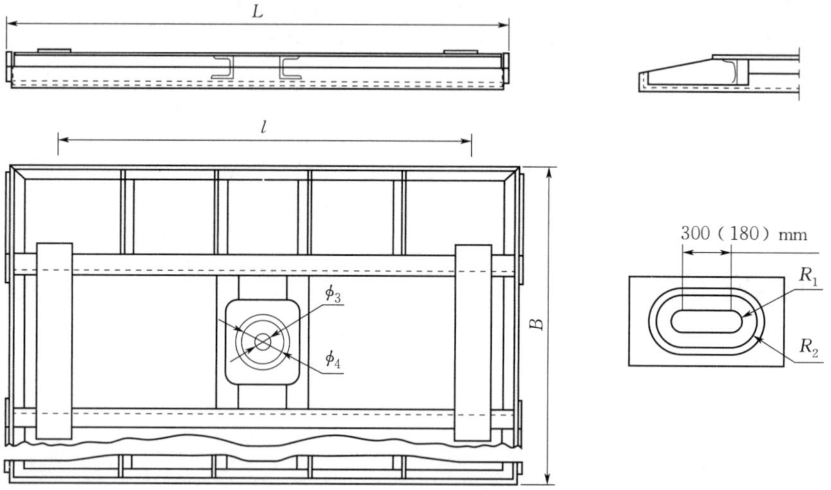

（b）下架体

图 2-2-12　货物转向架结构

b. 货物转向架上架体必须备有能对货物实施加固的部件，下架体必须备有能与车体加固的部件。

c. 货物转向架组成后，上架体必须转动灵活，活心盘上架体还应纵向滑动灵活。

d. 活心盘中心销孔的长度系指长孔的两半圆圆心距。活心盘中心销孔一般情况下应开设在下架体上，其长度根据跨装车组是否使用车钩缓冲停止器和有无中间游车确定，具体要求如下：

(a)跨装车组使用车钩缓冲停止器，不加挂中间游车时，不得小于 180 mm。

(b)跨装车组使用车钩缓冲停止器，加挂中间游车时，不得小于 300 mm。

(c)跨装车组不使用车钩缓冲停止器，也不加挂中间游车时，不得小于 300 mm。

e. 货物转向架沿车地板横向长度一般不大于 3 000 mm；当超过 3 000 mm 时，应保证不超限。

f. 货物转向架下架体支重面长度应符合《加规》的有关要求。

g. 货物转向架的高度应根据负重车的车型、跨装车组有无中间游车、货物超过转向架中心销外方的长度，以及货物底面是否有突出部分等因素计算确定。

h. 当货物转向架使用旁承时，应保证其具有良好的滑动性能；在负载情况下，两侧旁承游间之和不应大于 10 mm，且任何一侧不得压死。

(2)车钩缓冲停止器。

跨装货物应使用车钩缓冲停止器。车钩缓冲停止器由钢板、木板和螺杆等部件组成，其钢板的厚度不得小于 20 mm，连接螺杆的直径不得小于 16 mm，置于冲击座和钩头背之间的钢板，在冲击座一侧应制作成梯形或圆弧形（圆弧半径不大于 100 mm），宽度（最宽处，B）应小于冲击座至钩头背间距离的 3～5 mm。车钩缓冲停止器结构如图 2-2-13 所示。

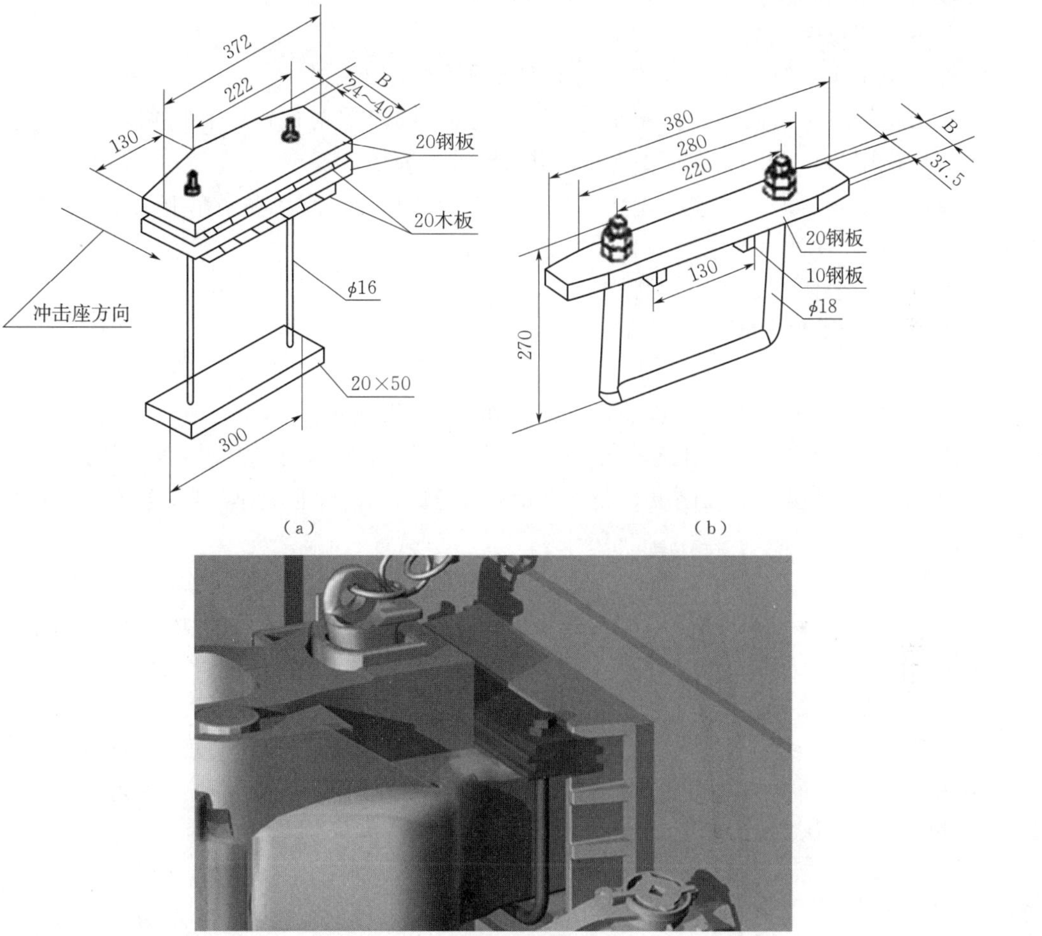

(a)　(b)　(c)

图 2-2-13　车钩缓冲停止器（单位：mm）

2. 普通平车装运长钢轨（含道岔轨）

(1)普通平车装运长钢轨（含道岔轨）应遵守下列规定：

①使用长钢轨专用座架多车负重装载。根据长钢轨规格，选用一定数量合适车地板长和标重的木地板平车。相邻车辆上的座架底面高度（相对轨面）应相等，如高度不等超过规定限度时，需要垫平。

②长钢轨使用专用座架分层装载。

③长钢轨沿车辆纵向对称装载，正向摆放，相同长度的长钢轨端部应尽量对齐，因技术原因不能对齐时，则端部长短差不得大于 200 mm。

④短尺长钢轨与定尺长钢轨混装时，应横向靠内侧、沿车辆纵中心线对称装载。必要时，

应采取配重措施。

⑤不同型号的道岔轨混装时，同层钢轨型号必须相同，且较重型号钢轨应自下而上从底层装起。

⑥长钢轨采用横向整层紧固方式进行固定，每一层钢轨装载完毕后，在该层锁定座架处使用对应型号紧固装置将本层钢轨紧固并与座架固定为一体。

⑦各型号专用座架和紧固装置不得混合使用。

⑧专用座架每层隔梁装后应锁定。

⑨每个锁定座架应捆绑加固在车侧丁字铁或支柱槽上。

⑩长钢轨车组车辆间不得使用车钩缓冲停止器，同时要对提钩杆和折角塞门进行捆绑固定。重车车组中涂打㊇的平车，允许放下端侧板进行装运。

⑪专用车组固定循环运输长钢轨、专用座架原车回送时，座架在平车上保持原位置及加固方式不变，紧固装置和隔梁应采取有效措施固定。

⑫重车车组禁止通过驼峰和溜放。

(2)相关安全案例分析。

①案例一：

某日，A站使用普通平车装运的500 m长钢轨，严重偏重16.9 t。

原因在于，装车单位××工务机械段××长轨车间选车不当，造成一车座架地面高度（相对轨面）与邻车外侧座架地面高度之差达26 mm，造成严重偏重，暴露出装车单位未严格落实装载加固方案的问题。

②案例二：

某日，甲局集团公司B站接轨的乙公司专用铁路装载的75 m钢轨，运行至丙局集团公司C站超偏载检测报警一般偏重12.8 t。构成铁路交通一般D10类事故，乙公司主要责任，甲局集团公司××车务段同等主要责任。

原因在于，装车时专用铁路企业违反装载加固定型方案要求，在安放端部车辆座架时，将规定插在第5个支柱槽的座架插在了第6个支柱槽，致使车辆承重点发生变化，产生偏重；货运人员交接检查不认真，未发现、防止座架安放错误车辆编入列车。

相关规范、规程与标准

1.《铁路货物装载加固规则》(铁总运〔2015〕296号)。

2.《铁路货运计量安全检测设备运用管理规则》(铁总运〔2016〕272号)。

3.《铁路货物装载加固技术要求》(TB/T 30004—2021)。

实作问答

某钢铁厂托运钢板，长度13 m以下的钢板已制订了用敞车运输的方案，现还有13.6 m长的钢板210 t、14.5 m长的钢板120 t，共计330 t装载方案未定。

现在正是运输高峰期，车辆紧张，只有平车可供选择。请运用你所学知识，制订经济合理的装载方案。

【解】 方案一：

货物均衡装载，负重车辆两端各加挂一辆游车，如题图 2-1 所示。

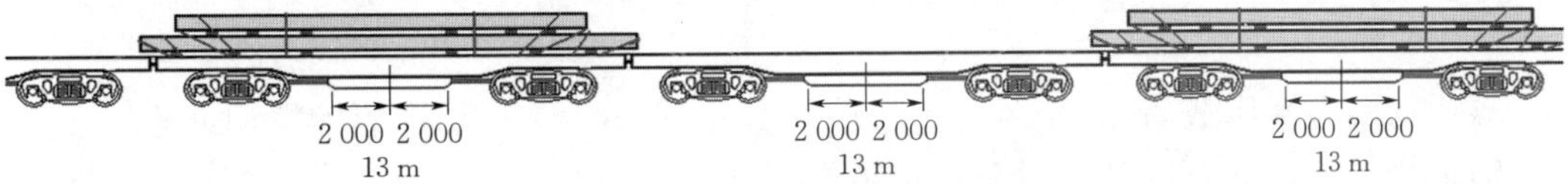

题图 2-1　装载方案一(单位：mm)

若车地板长 15.4 m 的平车比较紧缺，只能拨派 2 辆 15.4 m 长的平车，其他均为 13 m 长的平车。

方案二：

三车为一组，14.5 m 长的钢板装在 15.4 m 长的平车上，两端接 13 m 长的平车，其上装 13.6 m 长的钢板，一端突出装载，共计 6 辆车，如题图 2-2 所示。

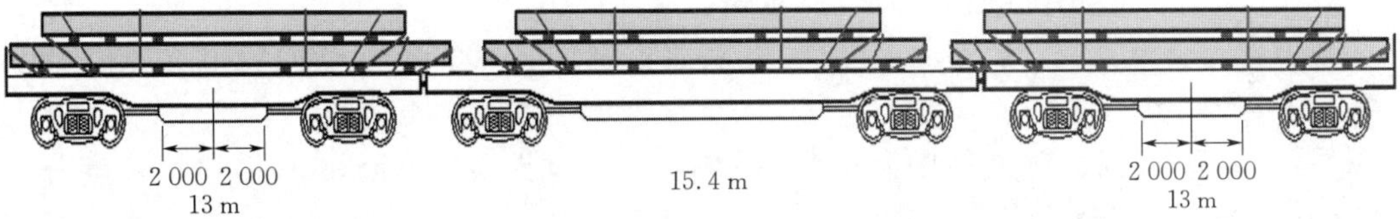

题图 2-2　装载方案二(单位：mm)

课后作业

1. 单项选择题

(1)C62AK、C62AT、C62BK、C62BT、C64K、C64H 及 C64T 型敞车局部地板面承受货物重量，当两枕梁直接承受货物重量且两枕梁承受的货物重量相等时，全车装载重量可以达到(　　)。

A. 57 t　　B. 车辆容许载重量

C. 车辆标记载重量　　D. 58 t

(2)加装的货物与跨装超长货物端部间距不得小于(　　)。

A. 400 mm　　B. 350 mm　　C. 300 mm　　D. 100 mm

(3)使用 N17AK 型平车一辆装载长度 21.2 m 的均重货物，其容许载重量为(　　)。

A. 58 t　　B. 57 t　　C. 55 t　　D. 53 t

(4)共用游车时，两货物突出端间距不小于(　　)。

A. 300 mm　　B. 350 mm　　C. 400 mm　　D. 500 mm

(5)使用 60 t、61 t 敞车装载货物，仅靠防滑衬垫防止货物移动时，全车装载重量不得超过(　　)。

A. 55 t　　B. 56 t　　C. 57 t　　D. 58 t

2. 判断题

(1)货物突出车端装载时必须使用游车。　　(　　)

(2)计算超长货物需使用横垫木的高度时，公式中的 a 是指货物重心的纵向偏移量。　　(　　)

(3)NX_{17BK} 型平车局部地板面承受均布载荷或对称集中载荷，当车地板负重面长度为 6 000 mm 时，货车容许载重量为 55 t。（　　）

(4)货物突出平车车端装载，突出端的半宽大于车辆半宽时，允许突出端梁 300 mm。（　　）

(5)货物转向架组成后，上架体必须转动灵活，活心盘上架体还应横向滑动灵活。（　　）

(6)货物的支重面长度就是货车的负重面长度。（　　）

(7)超长货物必须使用货物转向架。（　　）

3. 计算题

(1)当分别使用 NX_{17AK} 型、NX_{70} 型平车时，判断以下货物是否偏重，并确定装载方案。

①一件货重 40 t，货物支重面长 4 000 mm。

②一件货重 45 t，货物支重面长 3 000 mm。

③一件货重 50 t，货物支重面长 2 000 mm。

(2)查表确定下列情况的最大容许载重量。

①用 C_{62A} 型车装载，均布载荷，车辆负重面长度为 7 000 mm，车辆负重面宽度分别为 2 200 mm、2 600 mm 时。

②用 C_{64} 型车装载，对称集中载荷，两横垫木中心间距为 4 000 mm，横垫木长度分别为 2 000 mm、2 800 mm 时。

③用 C_{70} 型车装载，均布载荷，车辆负重面长度为 3 000 mm，车辆负重面宽度分别为 2 200 mm、2 600 mm 时。

④用 C_{70} 型车装载，对称集中载荷，两横垫木中心间距为 5 000 mm，横垫木长度分别为 2 400 mm、2 800 mm 时。

(3)某站托运一件均重货物，货长 4 280 mm，货重 46.5 t，拟使用 N_{17AK} 型车均布载荷装载，请问该车是否集重？如果集重，在不更换车辆的情况下，如何处理？

(4)钢梁一件，长 16 000 mm，宽 2 000 mm，高 1 800 mm，使用 N_{17} 型木地板平车一车负重一端突出装载，加挂游车一辆，请计算横垫木的合理高度。（货件挠度为 25 mm，游车地板较负重车地板高 10 mm。）

(5)某站装载货物一件，长 16 000 mm，宽 2 900 mm，高 1 900 mm，使用 N_{17AT} 型木地板平车负重装载，车长 13 000 mm，销距 9 000 mm，轴距 1 750 mm，地板面至轨面高 1 211 mm，一端与负重车端部对齐，另一端突出使用 N_{17T} 型木地板平车作游车，游车地板面至轨面高 1 209 mm，挠度为 10 mm。计算横垫木高度。

(6)均重货物一件，重 45 t，长 16.4 m，宽 3.36 m，高 2.0 m。拟用 NX_{17BK} 型车一辆负重一端突出、另一端对齐车端梁装载，另以一辆 NX_{17AK} 型车作为游车，横垫木高度取 160 mm。请问此装载方案是否会造成偏重？横垫木高度是否能满足安全要求？

NX_{17BK} 型车标重 61 t，车长 15 400 mm，车辆销距 10 920 mm，转向架固定轴距 1 750 mm，车地板高 1 214 mm。NX_{17AK} 型车车地板高 1 211 mm。

(7)某站承运均重钢梁一件，长 17.2 m，宽 2.9 m，高 2.5 m，重 25 t，货物挠度为 10 mm，装载方案如题图 2-3 所示，负重车和游车均为 N_{17AK}，横垫木高度 250 mm。游车上加装一件重 50 t，长 6 m，宽 3 m，高 2 m 的货物。请问负重车上所装货物是否符合超长货物装载技术条件？

N_{17AK} 型 60 t 平车车地板长 13 000 mm，车宽 2 980 mm，销距 9 000 mm，车地板高度

1 211 mm，自重 20. 8 t，空车重心高度 723 mm，转向架固定轴距为 1 750 mm。

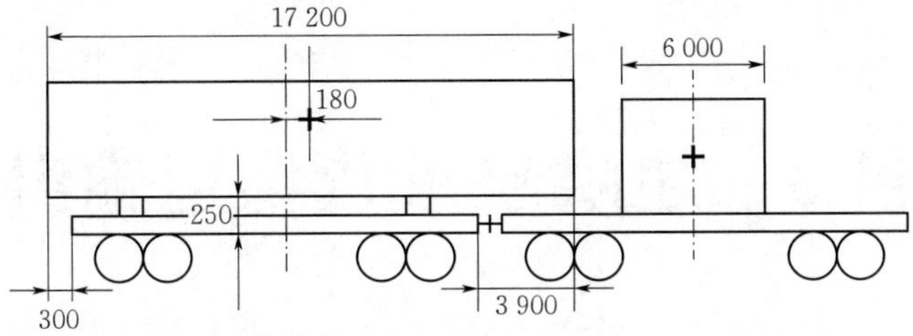

题图 2-3　某站承运均重钢梁装载方案（单位：mm）

（8）托运人在某站托运钢结构架一件，重 40 t，长 16. 4 m，宽 2. 6 m，高 1. 5 m，货件重心距一端 6. 8 m，重心高度 0. 9 m，拟使用 NX_{17BT} 型平车（自重 22. 9 t，载重 61 t，固定轴距 1 750 mm，转向架中心销距 10 920 mm，车地板长 15 400 mm，宽 2 960 mm，高 1 216 mm，重心高度 740 mm）装载（货件挠度不计，横垫木重量不计）。试确定经济合理的装载方案，并计算横垫木的合理高度。

项目 3　超限超重货物运输组织

典型工作任务 1　超限超重货物的判定

学习目标

1. 能力目标

能够正确使用规章判定超限超重货物。

2. 知识目标

(1)掌握铁路货运相关基本限界的限制尺寸。

(2)掌握超限超重货物的定义、分类。

(3)掌握超限货物测量方法。

3. 素质目标

培养严格按照规章办理超限货物运输的意识,以保证货物、车辆及线路、建筑物的安全。

安全案例

石油钻采设备列车侧门开放脱落撞击客车

(1)事故概况:某日 22:45,××××次货物列车运行至××线 A 站至 B 站间与 Z2×次客车会车时,机后第 16 位货车(装载石油钻采设备)列车运行方向右侧侧门开放脱落(图 3-1-1),将 Z2×次客车车厢 11 块玻璃打碎,并造成机车、车辆多处划痕。22:53,Z7×次客车运行至 K96+800 处,机车撞击脱落的设备侧门,造成机后第 1 位客车下部总风管与支管三通处断开。该事故构成铁路交通一般 C 类事故。

(2)原因分析:托运人装车后,虽已将石油钻采设备侧门关上,但未启用门上防盗锁的防盗功能将门锁闭。侧门处虽加焊了 2 个铁条用于防盗和加固,但由于铁条较薄,与设备焊接处底漆未清除且虚焊,列车运行过程中开焊脱落。装车后车站仅凭托运人提出的“铁路运输货物锁闭状态保证书”进行交接,没有检查出设备侧门关而未锁、焊而不牢的问题,没有对设备内部散装部件加固情况进行检查,并且装载加固质量签认流于形式,管理干部存在漏签问题。

图 3-1-1　货车侧门开放脱落

相关知识

随着国民经济的发展,经由铁路运输的大型设备运量日益增加。准确确定货物的超限超重等级,并按照规定的技术要求组织运输,对于保证车辆、货物及线路附近固定设备的安全至关重要。

一、铁路限界

为了确保机车车辆运行的安全,防止机车车辆在运行中与建筑物或设备相接触,铁路规定了各种限界,其中最基本的是机车车辆限界和建筑限界两类。

1. 机车车辆限界

机车车辆限界是指与线路中心线垂直的限制机车车辆外形尺寸的极限横断面轮廓。机车车辆限界中心线为通过平直线路中心的垂直线。机车车辆水平尺寸自其中心线算起,以限界半宽表示;垂直尺寸自轨面算起。机车车辆无论是空车或是重车,无论是具有最大标准公差的新车,还是具有最大标准公差和磨耗限度的旧车,停放在水平直线上,无侧向倾斜与偏移,仅在停车时需要探出的部分应处于收回状态时,除升起的受电弓以外,其他任何部分应容纳在机车车辆限界之内。

依据《标准轨距铁路限界　第1部分:机车车辆限界》(GB 146.1—2020),铁路超限货物运输采用的机车车辆限界,其最大高度处距轨面4 800 mm,最大宽度在1 250～3 600 mm高度范围内为3 400 mm。机车车辆上部、下部限界分别如图3-1-2、图3-1-3所示。图3-1-3中,运行速度小于或等于160 km/h的机车车辆,a为70 mm,b为90 mm;运行速度大于160 km/h的机车车辆,a为80 mm,b为110 mm。

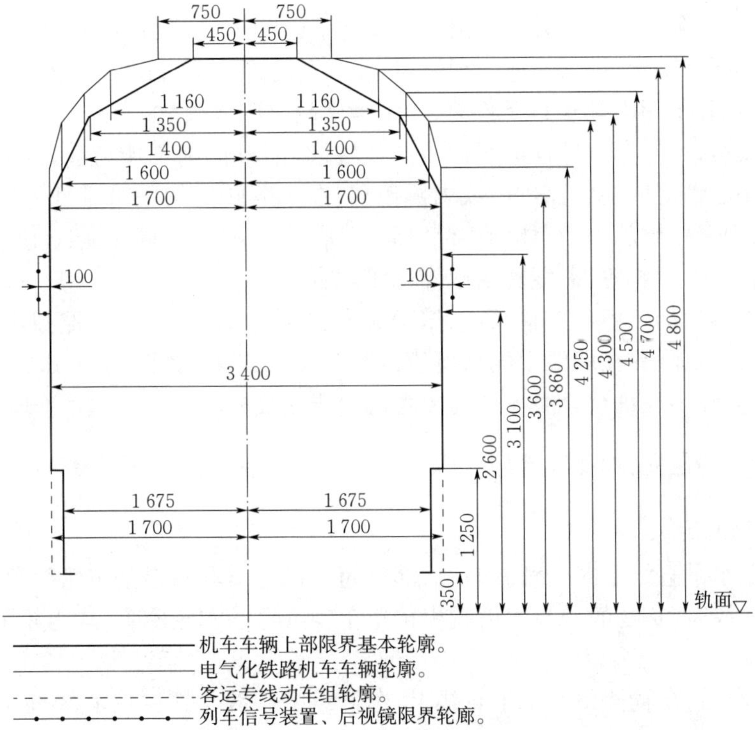

图3-1-2　机车车辆上部限界(单位:mm)

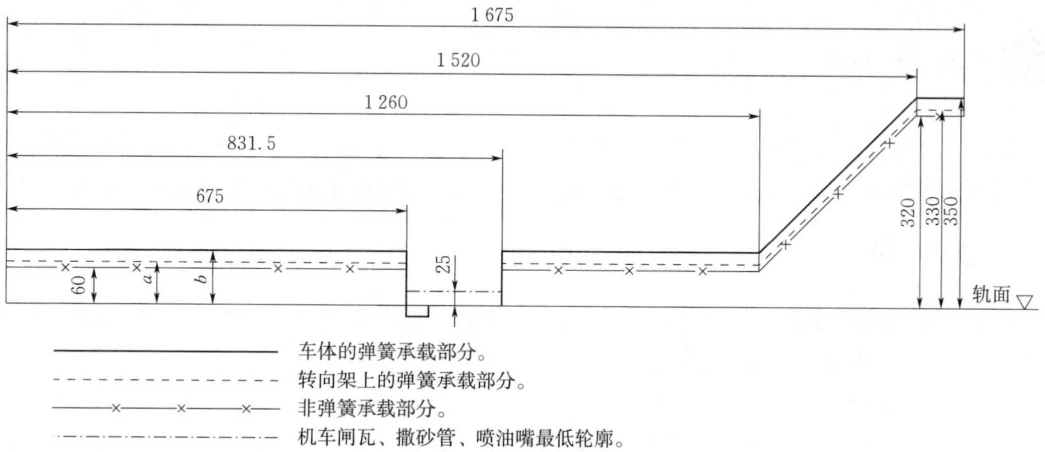

图 3-1-3　机车车辆下部限界(单位:mm)

2. 建筑限界

铁路建筑限界指与线路中心线垂直的极限横断面轮廓。此轮廓内,除机车车辆和与机车车辆有相互作用及相关的设备(车辆减速器、接触线、吊弦、定位器等)外,其他设备或建筑物均不得侵入。

铁路建筑限界的制定,应该考虑机车车辆限界的尺寸和机车车辆安全运行的要求,同时还应考虑国家大型设备(超限货物)运输的需要,此外也要为机车动力的发展和长大货车的大型化留有发展余地。建筑限界过大,必然造成巨大浪费,过小则会阻碍大型设备的运输。

铁路超限货物运输中采用的建筑限界是《标准轨距铁路限界　第 2 部分:建筑限界》(GB 146.2—2020)中 $v \leqslant 160$ km/h 客货共线铁路建筑限界,是按水平直线线路制定的。基本建筑限界如图 3-1-4 所示。

隧道、桥梁建筑限界均比基本建筑限界大,这是由隧道、桥梁的结构、施工特点及线路维修、养护、巡查等要求决定的。但在个别地段因受具体条件的限制,实际限界也有小于国家标准的,这就要求在确定超限车运行条件时,一定考虑具体限界尺寸。

列车在曲线运行时,车辆转向架可以沿曲线转动,而车体则不能弯曲,因此车辆纵中心线在车辆转向架中心销之间向线路中心线内侧偏移,在车辆转向架中心销外方向线路中心线外侧偏移。同时,由于外轨超高,车体向内侧倾斜。所以,为了使车辆在曲线上与建筑限界之间的距离与其在直线上时相等,曲线建筑限界应予加宽。

曲线建筑限界的加宽值与车辆长度、销距大小、曲线半径相关。《铁路技术管理规程(普速铁路部分)》规定建筑限界在曲线上的加宽值按照车长为 26 m、销距为 18 m 的车辆(称为计算车辆)和曲线的实际半径进行计算。同时要考虑由于曲线外轨超高引起的车辆倾斜量。

二、超限货物的定义、种类和等级

1. 超限货物的定义

车辆停留在水平直线上时,货物的任何部位超出机车车辆限界基本轮廓者,或车辆行经半径为 300 m 的曲线时,货物的计算宽度超出机车车辆限界基本轮廓者,均为超限货物。具体分为下列两种情况:

(1)货物装车后,车辆停留在水平直线上,车辆纵中心线与线路中心线处于同一垂直平面上时,货物的任何部位超出机车车辆限界基本轮廓,称为超限货物。

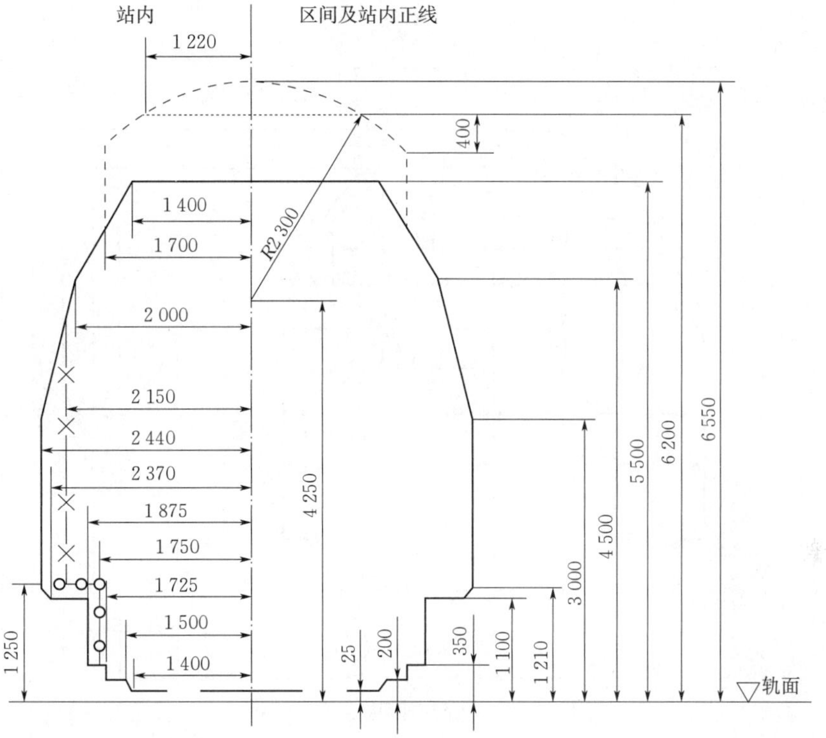

信号机、高架候车室结构柱和接触网、跨线桥、天桥、电力照明、雨棚等杆柱的建筑限界（正线不适用）。

站台建筑限界（正线不适用）。

各种建(构）筑物的基本限界。

适用于电力牵引区段的跨线桥、天桥及雨棚等建（构）筑物，最大高度根据接触网结构高度计算确定，最小不应小于6 550 mm。

电力牵引区段的跨线桥在困难条件下的最小高度。

图 3-1-4　基本建筑限界(单位:mm)

(2)货物装车后,在平直线路上虽不超限,但当行经在半径为 300 m 的曲线线路上时,货物任何部位的计算宽度超出机车车辆限界基本轮廓时,也称为超限货物。

2. 超限货物的种类

根据货物超限部位从钢轨面起算的高度,可分为上部超限、中部超限和下部超限。

(1)上部超限:自轨面起高度超过 3 600 mm,任何部位超限者。

(2)中部超限:自轨面起高度在 1 250 mm 至 3 600 mm 之间,任何部位超限者。

(3)下部超限:自轨面起高度在 150 mm 至 1 250 mm 之间,任何部位超限者。

3. 超限货物的等级

根据超限部位超出机车车辆限界的程度可将中部和上部超限划分为一级超限、二级超限和超级超限三个等级;但下部超限只划分为二级超限和超级超限两个等级。

超限货物等级的划分,是将建筑限界和机车车辆限界基本轮廓之间的间隙以一级、二级超限限界轮廓线分割为三个部分。

(1)一级超限:自轨面起高度在 1 250 mm 以上超限但未超出一级超限限界者,一级超限限界如图 3-1-5 所示。

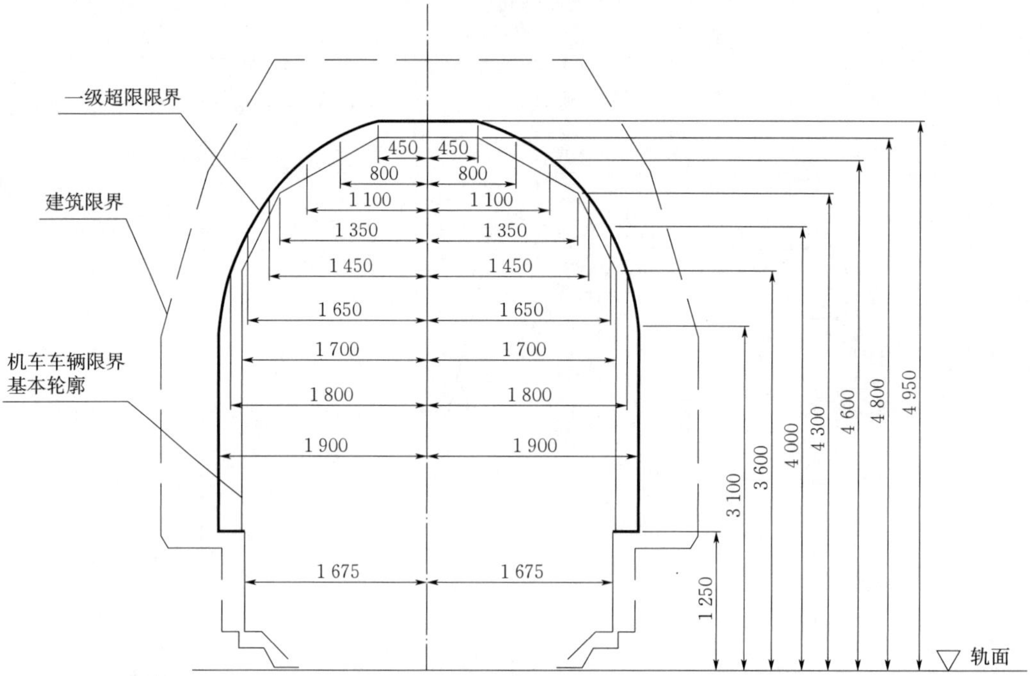

图 3-1-5　一级超限限界(单位:mm)

(2)二级超限:超出一级超限限界而未超出二级超限限界者,以及自轨面起高度在 150 mm 至未满 230 mm 间超限但未超出二级超限限界者,二级超限限界如图 3-1-6 及图 3-1-7 所示。

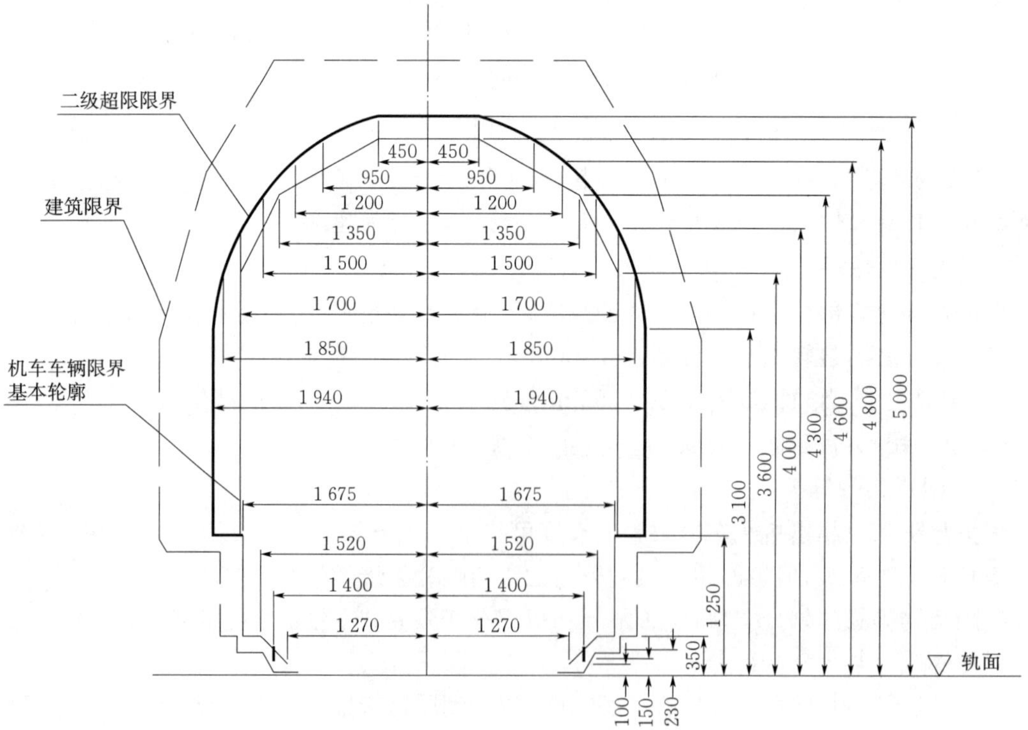

图 3-1-6　二级超限限界(单位:mm)

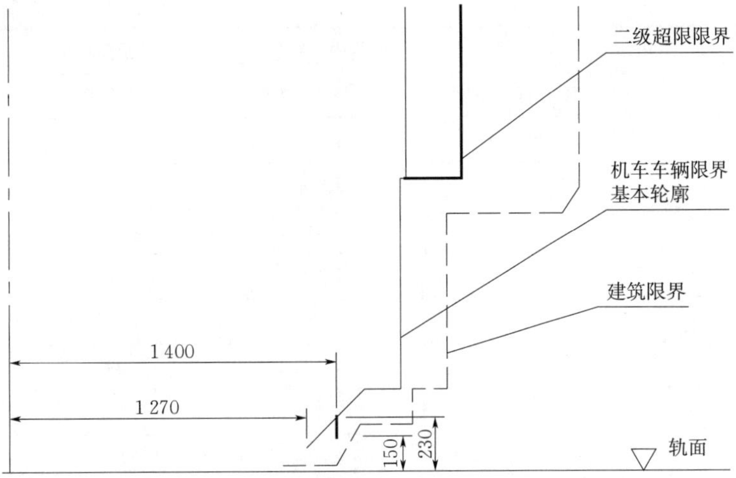

图 3-1-7　二级超限限界下部限界(单位:mm)

(3)超级超限:超出二级超限限界者,以及自轨面起高度在 230 mm 至 1 250 mm 间超限者。

超限货物的超限等级表明了超限货物超出机车车辆限界的程度,应按超限等级确定运行条件,同时货物的超限等级也是铁路部门核收超限货物运输费用的主要依据。超限等级可根据《铁路超限超重货物运输规则》(以下简称《超规》)附件 4"机车车辆限界、各级超限限界与建筑限界距离线路中心线所在垂直平面尺寸表(以下简称超限等级表)"直接确定,见表 3-1-1。

表 3-1-1　机车车辆限界、各级超限限界与建筑限界距离线路中心线所在垂直平面尺寸表(摘录)

自轨面起算的高度/mm	限界距线路中心线所在垂直平面的距离/mm			
	机车车辆限界基本轮廓	一级超限限界	二级超限限界	建筑限界
150	1 320	—	1 400	1 471
200	1 370	—	1 400	1 500
220	1 390	—	1 400	1 725
230	1 400	—	—	1 725
240	1 410	—	—	1 725
⋮	⋮	⋮	⋮	⋮
350(不含)	1 520	—	—	1 725
350~1 100(含)	1 675	—	—	1 725
⋮	⋮	⋮	⋮	⋮
1 200	1 675	—	—	2 433
1 210~1 250(含)	1 675	—	—	2 440
1 250~3 000	1 700	1 900	1 940	2 440
3 010~3 100	1 700	1 900	1 940	2 437
3 550	1 700	1 810	1 859	2 278
3 560	1 700	1 808	1 857	2 275

续上表

自轨面起算的高度/mm	限界距线路中心线所在垂直平面的距离/mm			
	机车车辆限界基本轮廓	一级超限限界	二级超限限界	建筑限界
3 570	1 700	1 806	1 855	2 272
3 580	1 700	1 804	1 854	2 269
3 590	1 700	1 802	1 852	2 266
3 600	1 700	1 800	1 850	2 264
3 610	1 695	1 796	1 846	2 261
3 620	1 690	1 792	1 842	2 258
3 630	1 685	1 789	1 839	2 255
3 640	1 680	1 785	1 835	2 252
3 650	1 675	1 781	1 831	2 249
4 800	450	800	950	1 820
4 810	—	777	925	1 814
4 950	—	450	575	1 730
4 960	—	—	550	1 724
5 000	—	—	450	1 700
5 010	—	—	—	1 694
5 500	—	—	—	1 400

三、超重货物的定义

大件货物运输实际包含超限和超重两个方面。一件货物可能只是超限，也可能只是超重，或者既超限又超重。超重货物一般价值昂贵、重量大，一旦货车脱线或颠覆难以起复，严重影响运输，且会造成巨大经济损失。

重车总重活载效应超过铁路桥涵设计标准活载的货物，称为超重货物。铁路桥涵设计标准活载见《铁路列车荷载图式》(TB/T 3466—2016)。

超重货物的等级是根据活载系数 Q 来划分的。活载系数 Q 表示运行活载(列车或机车车辆)对桥梁的作用相当于标准活载对桥梁作用的倍数。

当 $Q \leqslant 1$ 时，表示运行活载对桥梁的作用小于等于标准活载对桥梁的作用，可以安全通过承载能力满足设计要求的桥梁，也就是不超重。

当 $Q > 1$ 时，表示运行活载对桥梁的作用超过标准活载对桥梁的作用，也就是超重。按货物列车对桥梁的作用将超重货物分为三级：一级超重、二级超重和超级超重。

当 $1.00 < Q \leqslant 1.05$ 时，是一级超重；当 $1.05 < Q \leqslant 1.09$ 时，是二级超重，表示列车运行活载对桥梁的作用超过桥梁设计标准的 5%；当 $Q > 1.09$ 时，是超级超重，表示列车运行活载对桥梁的作用超过桥梁设计标准的 9%。

在实际应用中可使用货车总重 P 表示超重情况，据此再根据车辆的参数、超重等级的标准，可得到货车总重与超重等级的关系，见表 3-1-2。

表 3-1-2　超重货物分级表

等级	项　目		等级	项　目	
	长大货车型号	重车总重 P/t		长大货车型号	重车总重 P/t
一级	D_{2}	$314<P$	一级	D_{28}	$369<P\leqslant 388$
	D_{2A}	$P>329$		DK_{29}	$370.8<P\leqslant 389.5$
	D_{2G}	$326<P\leqslant 342$		D_{30G}	$437<P\leqslant 459$
	D_{18A}	$P>310$		D_{32}	$491<P\leqslant 515$
	DK_{23}	$P>296$		350 t 落下孔车	$490<P\leqslant 514$
	D_{23G}	$310<P\leqslant 326$		DQ_{35}	$P>508$
	D_{25A}	$P>374$		DK_{36}	$P>545.7$
	DA_{25}	$P>361$		DK_{36A}	$P>521.3$
	D_{32A}	$P>545$		D_{38}	$543<P\leqslant 571$
	D_{26}	$371<P\leqslant 390$		D_{45}	$580<P\leqslant 609$
	D_{26AK}	$P>332$		DA_{37}	$P>542.2$
	D_{26B}	$371<P\leqslant 390$		DQ_{45}	$585<P\leqslant 615$
二级	D_{2G}	$342<P\leqslant 355$	二级	350 t 落下孔车	$P>514$
	D_{23G}	$P>326$		D_{32}	$515<P\leqslant 535$
	D_{26}	$P>390$		D_{38}	$571<P\leqslant 592$
	D_{26B}	$P>390$		D_{45}	$609<P\leqslant 632$
	D_{28}	$P>388$		DQ_{45}	$615<P\leqslant 638$
	D_{30G}	$P>459$		DK_{29}	$P>389.5$
超级	D_{2G}	$P>355$	特级	D_{45}	$P>632$
	D_{32}	$P>535$		DQ_{45}	$P>638$
	D_{38}	$P>592$		—	—

注：以上均为货物装载无偏心情况，如有偏心，则应按实际装载偏心另行计算等级。

【例 3-1-1】 使用 D_{2G} 型货车装载货物 200 t，货车自重 148.5 t，总重 348.5 t，试确定超重货物等级。

【解】 查表 3-1-2 得，D_{2G} 型车在总重大于 342 t，小于等于 355 t 时为二级超重。

【例 3-1-2】 一件发电机定子，货物外形尺寸：10 350 mm×4 032 mm×4 292 mm，安装托钩后运输尺寸：11 830 mm×4 032 mm×4 875 mm；件重 298 t，运输重量 328 t；重心位于货物长度和宽度的中央，距定子底面 2 177 mm。试确定装载车辆及超重情况。

【解】 选用 D_{38} 型钳夹车装载，车辆参数为：标记载重量 380 t，自重 230 t，空车重心高度 1 780 mm，空重车长分别为 52 718 mm、63 648 mm，轴数为 32 轴，钳夹宽度 2 031 mm，钳夹高度 3 295 mm。

装载时对称于车辆纵横中心线装载，使装后货物重心投影与车辆纵横中心线交叉点重合。

此时，重车总重 $P=328+230=558(\text{t})$，有

$$543\ \text{t}<P\leqslant 571\ \text{t}$$

查表 3-1-2 知，该货物为一级超重货物。

四、超限货物的测量

对超限货物的测量主要是为了确切地了解货物的结构特点、外形尺寸，以便准确地确定货物的超限等级和运输要求。

测量尺寸是判断能否经铁路安全运输、拟定装载方案、确定超限货物等级、制订运行条件和拍发申请电报的原始资料和重要依据。如果测量发生误差，测量尺寸大于实际尺寸，会使非超限货物变成超限货物或提高超限等级，造成不必要的限速、绕道运输及会让上的困难，影响铁路通过能力，延缓货物送达速度，增加货物的运输费用，甚至被认为无法通过铁路限界而不能运输；如测量尺寸小于实际尺寸，可能将超限等级高的误认为超限等级低的货物，或将超限货物按非超限货物办理，这样就会危及行车安全及货物完整，甚至可能造成极其严重的事故。因此，超限货物的测量工作，必须计划周密、认真细致、尺寸准确、记录翔实。

1. 测量的基本要求

(1)测量时要合理选择计划装车方案。根据货物的外形、重量和结构特点，结合装运车辆的技术条件，综合考虑装车方案。

(2)装车前按计划装运方案进行测量，以发站列车运行方向为前方，以货物重心为准，分别测量中心高、中心宽和侧高、侧宽。

(3)测量高度应严格按垂直距离，宽度应按水平距离。装载的高度和宽度应包括篷布、绳索、支柱等加固材料在内。测量应有完整的记录，并应与超限超重货物托运说明书相符。

(4)装车后要进行复测。复测应与上级批准的计划装车尺寸相符。若尺寸不符时，应以实际尺寸再进行申请。

(5)配备质量良好的测量工具。测量用的工具包括钢卷尺、皮尺、水平尺、吊锤、辅助测量用的木板条、小型电子计算器、具有广角镜性能的照相机、袖珍绘画垫板等。

(6)测量尺寸均以毫米为单位，认真细致，尺寸准确，记录完整。

2. 装车前需要测量的尺寸

(1)长度：测量货物的最大长度、支重面长度、重心距货物两端的距离。货物横断面发生变化时或横向有突出部分时，应测出断面发生变化处及横向突出部位距货物重心所在横向垂直平面的距离，如图 3-1-8 所示。

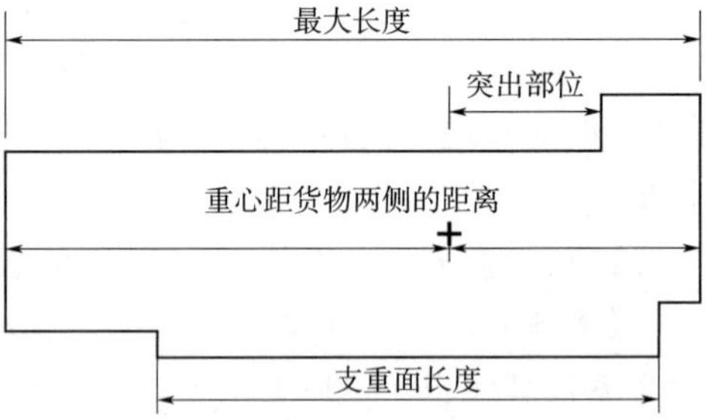

图 3-1-8　装车前需要测量的货物长度

(2)高度：自支重面起，测量其中心高度、侧高度和重心高度。

①中心高度：自支重面起至最大高度处的高度为中心高度，不论最大高度是否在货物重心所在纵向垂直平面上，如图 3-1-9 所示。

②侧高度：中心高度以下各测点至支重面的高度。如有数个不同侧高度时，应由上至下测出每一个不同的侧高度，如图 3-1-10 所示。

(3)宽度：测量中心高度处的宽度和不同侧高度处的宽度，如图 3-1-11 所示。

①中心高度处的宽度：中心高度处，在货物重心所在纵向垂直平面左侧和右侧的最大宽度。

②侧高度处的宽度：每一侧高度处，在货物重心所在纵向垂直平面左侧和右侧的最大宽度。

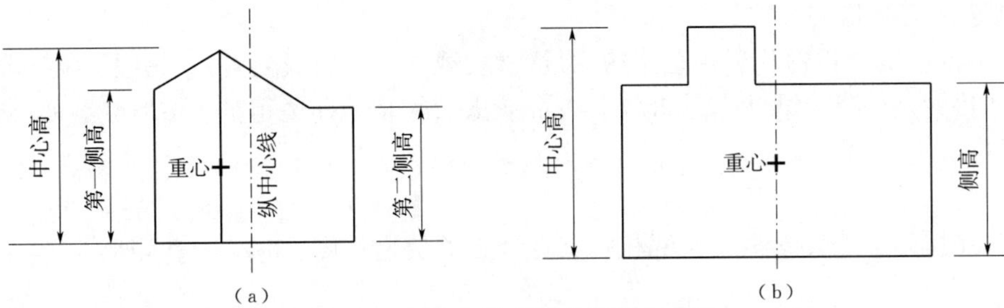

图 3-1-9　装车前测量货物中心高度

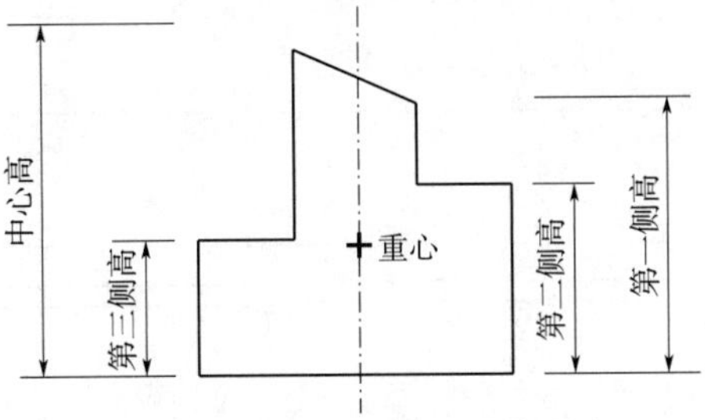

图 3-1-10　装车前测量货物高度

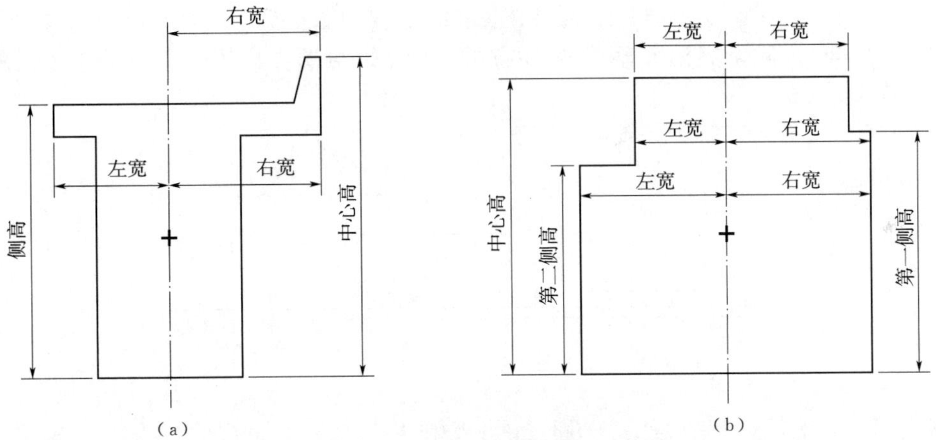

图 3-1-11　装车前测量货物宽度

圆形货物测量其宽度时,中心高度处的左宽和右宽均为 0,在第一侧高处,左宽和右宽等于圆形货物的半径,如图 3-1-12 所示;圆柱形货物应测量其直径;货物上有突出部件时,应测出突出部件的位置和突出的尺寸;带轮货物应测量轮的直径、轴距等。

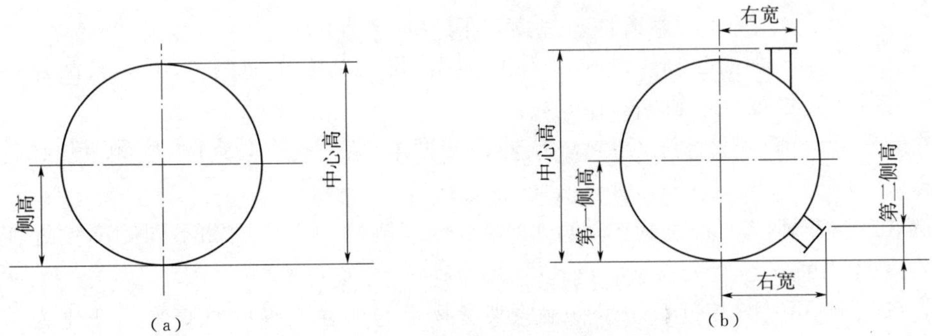

图 3-1-12　圆形货物断面需测量的尺寸

3. 装车后需测量的尺寸

装车后测量是对货物及车辆总体的测量(含装载加固材料或装置)。超限货物装车后应进行复测,其目的是检查装载状态是否与上级批准指示的装运办法相符。按照装载实际情况,填写超限超重货物运输记录。

(1)长度:

①跨装时,测量跨装支距的长度和两支点外方的货物长度,如图 3-1-13 所示。

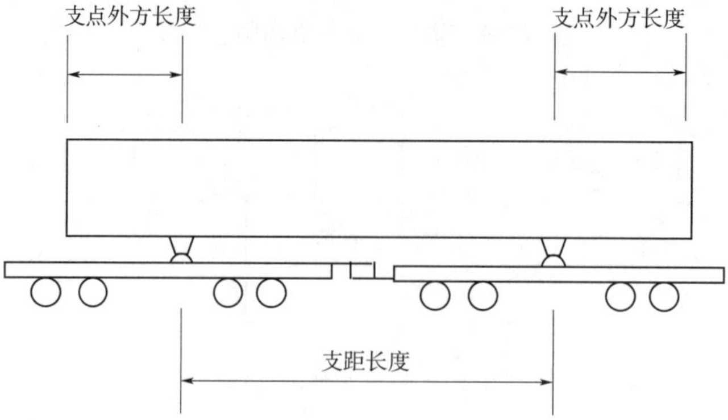

图 3-1-13　支距长度和两支点外方长度

②突出装载时,测量突出车辆端梁外方的长度;如两端突出不相等时,应分别测量,如图 3-1-14 所示。

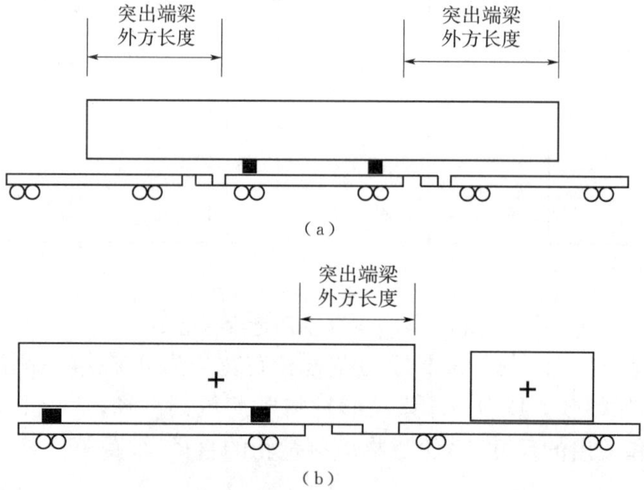

图 3-1-14　突出车辆端梁外方长度

(2)高度:自钢轨顶面起测量其中心高度和侧高度。与装车前测量相比,其测量零点由原来的货物底部支重面变化为轨面。

货物装车后,计算点低于 1 250 mm 或使用凹型车、落下孔车装运时,应测量货物计算点至轨面的高度。

(3)宽度:自车辆纵中心线所在垂直平面起,分别测量中心高度和不同侧高度处在其左侧和右侧的最大宽度。

与装车前测量相比,其测量的零点由原来货物重心所在的纵向垂直平面变化为车辆纵中心线所在的纵向垂直平面。

此外,超限货物的装车后测量,还应测量加固部件的有关尺寸,如加固拴结点的位置、加固装置的有关尺寸等。

进行测量时,应注意安全,防止事故,特别是在货场进行测量时,要注意瞭望。同时应尽量避免在曲线线路上进行测量,如果必须在曲线上进行时,应考虑曲线的外轨超高对测量结果的影响,并根据外轨超高值通过计算对测量值进行修正。

典型工作任务2　超限等级的确定

学习目标

1. 能力目标

能够正确确定货物的超限等级。

2. 知识目标

(1)理解影响超限等级的因素。

(2)掌握确定超限等级的方法。

3. 素质目标

(1)严格按照规章办理超限货物运输,综合运用知识,解决实际问题。

(2)具有团队协作精神,共同解决难题。

安全案例

平车装载的汽车方舱侧门打开造成列车晚点

(1)事故概况:某日,××××次列车运行至××站时,车站值班员发现机后第19位平车上装载的汽车方舱侧门打开,区间喊停后,经检查发现方舱侧门锁闭良好但侧门与方舱主体连接部位的固定件脱落,已无法再次固定,只能暂将侧门卸下,造成本列晚点2 h,上下行各1列货物列车晚点1 h 15 min。

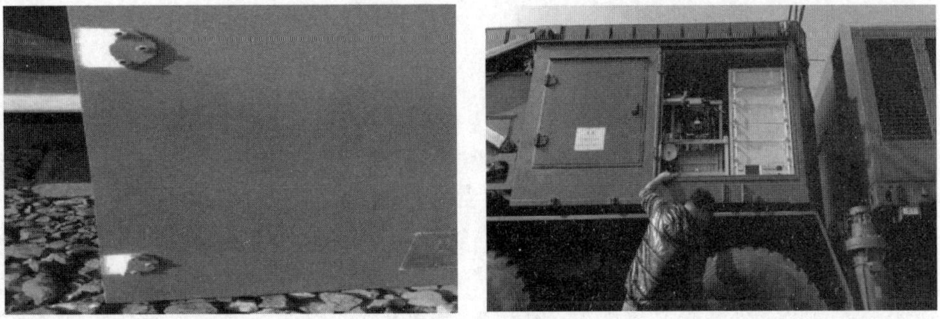

(a)　　(b)

图3-2-1　事故现场图片

(2)原因分析:未按规定对货物进行装载加固,且装载加固质量签认流于形式。

相关知识

确定超限等级是确定装运办法、运输条件及核算运输费用的依据。

超限等级是以计算点所在检定断面的计算宽度或实测宽度和相对应的计算高度，查超限等级表(《超规》附件4)而确定的。

计算点是指超限货物任意一个部位，需要计算超限等级的点。此点是以计算点至线路中心线垂直面的宽度和至钢轨平面的高度而确定的。

检定断面是指计算点所在的与线路中心线垂直的横断面，是以钢轨平面为横坐标，以线路中心线的垂直线为纵坐标的坐标轴，它是确定超限等级的横断面。

根据超限货物定义，判定车辆停留在水平线路上所装货物是否超限，方法比较简单。如果货物的实测宽度大于该部位所在高度处机车车辆限界半宽时则超限，否则不超限。

根据货物超限程度不同，可以划分为不同的超限等级。例如在距轨面高 4 000 mm 处，机车车辆限界半宽为 1 500 mm，一级超限限界为 1 650 mm，二级超限限界为 1 700 mm。当货物的实测宽度 $B>1\,500$ mm 时应判为超限；当 1 500 mm$<B\leqslant 1\,650$ mm 时，为一级超限；当 1 650 mm$<B\leqslant 1\,700$ mm 时，为二级超限；$B>1\,700$ mm 时为超级超限。

车辆运行在半径为 300 m 的曲线上时，车辆纵中心线的水平投影与线路中心线并不重合，因此，与在直线上相比所需的空间较大，该空间的增加量与车辆纵中心线偏离线路中心线所在垂直曲面的距离(即偏差量)有关。判定曲线上货物是否超限采用车长为 13.22 m、销距 9.35 m、具有机车车辆限界轮廓尺寸的普通货车(称为计算车辆)所需的最大空间为依据，确定超限等级的宽度是计算宽度。

一、确定计算宽度的主要因素

确定计算宽度(X)的主要因素有货物检定断面的实测宽度(B)、货物偏差量(C)、货物偏差量增大值(K)和曲线线路建筑限界内外侧水平距离的加宽值。

1. 货物检定断面的实测宽度(B)

货物检定断面的实测宽度是指计算点至负重车纵中心线垂直面的水平距离，通常用米尺测量而定。

2. 货物偏差量(C)

(1)货物偏差量的命名。

当超限车行经平直线路时，两转向架中心销的垂直投影落在线路中心线上，车辆纵中心线与线路中心线相重合。当超限车行经曲线线路时，两转向架中心销的垂直投影依然落在线路中心线上，车辆纵中心线在两销间偏向内方。当货物的检定断面位于装载车两转向架中心销之间任何部位时，称为内偏差，以 $C_{内}$ 表示。当货物的检定断面位于装载车两转向架中心销之间的中央部位时为最大。车辆纵中心线在两销之外偏向外方。当货物的检定断面位于装载车两转向架中心销外方时，它所产生的偏差量称之为外偏差，以 $C_{外}$ 表示。当货物的检定断面位于装载车两转向架中心销外方的端部时为最大值。

如图 3-2-2 所示，圆弧为半径 $R=300$ m 曲线的线路中心线，直线 AA' 为车辆纵中心线，M、N 为货车两转向架中心销在线路中心线上的投影。此数值可计算确定。

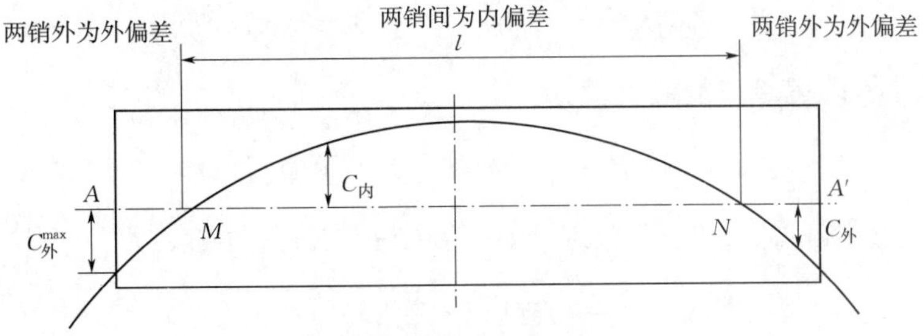

图 3-2-2 内偏差、外偏差

(2)一车负重时，偏差量的计算。

用一辆六轴及以下货车装载时，偏差量的计算如图 3-2-3、图 3-2-4 所示。

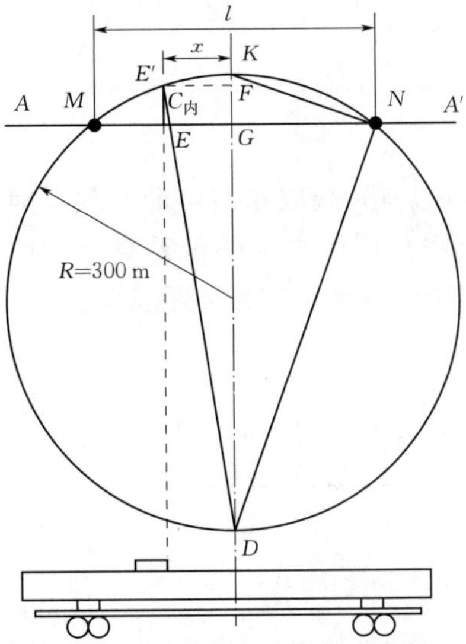

图 3-2-3 货物内偏差量的计算

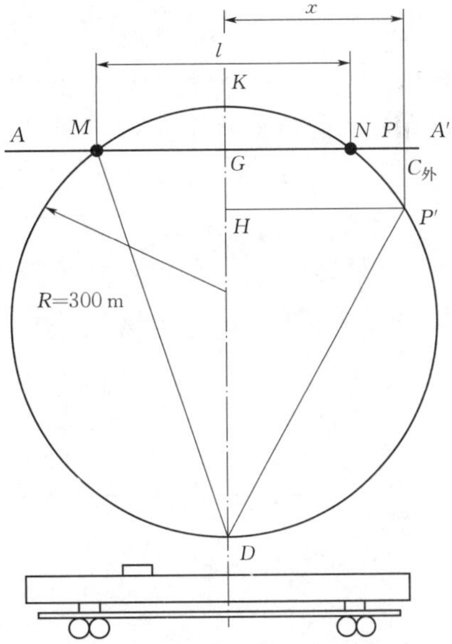

图 3-2-4 货物外偏差量的计算

AA'指车辆纵中心线，KD 是曲线直径，M、N 是车辆转向架中心销，l 为两转向架中心销间距。

图 3-2-2 中，在直角△KGN 和直角△NGD 中，GN 为 KG 和 DG 的比例中项，有

$$KN=\frac{GN^2}{GD}=\frac{GN^2}{KD-KG}=\frac{\left(\frac{l}{2}\right)^2}{2R-KG}$$

又因为 $2R\gg KG$，所以将 $2R-KG$ 中的 KG 忽略不计，由上式得

$$KG=\frac{l^2}{8R}$$

设 x 为计算点所在检定断面至车辆横中心线所在断面的距离，同理可得

$$KF=\frac{(2x)^2}{8R}$$

当 EG 上移至 $E'F$ 时，内偏差量 $C_内=EE'=FG=KG-KF$，即

$$C_{内}=\frac{l^2-(2x)^2}{8R}\times 1\,000 \quad (\text{mm}) \tag{3-2-1}$$

当 x 等于 0 时，内偏差量的最大值为

$$C_{内}^{\max}=\frac{l^2}{8R}\times 1\,000 \quad (\text{mm})$$

同理，由图 3-2-4 可得，外偏差量 $C_{外}=PP'=GH=KH-KG$，

$$KH=\frac{(2x)^2}{8R}$$

$$KG=\frac{l^2}{8R}$$

即

$$C_{外}=\frac{(2x)^2-l^2}{8R}\times 1\,000 \quad (\text{mm}) \tag{3-2-2}$$

偏差量 $C_{内}$、$C_{外}$ 计算结果都要精确到毫米。

(3)跨装货物偏差量的计算。

①使用普通平车跨装时，偏差量的计算。

如图 3-2-4 所示，使用两辆以上平车跨装运送超限货物，超限车行经曲线线路时，由于跨装负重车上货物转向架中心销向曲线内方位移，货物在曲线内侧的偏差量将有所增大，如图 3-2-5 所示。其数值取决于负重车销距的长度及货物转向架的跨装支距长度。

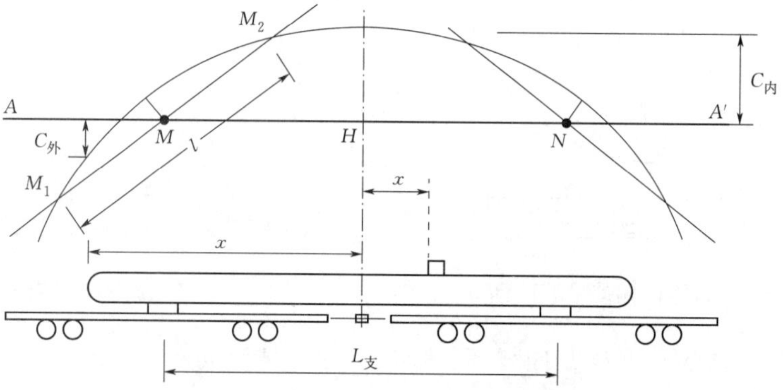

图 3-2-5 跨装货物偏差量的计算

当货物检定断面位于两货物转向架中心销之间时，其内偏差量 $C_{内}$ 的计算公式为

$$C_{内}=\frac{L_{支}^2+l^2-(2a)^2-(2x)^2}{8R}\times 1\,000 \quad (\text{mm}) \tag{3-2-3}$$

式中 $L_{支}$——跨装支距，m；

a——货物转向架中心销偏离所在车辆横中心线的距离，m。

当货物检定断面位于两货物转向架中心销外方时，其外偏差量 $C_{外}$ 的计算公式为

$$C_{外}=\frac{(2x)^2-L_{支}^2-l^2+(2a)^2}{8R}\times 1\,000 \quad (\text{mm}) \tag{3-2-4}$$

②使用六轴以上长大货物车装载时，偏差量的计算。

使用多层转向架的特种平车装载超限货物，当超限车行经曲线线路时，由于特种平车转向

架群的中心销向曲线内方位移，货物在曲线内方的偏差量将有所增大。其数值取决于负重车销距的长度及特种平车转向架群的支距长度。

当货物的检定断面位于大底架两心盘中心之间的距离时，其计算公式为

$$C_{内}=\frac{L_1^2+\cdots+L_n^2-(2x)^2}{8R}\times 1\ 000 \quad (\mathrm{mm}) \tag{3-2-5}$$

式中 $L_1,\cdots,L_n$——长大货物车由上向下各层底架心盘中心距，m，其中，n 为长大货物车底架层数。

注：用具有导向装置的长大货物车装载时，$C_{内}$根据车辆使用说明书计算。

当货物的检定断面位于大底架两心盘中心外方的距离时，其计算公式为

$$C_{外}=\frac{(2x)^2-L_1^2-\cdots-L_n^2}{8R}\times 1\ 000 \quad (\mathrm{mm}) \tag{3-2-6}$$

3. 货物偏差量增大值（K）

超限车行经曲线线路时，还必须考虑由于车辆转向架各组成部分之间存在游间，钢轨内侧与轮缘外侧存在游间，以及车轮踏面的锥度导致转向架在钢轨上的蛇行，使得车底架心盘中心一般情况下偏离线路中心线，这个偏差量称为货物偏差量增大值，用 K 表示。此值仅在计算外偏差量时才计算。

（1）用一辆六轴及以下货车装载时，计算公式为

$$K=75\left(\frac{2x}{l}-1.4\right) \quad (\mathrm{mm}) \tag{3-2-7}$$

（2）用普通平车跨装时，计算公式为

$$K=75\left(\frac{2x}{L_{支}}-1.4\right) \quad (\mathrm{mm}) \tag{3-2-8}$$

（3）用六轴以上长大货物车装载时，计算公式为

$$K=75\left(\frac{2x}{L_1}-1.4\right) \quad (\mathrm{mm}) \tag{3-2-9}$$

注：当$\frac{2x}{l}\leqslant 1.4$、$\frac{2x}{L_{支}}\leqslant 1.4$、$\frac{2x}{L_1}\leqslant 1.4$时不计算。

4. 曲线线路建筑限界内外侧水平距离的加宽值

《超规》所采用的曲线内、外侧水平距离加宽值为 36 mm。它是以车长为 13.22 m，销距为 9.35 m 的平车，行经半径为 300 m 的曲线线路时所产生的内外偏差量（均为 36 mm）而确定的。

二、计算宽度的计算

计算宽度为上述因素的代数和，即 $X=B+C+K-36(\mathrm{mm})$。

1. 用一辆六轴及以下货车装载时，货物计算宽度的确定

（1）当货物的检定断面位于车辆两心盘中心之间时，货物的计算宽度为

$$\begin{aligned}X_{内}&=B+C_{内}-36\\&=B+\frac{l^2-(2x)^2}{8R}\times 1\ 000-36 \quad (\mathrm{mm})\end{aligned} \tag{3-2-10}$$

(2)当货物的检定断面位于车辆两心盘中心外方时，货物的计算宽度为

$$X_{外}=B+C_{外}+K-36$$

$$=B+\frac{(2x)^2-l^2}{8R}\times 1\,000+75\left(\frac{2x}{l}-1.4\right)-36 \quad (\text{mm}) \tag{3-2-11}$$

对于实际货物，在确定其超限等级时，要依据货物的具体外形尺寸以及车辆有关尺寸来确定计算 $X_{内}$、$X_{外}$。等断面体货物，在其长度上每处的实测宽度均相等，如果装车后货物两端均不超出车辆销距，应该计算 $X_{内}$，而且应计算车辆横中心线所在断面处($x=0$)的货物计算宽度；如果装车后货物长度超出了车辆销距，即既存在 $X_{内}$，又存在 $X_{外}$，$X_{内}$以车辆横中心线所在断面处($x=0$)为最大，$X_{外}$以货端处为最大，在这种情况下应计算 $X_{内}$与 $X_{外}$两者中较大者。

假设车辆横中心线所在断面处的货物计算宽度大于货端的计算宽度，即

$$B+C_{内}-36>B+C_{外}+K-36$$

即

$$\frac{l^2}{8R}\times 1\,000>\frac{(2x)^2-l^2}{8R}\times 1\,000+75\left(\frac{2x}{l}-1.4\right)$$

将 $C_{内}$、$C_{外}$代入，得到

$$\frac{2x}{l}<1.4 \tag{3-2-12}$$

可见，对于等断面体货物，装车后当其端部至车辆横中心线距离的二倍与负重车的车辆销距之比小于 1.4 时，应计算车辆横中心线所在断面处的 $X_{内}$，反之计算货端的 $X_{外}$。

【例 3-2-1】 均重货物一件，长 10 m，宽 3 404 mm，高 2 m，重 24 t，用 NX17AK 型 60 t 平车(车地板面高 1 211 mm，销距为 9 m)装载，货物重心位于车辆中央。货物下加高度为 100 mm 的横垫木两根，试确定货物的计算宽度。

【解】 装车后货端至车辆横中心线的距离 $x=5$ m，$2x/l<1.4$，应计算车辆横中心线所在断面处($x=0$)的货物计算宽度。

$$C_{内}=\frac{l^2-(2x)^2}{8R}\times 1\,000=\frac{9^2}{8\times 300}\times 1\,000=34(\text{mm})$$

$$X_{内}=B+C_{内}-36=1\,702+34-36=1\,700(\text{mm})$$

【例 3-2-2】 货物一件，重 35 t，长 15 m，宽 3 260 mm，高 2 200 mm，重心在其纵中心线上距一端 6.6 m。用 NX17AK 型 60 t 平车(标记载重量 60 t，车地板长 13 m，地板面高 1 211 mm，销距 9 m)一辆一端突出装载(图 3-2-6)，横垫木高 200 mm，试确定货物的计算宽度。

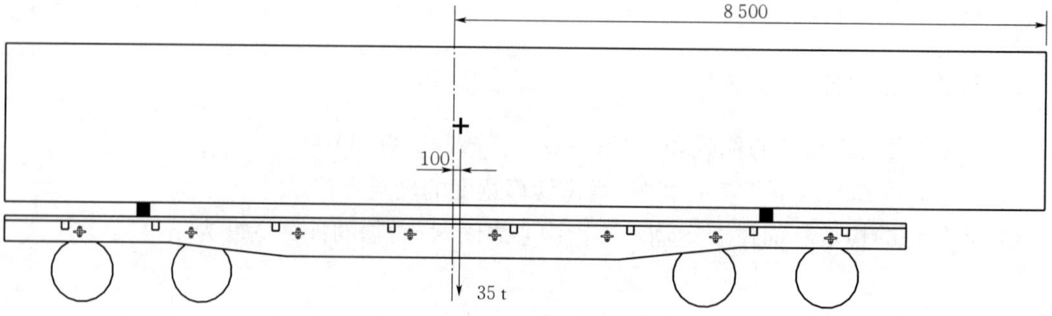

图 3-2-6 例 3-2-2 货物装载方案(单位：mm)

【解】 货物为等断面体，突出端至车辆横中心线的距离 $x=8.5\ m$，$2x/l>1.4$，应计算货物突出端所在断面处的货物计算宽度。

$$C_{外}=\frac{(2x)^2-l^2}{8R}\times 1\,000=\frac{17^2-9^2}{8\times 300}\times 1\,000=87(mm)$$

$$K=75\left(\frac{2x}{l}-1.4\right)=75\times\left(\frac{17}{9}-1.4\right)=37(mm)$$

$$X_{外}=B+C_{外}+K-36=1\,630+87+37-36=1\,718(mm)$$

(2)用普通平车跨装时，货物计算宽度的确定。

①当货物的检定断面位于两货物转向架中心销之间时，其计算公式为

$$\begin{aligned}X_{内}&=B+C_{内}-36\\&=B+\frac{L_{支}^2+l^2-(2a)^2-(2x)^2}{8R}\times 1\,000-36\quad(mm)\end{aligned}\tag{3-2-13}$$

②当货物的检定断面位于两货物转向架中心销外方时，令 $K=\left(\frac{2x}{L_{支}}-1.4\right)\times 75$，则货物的计算宽度为

$$\begin{aligned}X_{外}&=B+C_{外}+K-36\\&=B+\frac{(2x)^2-L_{支}^2-l^2+(2a)^2}{8R}\times 1\,000+75\left(\frac{2x}{L_{支}}-1.4\right)-36\quad(mm)\end{aligned}\tag{3-2-14}$$

(3)用六轴以上长大货物车(具有导向装置的长大货物车除外)装载时货物计算宽度的确定。

①当货物的检定断面位于大底架两心盘中心之间时，货物的计算宽度为

$$\begin{aligned}X_{内}&=B+C_{内}-36\\&=B+\frac{L_1^2+\cdots+L_n^2-(2x)^2}{8R}\times 1\,000-36\quad(mm)\end{aligned}\tag{3-2-15}$$

②当货物的检定断面位于大底架两心盘中心外方时，$K=75\left(\frac{2x}{L_1}-1.4\right)$，则货物的计算宽度为

$$\begin{aligned}X_{外}&=B+C_{外}+K-36\\&=B+\frac{(2x)^2-L_1^2-\cdots-L_n^2}{8R}\times 1\,000+75\left(\frac{2x}{L_1}-1.4\right)-36\quad(mm)\end{aligned}\tag{3-2-16}$$

三、确定超限等级的方法

确定在曲线上车辆所装货物是否超限及其超限等级，应根据货物的计算宽度来判定。货物的计算宽度与装运方案(一车负重或两车跨装)、装载车的销距或跨装支距及货物检定断面位置等因素有关。

确定超限等级按照下列步骤进行：

1. 标点

在端式图上标出不同高度、不同宽度的点。在等宽条件下，计算点在 1 250 mm 以上时标高不标低；不足 1 250 mm 时标低不标高。

2. 选面

选出与所标出的点相对应的检定断面。当高度和宽度相同时，应选偏差量大的检定断面。在两转向架中心销之间应选近不选远；在两转向架中心销外方应选远不选近。当货物为等断面体时，只需要计算最大的$C_{内}$或$C_{外}$。

当货物长度较小时，计算$C_{内}$，选用销距较小的车辆可以降低超限程度；当货物长度较大时，计算$C_{外}$，选用销距较大的车辆可以降低超限程度。

3. 计算

通过计算，确定计算点的高度和宽度。计算点高度一般包括货车车地板高度、垫木或货物转向架高度和计算点至货物支重面的高度。计算点宽度依据公式计算。当车辆转向架中心销距小于 9 350 mm 时，$C_{内}$小于 36 mm，按实测宽度确定超限等级；货物的计算宽度小于实测宽度时，按货物的实测宽度确定超限等级。一般情况下，只要货物的检定断面在长度为 13 m 的普通平车车辆长度范围内，均可按实测宽度确定超限等级。

4. 查表

根据计算点高度和计算点宽度，查《超规》附件 4 超限等级表确定超限等级。

【例 3-2-3】 均重货物一件，长 10 m，宽 3.404 m，高 2 m，重 24 t，用 NX_{17AK} 型 60 t 平车（车地板高 1 211 mm，销距为 9 m）装载，货物重心位于车辆中央。货物下加高度为 100 mm 的横垫木两根，试确定其超限等级。

【解】 (1)标点。

首先判定货物支重面的高度是否大于 1 250 mm：

NX_{17AK} 型 60 t 平车车地板高 1 211 mm，垫木高 100 mm，(1 211+100)>1 250(mm)，计算点在 1 250 mm 以上，标高不标低。

(2)选面。

装车后货端至车辆横中心线的距离 x 为 5 m，$2x/l<1.4$，所以应计算车辆横中心线所在断面处的货物计算宽度，也就是 x 等于 0 处的 $C_{内}$。

(3)计算。

计算点高度

$$h_{计}=h_{车地板}+h_{垫}+h_{货}=1\,211+100+2\,000=3\,311(\text{mm})$$

计算点宽度

$$C_{内}=\frac{l^2-(2x)^2}{8R}\times 1\,000=\frac{9^2}{8\times 300}\times 1\,000\approx 34(\text{mm})$$

$$X_{内}=B+C_{内}-36=1\,702+34-36=1\,700(\text{mm})$$

因为货物的实测宽度 1 702 mm，大于计算得到的 1 700 mm，所以计算宽度 X=1 702 mm。

(4)查表。

根据计算点的高度和宽度查《超规》附件 4，确定此货物超限等级为一级超限。

【例 3-2-4】 货物一件，重 35 t，长 15 m，宽 3 260 mm，高 2 200 mm，重心在其纵中心线上距一端 6.6 m。用 NX_{17AK} 型 60 t 平车（标记载重量 60 t，车地板长 13 m，地板面高 1 211 mm，销距 9 m）一辆一端突出装载（图 3-2-6），横垫木高 200 mm，试确定其超限等级。

【解】 (1)标点。

判断货物的支重面高度是否大于 1 250 mm：

$(1\ 211+200)>1\ 250$(mm)，计算点在 1 250 mm 以上，标高不标低。

(2)选面。

货物为等断面体，突出端至车辆横中心线的距离 $x=8.5$ m，$2x/l>1.4$，故应计算货物突出端所在断面处的货物计算宽度。

(3)计算。

计算点高度

$$h_{计}=h_{车地板}+h_{垫}+h_{货}=1\ 211+200+2\ 200=3\ 611(\text{mm})$$

由【例 3-2-2】可知，其计算点宽度 $X_{外}=1\ 718$ mm。

(4)查表。

根据计算点的高度和宽度，查《超规》附件 4，确定此货物一级超限。

【例 3-2-5】 货物一件，重 58 t，其外形尺寸如图 3-2-7 所示，用 NX17BK 型平车(标记载重量 61 t，车地板长 15.4 m，地板面高 1 214 mm，销距 10.92 m)一辆装载，货物重心对准车辆中央，横垫木高度为 180 mm，试确定超限等级。

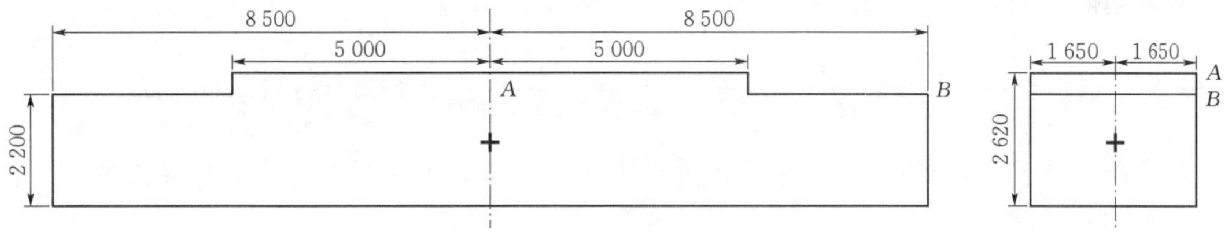

图 3-2-7　货物外形尺寸(单位：mm)

【解】 (1)标点。

判断货物的支重面高度是否大于 1 250 mm：

$(1\ 214+180)>1\ 250$(mm)，计算点在 1 250 mm 以上，标高不标低。

(2)选面。

此货物任何一处的实测宽度均为 1 650 mm，但其并非等断面体，中部一段高度较大，应检查 A、B 两处的超限等级。

(3)计算。

①A 处计算点高度：

$$h_{A计}=h_{A车地板}+h_{A垫}+h_{A货}=1\ 214+180+2\ 620=4\ 014(\text{mm})$$

A 处计算点宽度：

$$C_{A内}=\frac{l^2-(2x)^2}{8R}\times1\ 000=\frac{10.92^2}{8\times300}\times1\ 000\approx49.7(\text{mm})$$

$$X_{A内}=B+C_{A内}-36=1\ 650+49.7-36=1\ 663.7(\text{mm})$$

根据计算点的高度和计算点宽度，查超规附件 4，确定属于二级超限。

②B 处计算点高度：

$$h_{B计}=h_{B车地板}+h_{B垫}+h_{B货}=1\ 214+180+2\ 200=3\ 594(\text{mm})$$

B 处计算点宽度：

$$C_{B外}=\frac{(2x)^2-l^2}{8R}\times1\ 000=\frac{17^2-10.92^2}{8\times300}\times1\ 000=70.7(\text{mm})$$

$$K=75\left(\frac{2x}{l}-1.4\right)=75\times\left(\frac{17}{10.92}-1.4\right)\approx 11.8(\text{mm})$$

$$X_{B外}=B+C_{B外}+K-36=1\,650+70.7+11.8-36=1\,696.5(\text{mm})$$

(4)查表。

根据 A、B 两处计算点的高度和宽度，查《超规》附件 4，确定 A 处二级超限，B 处不超限。得出此货物属于二级超限货物。

【例 3-2-6】 圆柱体货物一件，重 80 t，长 17 m，半径 1 700 mm，重心在其几何中心，拟用 NX17AK 型平车(标记载重量 60 t，长 13 m，销距 9 m，车地板面高 1 211 mm)两辆跨装。货物转向架高 400 mm，货物转向架中心销置于负重车中央，跨装支跨为 14 m，试确定货物的超限等级。

【解】 (1)标点。

判断货物的支重面高度是否大于 1 250 mm：

1 211＋400＞1 250(mm)，计算点在 1 250 mm 以上，标高不标低。

(2)选面。

货物检定断面在跨装支距横中心线上，即 $x=0$，

$$C_{内}=\frac{L_{支}^{2}+l^{2}-(2a)^{2}-(2x)^{2}}{8R}\times 1\,000=\frac{14^{2}+9^{2}}{8\times 300}\times 1\,000\approx 115.4(\text{mm})$$

确定圆柱体货物的超限等级，只需计算最大高度处及最大宽度处两点的计算宽度。

(3)计算。

①最大高度[1211＋400＋1 700×2＝5 011(mm)]处：

$$X=B+C_{内}-36=0+115.4-36=79.4(\text{mm})$$

②最大宽度[1 211＋400＋1 700＝3 311(mm)]处：

$$X=B+C_{内}-36=1\,700+115.4-36=1\,779.4(\text{mm})$$

(4)查表。

查《超规》附件 4，最大高度处超级超限，最大宽度处一级超限，故此货物为超级超限货物。

典型工作任务 3　超限超重货物运输组织流程的确定

学习目标

1. 能力目标

能够正确组织超限超重货物运输。

2. 知识目标

(1)掌握超限超重货物运输作业流程及过程中的重点问题。

(2)掌握拍发超限超重货物运输电报的格式及内容。

3. 素质目标

(1)认识到投身国家重点工程建设是践行爱国主义精神的具体体现。

(2)培养严格按章作业的职业精神。

(3)关注行业前沿技术,具有创新精神和实践能力。

安全案例

1. 货运列车车上物品侵限停车

(1)事故概况:某日16:19,××线××××次货运列车运行至A站,因车上物品侵限停车,经处理16:41开车,构成铁路交通一般C类事故。

(2)原因分析:途中货运检查站B站漏检机后35位平车(装载卷钢)后端渡板孔内插有一根窜出6号钢筋,构成侵限。

2. 列车刮坏行车设备险性事故

(1)事故概况:某日,××××次列车运行至××线××处,机后第7位装载大型设备管状突出部分发生转动,将线路旁的信号机刮坏,构成列车刮坏行车设备险性事故。

(2)原因分析:设备管状突出部分固定托架紧力螺栓老化,运行中失效,固定支架倾倒失去固定作用,致使其转动侵限。

相关知识

由于超限超重货物具有长大、笨重的特点,因此超限超重货物运输从受理、装车到途中运行各个环节的组织工作比普通货物运输复杂得多。首先,要准确地了解货物的外形尺寸和重量,审查沿线的实际建筑限界和桥梁可否通过;其次,要选择合适的车辆,制订合理的装载加固方案;最后,要严格地监控超限超重车辆的运行,以保证运输安全等等。

一、超限超重货物运输管理

1. 管理机制

铁路局集团公司货运部是各铁路局集团公司超限超重货物运输管理的责任牵头部门,主要负责超限超重货物运输电报的申请、确认,以及超限超重货物办理站、运输线路资质审批和申报工作;铁路局集团公司调度所负责超限超重车辆的运行组织和运行掌握,以及装运超限超重货所需空车的调配。

铁路局集团公司应成立以主管副总经理、总工程师为主任,各有关处室负责人为成员的超限超重货物运输及限界管理委员会。管理委员会应建立工作制度,明确工作职责,协调解决超限超重货物运输和限界管理工作中的重大问题。

各部门必须高度重视,加强组织领导,强化业务培训,配备专人负责超限超重货物运输工作。铁路局集团公司货运主管部门超限超重货物运输管理工作实行AB岗双人负责制。

2. 办理限制

除军事运输外,线路办理超限超重货物运输,应经国铁集团货运部审核公布。车站(含与车站接轨的专用线、专用铁路,下同)办理超限超重货物运输,由铁路局集团公司自行规定审批办法,将批准的车站报国铁集团货运部备案,并及时在中国铁路95306网站公布。

3. 作业签认制度

超限超重货物运输实行关键作业质量签认制度和关键作业工序间交接签认制度。货物受理和装车作业须填记“车站超限超重货物发送作业质量控制表”,见表 3-3-1。

表 3-3-1　××车站超限超重货物发送作业质量控制表

<table>
<tr><td>到　站</td><td></td><td>品　名</td><td></td><td>超限等级</td><td></td><td>超重等级</td><td></td></tr>
<tr><td>托运人</td><td colspan="3"></td><td>车　　号</td><td></td><td>装车工班</td><td></td></tr>
<tr><td>件　数</td><td></td><td>件　重</td><td>A　B　C　D</td><td>总重</td><td></td><td>装车日期</td><td>年　　月　　日</td></tr>
<tr><td>程　　序</td><td>控制项目</td><td colspan="6">控　制　记　录</td></tr>
<tr><td rowspan="4">一、货物受理</td><td>1. 审查受理资料</td><td colspan="6">1. 超限超重货物托运说明书。(　　)
2. 过轨技术检查合格证。(　　)</td></tr>
<tr><td>2. 对照资料核对货物</td><td colspan="6">1. 全长　　　mm。2. 支重面长　　　mm。3. 重心高度:　　　mm。
4. 中心高　　　mm 处宽各　　　mm;
一侧高　　　mm 处宽各　　　mm;
二侧高　　　mm 处宽各　　　mm;
三侧高　　　mm 处宽各　　　mm;
四侧高　　　mm 处宽各　　　mm;
五侧高　　　mm 处宽各　　　mm。
5. 自轮运转货物:(1)轴数　　　;(2)轴距　　　mm;
(3)固定轴距　　　mm;(4)转向架中心销距　　　mm。</td></tr>
<tr><td>3. 确定货物运输条件</td><td colspan="6">1. 装载加固方案编号:
2. 超限超重货物运输申请电报号:
3. 超限超重货物运输确认电报号:</td></tr>
<tr><td>4. 签认</td><td colspan="3">主控人:</td><td colspan="3">互控人:</td></tr>
<tr><td rowspan="3">二、装车作业</td><td>1. 装车前准备</td><td colspan="6">1. 车型、车数符合电报要求,车况良好。(　　)
2. 车地板:(1)长度　　　mm;(2)宽度　　　mm;
(3)平均高度　　　mm。
3. 已标画车地板纵横中心线。(　　)</td></tr>
<tr><td>2. 检查货物装载加固状态</td><td colspan="6">1. 货物重心偏移车地板中心线量:纵向　　mm,横向　　mm。
2. 重车重心高:　　mm。
3. 车辆转向架旁承符合要求。(　　)
4. 加固材料、装置和加固方法符合方案要求。(　　)
5. 跨装车组提钩杆已捆绑牢固,车钩缓冲停止器已安装。(　　)
6. 带动力的设备传动装置已断开,制动装置全部制动,变速器已置于初速位置,旋转位置已锁定牢固。(　　)</td></tr>
<tr><td>3. 对照电报复核</td><td colspan="6">1. 货物突出端梁尺寸:　　mm,符合要求。(　　)
2. 货物突出端与游车所装货物距离　　mm,符合要求。(　　)
3. 超限货物装车后尺寸不大于确认电报尺寸。(　　)
4. 重车重心高　　mm,货物支重面长度　　mm,符合要求。(　　)</td></tr>
</table>

<table>
<tr><td rowspan="4">二、装车作业</td><td>4. 标画货物检查线及拴挂、书写表示牌</td><td colspan="2">1. 超限货物已标画货物检查线。(　　)
2. 已拴挂或书写超限超重货物表示牌。(　　)
3. 已安插货车表示牌。(　　)</td></tr>
<tr><td>5. 填写超限超重货物运输记录</td><td colspan="2">1. 已填写正确，相关单位已确认。(　　)
2. 一份已随运输票据同行。(　　)
3. 一份已留站存查。(　　)</td></tr>
<tr><td>6. 检查票据记载事项</td><td colspan="2">运单、货票已填写"×级超限×级超重货物"或"禁止溜放""限速连挂""运行限速××km/h""连挂车组，不得分摘"等内容。(　　)</td></tr>
<tr><td>7. 签认</td><td>主控人：</td><td>互控人：</td></tr>
<tr><td colspan="2">主管领导签认</td><td colspan="2"></td></tr>
</table>

注：空白处请如实填写，括号内请确认后打钩。

二、超限超重货物的托运

为了便于审查货物可否经铁路运输，以及确定货物的超限超重等级与运行条件，托运人在托运超限超重货物时，除按一般货物的要求办理托运手续外，还应向铁路提供下列资料：

(1)"超限超重货物托运说明书"，见表 3-3-2。

(2)货物外形的三视图。图中应标明货物的有关尺寸、支重面长度、货物重量，并以"＋"号标明重心位置。

(3)自轮运转货物，应有自重、长度、轴数、轴距、固定轴距、转向架中心销间距离、运行限制条件，以及过轨技术检查合格证。

(4)申请使用的车种、车型、车数及装载加固建议方案。

(5)超过承运人计量能力的货物由托运人确定货物重量，并应有货物生产厂家出具的货物重量证明文件(数据应为货物运输状态时的重量，重量数据如不含装载加固材料或装置重量，须单独注明)，对变压器、电抗器等货物，残余油料重量须单独注明；货物生产厂家具备货物称重计量条件的，应要求托运人提供经厂家计量衡器称重的货物重量数据。

(6)其他规定的资料。

托运人应在超限超重货物托运说明书、装载加固建议方案和所提供的资料上签字盖章，并对内容的真实性负责。

表 3-3-2　超限超重货物托运说明书

<table>
<tr><td>发　局</td><td colspan="2"></td><td>发　站</td><td colspan="2"></td><td colspan="4">预计装后尺寸/mm</td></tr>
<tr><td>到　局</td><td colspan="2"></td><td>到　站</td><td colspan="2"></td><td colspan="2" rowspan="2">由轨面起高度</td><td colspan="2">由车辆纵中心线起</td></tr>
<tr><td>品　名</td><td colspan="2"></td><td>件　数</td><td colspan="2"></td><td>左　宽</td><td>右　宽</td></tr>
<tr><td>每件重量</td><td></td><td>总重量</td><td></td><td>重心位置</td><td></td><td>中心高</td><td></td><td></td><td></td></tr>
</table>

<table>
<tr><td colspan="2">货物长度</td><td colspan="2"></td><td>支重面
长　度</td><td colspan="2"></td><td>侧　高</td><td></td><td></td><td></td></tr>
<tr><td rowspan="4">高
度</td><td>中心高</td><td></td><td rowspan="4">宽
度</td><td colspan="2">左</td><td>右</td><td>侧　高</td><td></td><td></td><td></td></tr>
<tr><td>侧　高</td><td></td><td colspan="2">左</td><td>右</td><td>侧　高</td><td></td><td></td><td></td></tr>
<tr><td>侧　高</td><td></td><td colspan="2">左</td><td>右</td><td>侧　高</td><td></td><td></td><td></td></tr>
<tr><td>侧　高</td><td></td><td colspan="2">左</td><td>右</td><td>侧　高</td><td></td><td></td><td></td></tr>
<tr><td colspan="2">要求使用车种</td><td colspan="2"></td><td colspan="2">标记载重</td><td></td><td>侧　高</td><td></td><td></td><td></td></tr>
<tr><td colspan="2">装卸时的要求</td><td colspan="5"></td><td></td><td></td><td></td><td></td></tr>
<tr><td rowspan="4">其
他
要
求</td><td colspan="6" rowspan="4"></td><td colspan="3">车地板高度</td><td></td></tr>
<tr><td colspan="3">垫木、支架（座架）或转向架高度</td><td></td></tr>
<tr><td colspan="3">预计装在车上货物重心位置距轨面的高度</td><td></td></tr>
<tr><td colspan="3">重车重心高度</td><td></td></tr>
</table>

注：粗线栏内由铁路填记。

发货单位　　　　戳记　　　　　年　月　日提出

三、超限超重货物的受理

1. 受理

托运人提出货物运单后，经承运人审查，若符合运输条件，则在货物运单上签证货物搬入日期或装车日期的作业，称为受理。

车站受理超限、超重货物时，应认真审查托运人提出的有关技术资料。托运人提供的货物技术资料及相关证明文件须齐全有效、符合规定，且货物发到站（含专用线、专用铁路）具备超限、超重货物运输条件的，发站应受理资料。受理资料后，发站测量核对货物外形尺寸和重心位置，必要时，特别是首次提出铁路运输的货物，应会同托运人实际测量货物的有关尺寸，并与超限超重货物托运说明书的尺寸进行核对，若与托运人提出的货物外形尺寸不符，应按测量的实际尺寸予以更正。

拟定装载加固方案时，应综合考虑下列因素，必要时组织有关部门共同研究。

（1）根据货物的外形、重量和结构特点，结合装运车辆的技术条件，综合考虑装车方案。

（2）必要时应采取改变货物包装、解体货体或某个部件的措施，以降低超限等级。

如发电机定子、化工和石化设备的塔、罐等超限超重的大型设备，在设计的同时应充分考虑运输的渠道和运输难度，尽可能减小货件的外形尺寸和选择便于运输的包装形状。必要时可考虑将货物分成几部分制造，或拆除个别突出部分的零件，运到目的地后进行组装，从而降低超限等级。

装载加固方案拟定后，车站以超限超重货物运输申请电报向铁路局集团公司货运主管部门申请装运办法。

2. 超限超重货物运输申请电报

申请电报主要内容包括：发站、到局、到站，货物概况，货物外形尺寸，拟使用车种、车型及辆数，装载方法，预计装后尺寸，其他特殊运输条件要求等。铁路超限超重货物运输申请电报格式见表 3-3-3。

表 3-3-3　铁路超限超重货物运输申请电报

1. 发站、到局、到站 2. 货物概况 3. 货物外形尺寸 4. 拟使用车种、车型及辆数 5. 装载方法 6. 预计装后尺寸 7. 其他特殊运输条件要求 ×站(×局)超限超重××××号 年　月　日

(1)货物概况应注明货物品名、件数、重量、全长、支重面长度、货物重心高度；自轮运转货物还应注明自重、长度、轴数、轴距、固定轴距、转向架中心销间距离、运行限制条件及其他特殊运输条件要求等。

货物重量含装载加固材料和装置等重量。货物重心高度含垫木或支架等的高度，并须注明其中垫木或支架等高度为××mm。支重面长度为垫木或支架等之间的距离时，须注明两横垫木或支架之间距离为××mm。

(2)货物外形尺寸应包括固定包装、装载加固材料或装置，表述必须完整、准确。不同高度处的宽度按自上而下顺序排列，尺寸均以毫米为单位。

(3)车种、车型及辆数应根据货物件数、尺寸、重量及装载要求等合理选择、科学确定。

(4)装载方法主要包括不突出车端板装载、突出车端板装载和两车跨装三种方式。

(5)预计装后尺寸高度自轨面开始计算，宽度自车辆纵中心线所在垂直平面开始计算，按《超规》附件 7 中的货物外形尺寸表述方式规定表述(圆心位置表述时，应明确圆心高度和圆心距车辆纵中心线的水平距离)。预计装后尺寸必须完整、准确，保证预计货物装后的各不同高度处的最大计算宽度对应的部位不遗漏。

(6)特殊运输要求是指为保证货物和超限车的铁路运输安全，根据货物自身性质及超限车的技术条件，必须明确的特殊运输限制条件等。如变压器运输时，托运人提出途中运输加速度不得超过 3 g；自轮运转货物的最高运行速度、曲线限速、侧向过岔限速及通过最小曲线半径限制；超限车的最高运行速度、曲线限速、侧向过岔限速及通过最小曲线半径限制等。

【例 3-3-1】 聊城东站装运 20.6 m 桥梁到冠县站，聊城东站拍发运输申请电报。

铁路传真电报

签发：　　　　　　　　核稿：　　　　　　　　拟稿人：　　　　　　　　电　话：

发报所名	电报号码	等级	受理日	时分	收到日	时分	值机员

主送单位：济南局集团公司货运部

抄送单位：

报文：

我站拟发到冠县站预制梁 1 件，重 77.9 t，全长 20 600 mm，货物重心高度 1 093 mm。

货物外形尺寸：

中　心　高 2 200 mm 处宽各 1 360 mm；

第一侧高 2 165 mm 处宽各 1 460 mm；

第二侧高 1 652 mm 处宽各 1 400 mm；

第三侧高 120～0 mm 处宽各 553 mm。

使用 60 t 木地板平车两辆跨装，两端均衡突出支点，各跨装支距 14 800 mm，使用一组重 6.6 t，规格为 3 100 mm×3 000 mm×549 mm 的货物转向架，方案号×××。

预计装后尺寸：

中　心　高 3 970 mm 处宽各 1 360 mm；

第一侧高 3 935 mm 处宽各 1 460 mm；

第二侧高 3 420～1 890 mm 处宽各 1 400 mm；

第三侧高 1 890～1 170 mm 处宽各 1 550 mm(货物转向架)。

以上未衔接高度间均为斜坡形。

请示装车办法。

聊城东站超限超重 125 号

××年×月×日

3. 超限超重货物运输确认电报

国铁集团货运部确认电报主送始发、经由和到达铁路局集团公司货运主管部门。

铁路局集团公司确认电报主送发站、本局调度所、发站所在地车辆段及沿途货检站等；根据需要主送本局其他相关站段，抄送本局运输、工务、电务、车辆、机务、供电处等。铁路局集团公司直接确认的本局发送的超限超重货物运输电报须抄送经由和到达铁路局集团公司货运主管部门。铁路局集团公司接到发布的确认电报后，应结合管内的实际情况及时确认转发。对需临时改变建筑物、固定设备的，应在电报中详细指明。

确认电报主要内容包括：发站、经由、到站，货物概况，使用车种、车型及辆数，装载方法，装后尺寸，超限超重等级，装运办法等。确认电报格式见表 3-3-4。

表 3-3-4　铁路超限超重货物运输确认电报

1. 发站、经由、到站 2. 货物概况 3. 使用车种、车型及辆数 4. 装载方法 5. 货物装后尺寸 6. 装运办法 铁(×局)超限超重××××号 年　月　日

(1)发到站和经由的铁路线路须已开办超限超重货物运输业务。经由的铁路正线(区段),根据超限货物装后尺寸,超重货物等级,相关铁路正线(区段)的限界、线桥承载能力,结合车流径路、列车编组计划等正确确定。超限、超重货物应经由最短径路运输,但受到建筑限界或其他不利因素影响时,可指定径路运输。跨铁路局集团公司运输的,经由以铁路局集团公司间分界站表述。

(2)货物概况、装载方法、装后尺寸参照申请电报表述。确定使用车种、车型及辆数时,还应根据货物重量和经由铁路线桥承载能力,确定超限超重车两端加挂的隔离车车种、辆数等。

(3)装运办法必须准确、具体、完整。使用"铁路超限超重货物运输电报代号"(表 3-3-5)中规定的电报代号加文字表述,无代号的应直接用文字准确、具体、完整、规范表述。

表 3-3-5　铁路超限超重货物运输电报代号

顺序	代字	被代用的文字	附　注
1	A	超限等级	代号后写几级
2	C	凡距线路中心线几毫米,高度超过几毫米,如道岔表示器等设备,在列车通过前拆除,通过后立即恢复正常位置	代号后分子为距线路中心线宽度的毫米数,分母为自轨面起高度的毫米数
3	D	通过建筑限界的限制速度,按《超规》第四十二条办理	
4	E	禁止接入距离线路中心线几毫米,高度超过几毫米的站台线路	代号后分子为距线路中心线宽度的毫米数,分母为自轨面起高度的毫米数
5	G	最高运行速度	代号后写限速值
6	K	会车条件按《超规》第四十一条办理	
7	L	通过 300 m 及以下半径曲线线路时的限制速度	代号后写限速值
8	M	途中货检站按规定检查无碍后继续运送	
9	N	各邻接调度所密切联系注意运行状态,接运和挂运按《超规》第三十六和三十九条办理	
10	P	需要货物转向架和使用车钩缓冲停止器	
11	R	货物重心高度	代号后写毫米数
12	S	重车重心高度	代号后写毫米数
13	W	经过侧向道岔的限制速度	代号后写限速值
14	Z	超重等级	代号后写几级

【例 3-3-2】 济南局集团公司同意聊城东站装运 20.6 m 桥梁，超限超重货物运输确认电报。

铁路传真电报

签发：　　　　　　核稿：　　　　　　拟稿人：　　　　　　电　话：

发报所名	电报号码	等级	受理日	时分	收到日	时分	值机员

主送单位：聊城东站、济南局集团公司调度所、聊城车务段、济南西车辆段、邯济铁路有限责任公司

抄送单位：北京局集团公司货运部

报　　文：

聊城东经堂邑到冠县站预制梁 1 件，重 77.9 t，全长 20 600 mm，使用 60 t 木地板平车两辆跨装，跨装支距 14 800 mm。装后：

中心高 3 970 mm 处宽各 1 360 mm；

第一侧高 3 935 mm 处宽各 1 460 mm；

第二侧高 3 420～1 890 mm 处宽各 1 400 mm；

第三侧高 1 890～1 170 mm 处宽各 1 550 mm（货物转向架）。

以上未衔接高度间均为斜坡形。

装运办法：(1)A 一级超限；(2)R 1 093 mm；(3)S 2 146 mm；(4)G 50 km；(5)L 20 km；(6)W 15 km；(7)KMNP；(8)成组挂运不得拆解；(9)禁止溜放、冲撞，禁止通过驼峰。

济超限超重 33 号
济南局集团公司货运部
××年×月×日

车站接到铁路局集团公司确认电报后，通知托运人办理其他货运手续，并及时组织装车。至此，表明铁路受理了发货人托运的货物。根据运单上填写的货物交接日期，发站必须及时安排托运人进货，对照申请电报核查，确认待装货物的外形尺寸、重心位置和重量等，验收货物。

四、超限、超重货物的装车组织

超限、超重货物的装车，必须严格按确认电报的要求进行，禁止无确认电报装车，实行装车质量签认制度。

1. 装车前工作

装车前，应做到：

(1)通知车辆部门检查车辆技术状态。使用状态和技术状态不良的车辆不得用以装车。

(2)确认拟使用的车种、车型、车数符合确认电报和装车要求，装载加固材料和装置的规格、数量及质量符合装载加固方案规定。

(3)测量车地板的长度和宽度，在负重车上标画车辆纵横中心线。

(4)在货物上标明重心位置(投影)、索点。

(5)开好车前会，向装车人员布置装车事项。

2. 装车作业

装车时，站段超限超重货物运输和装载加固主管人员应到现场指导装车工作，有关人员严格按货物装载加固方案的规定进行装载和加固。

(1)货物的装车。

货物的起吊和对位应听从单一指挥,货物的对位应以事先标画好的定位线为准。对超长货物,还应在吊装前,在座架(或垫木、货物转向架)上标画好定位线。

货物跨装时,应按装载加固定型方案的规定安装车钩缓冲停止器,定位货物转向架活动心盘中心销的位置,同时将连挂车组间的提钩杆用铁线捆绑固定。车钩缓冲停止器应在车钩自然状态下安装在货物跨装支距内侧的货车冲击座和车钩钩头背之间。遇两负重车车地板高度不相等时,应将两货物转向架的高度垫平。

对有端、侧板的平车,需要将端、侧板放下时,应用铁线将端、侧板与车体捆绑牢固或用锁铁卡紧。两相邻平车均有端板时,应对其中一辆平车的端板采取可靠吊起措施。

货物装上货车后,车辆转向架任何一侧旁承游间不得为零(结构为常接触式旁承的货车除外),遇球形心盘货车一侧旁承游间为零时,可用千斤顶将压死一侧顶起,落顶后出现游间,表明货物装载符合要求。

使用落下孔车、钳夹车装载的货物,装后货物底部与轨面的距离不得少于 150 mm。

(2)货物的加固。

采用拉牵方式加固货物时,货物两侧、两端的拉牵道数应相互匹配成双,加固线与货物、车辆棱角接触处应采取防磨措施,捆绑拴结牢固,拴结点无损坏。使用钢丝绳时,所选钢丝绳的强度不宜过大,应与车辆丁字铁(绳栓)、支柱槽及货物加固点的抗拉强度相匹配,每道钢丝绳的预紧力不宜过大,且应大体相等。

采用下压式加固时,每道加固绳索的预紧力应达到装载加固方案中计算结果的力值(一般为每道加固线破断拉力的二分之一)。

采用焊接方式加固时,货车应采取安全接地措施,焊缝长度和焊角高度应达到货物装载加固方案中的规定,焊接质量良好,无虚焊现象。如在货场内进行焊接,还应按规定申报取得动火许可。

3. 装车后检查

装车后,须检查、确认货物装载加固是否符合规定要求。重点检查、确认以下内容:

(1)货物实际装载位置符合装载加固方案。

(2)车辆转向架旁承游间符合《加规》规定。

(3)使用的加固材料和装置规格、数量、质量和加固方法、措施、质量符合装载加固方案。

(4)垫木、支(座)架等加固装置,状态良好,完好无损坏。

(5)钢丝绳等加固线已采取防磨措施,捆绑拴结牢固,拴结点无损坏。

(6)焊接处焊缝长度、高度符合规定,焊接质量良好。

(7)跨装车组连接处的提钩杆捆绑牢固,车钩缓冲停止器已按规定安装。

(8)带有制动装置、变速器和旋转装置的货物,制动装置全部制动,变速器置于初速位置,旋转部位锁定牢固。

(9)自轮运转货物的动力传动装置已断开(机车车辆除外),制动手柄在重联位置并固定良好。

经确认货物装载加固符合规定要求后,须对照确认电报重点复核、确认以下内容:

(1)货物突出车端的尺寸、货物突出端与游车上所装货物的距离符合要求。

(2)超限货物装后各部位的尺寸(高度和宽度)、重车重心高度未超出确认电报范围。

(3)货物支重面长度(跨装货物支距)符合要求。

(4)其他各有关数据符合要求。

车站发现货物装后尺寸、重车重心高度等数据超出确认电报范围时，发站须重新向铁路局集团公司拍发超限超重货物运输申请电报。

4. 有关资料填记及标记

经确认符合确认电报条件后，为便于途中检查，用颜色醒目的油漆标画易于判定货物是否移动的检查线，在货物两侧明显处以油漆书写、刷印或粘贴“×级超限”“×级超重”，或挂牌标识，并按规定在车辆上插挂货车表示牌(图 3-3-1)，以便在运输途中引起有关工作人员的检查和注意。

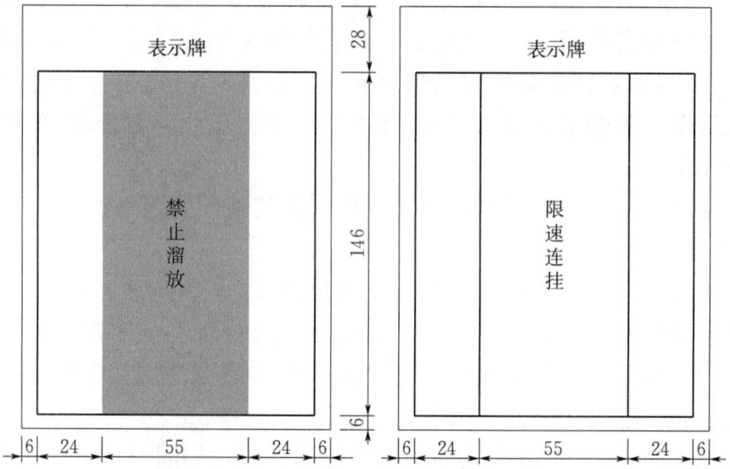

(a) 禁止溜放　　(b) 限速连挂

图 3-3-1　货车表示牌(单位:mm)

注:禁止溜放表示牌的“禁止溜放”栏印红底白字，其余各栏印白底红格红字；
限速连挂表示牌各栏均印白底红格红字。

填记好超限超重货物运输记录甲页(重要保密物资和科学尖端保密产品除外)，见表 3-3-6。对某些特殊要求的货物，在货物运单、货票、票据封套、编组顺序表上注明“超限货物”或“超重货物”或“超限超重货物”；以连挂车组装运时，应注明“连挂车组，不得分摘”；限速运行时，应注明“限速××km/h”。

表 3-3-6　超限超重货物运输记录

甲页　　　　级超限　　　　级超重　　　　(单位:mm)

<table>
<tr><td>装车局</td><td colspan="2"></td><td>发　站</td><td></td><td>经由线名</td><td colspan="2"></td></tr>
<tr><td>到达局</td><td colspan="2"></td><td>到　站</td><td></td><td>经由站名</td><td colspan="2"></td></tr>
<tr><td>品　名</td><td colspan="2"></td><td>件　数</td><td></td><td>每件重　吨</td><td>配重　吨</td><td>总重　吨</td></tr>
<tr><td>货物长度</td><td></td><td>支重面长度</td><td></td><td>转向架中心销间距离</td><td></td><td>重　车重心高</td><td></td></tr>
<tr><td rowspan="4">装车后尺　寸</td><td rowspan="2">中心高</td><td rowspan="2"></td><td rowspan="2">中心高的宽</td><td>左</td><td rowspan="4">记事</td><td colspan="2" rowspan="4"></td></tr>
<tr><td>右</td></tr>
<tr><td rowspan="2">第一侧高</td><td rowspan="2"></td><td rowspan="2">侧高的宽</td><td>左</td></tr>
<tr><td>右</td></tr>
</table>

<table>
<tr><td rowspan="6">装车后
尺　寸</td><td rowspan="2">第二侧高</td><td rowspan="2"></td><td rowspan="2">侧高的宽</td><td>左</td><td rowspan="6">记事</td><td rowspan="6" colspan="2"></td></tr>
<tr><td>右</td></tr>
<tr><td rowspan="2">第三侧高</td><td rowspan="2"></td><td rowspan="2">侧高的宽</td><td>左</td></tr>
<tr><td>右</td></tr>
<tr><td rowspan="2">第四侧高</td><td rowspan="2"></td><td rowspan="2">侧高的宽</td><td>左</td></tr>
<tr><td>右</td></tr>
<tr><td>车　种</td><td></td><td>车　号</td><td></td><td>标记载重</td><td>吨</td><td>轴　数</td><td></td></tr>
<tr><td rowspan="3">文电内
有关指示</td><td colspan="7">国铁集团　　年　月　日　超限超重　　号　批准使用　　车</td></tr>
<tr><td colspan="7">集团公司　　年　月　日　超限超重　　号　批准使用　　车</td></tr>
<tr><td colspan="4"></td><td colspan="3">本记录在　　站作成，经检查
符合确认的条件
发　站　　签字
段　　签字
段　　签字
段　　签字
段　　签字
年　月　日</td></tr>
</table>

注：1. 不用的各栏应划去。

2. 按确认电报尺寸填记，小于确认电报尺寸时，将实际尺寸填于记事栏内，大于确认电报尺寸时，必须重新申请。

3. “重车重心高”栏在不超出 2 000 mm 时须以[/]号标示之。

4. 一式两份，第一份仅为甲页留站存查；第二份为甲、乙页，随货运票据送到达站。

规格：270 mm×185 mm

最后由各有关人员按作业流程进行装车质量签认（表 3-3-1），并向铁路局集团公司调度所拍发挂运电报。

途中货物检查时，应将检查结果填记在“超限超重货物运输记录”乙页。

五、超限超重车的挂运

超限超重车的挂运和编组是十分重要的运输组织环节，它涉及发站、发送铁路局集团公司、途中站、途中铁路局集团公司、到站、到达铁路局集团公司及添乘各级部门的协调、联动与统一指挥。为确保超限超重车运输安全，超限超重货物装车后，车站应认真检查确认货物装载加固符合规定，并严格按照确认电报的要求进行，调度员要严格控制其运行。

1. 超限超重车辆挂运申请电报

发站挂运超限超重车前，应向铁路局集团公司调度所拍发超限超重车辆挂运申请电报。车站挂运电报主送铁路局集团公司调度所，抄送铁路局集团公司货运主管部门。

挂运电报主要内容包括：确认电报号，发站、到站，货物品名、件数，使用车种、车型、车号（含游车、隔离车）及辆数，装载完毕时间，装后尺寸复测情况，装后货物装载加固状态及车辆状态检查确认情况等。主要内容及格式见表 3-3-7。

表 3-3-7 超限超重车辆挂运申请电报

奉×(局)超限超重××××号电报,××站发××站的××(货物品名)×件,使用××[车种、车型、车号(含游车、隔离车)]×辆装运,×级超限×级超重,已于×月×日×时装载(检查)完毕,经复测(检查),货物装后尺寸符合确认电报要求,装载加固状态良好,请求挂运。 注:具体内容由铁路局集团公司结合实际自行规定。 ××站××号 年 月 日

【例 3-3-3】 聊城东站装运 20.6 m 桥梁,超限超重车辆挂运申请电报。

铁路传真电报

签发: 核稿: 拟稿人: 电 话:

发报所名	电报号码	等级	受理日	时分	收到日	时分	值机员

主送单位:济南局集团公司调度所

抄送单位:

报 文:

奉济(局)超限超重 33 号电报,聊城东站发冠县站的预制梁 1 件,使用 N17AK5030067、N17AK5066281 两辆跨装装运,一级超限,已于×月×日×时装载(检查)完毕,经复测(检查),货物装后尺寸符合确认电报要求,装载加固状态良好,请求挂运。

聊城东站超限超重 007 号

××年×月×日

2. 调度指挥工作

铁路局集团公司调度所接到发站挂运申请电报后,特运调度员需根据对应的超限超重货物运输确认电报核对发站的挂运申请内容。核对无误后,根据超限超重货物运输确认电报和管内实际情况,制订会车、限速等具体运行条件,填写超限超重车辆挂运通知单,由调度所相关负责人签字后,交计划调度员纳入日(班)计划,由列车调度员以调度命令下达有关站段。

挂运跨及两个铁路局集团公司的超限、超重车辆前,需向相邻铁路局集团公司进行预报,并征得相邻铁路局集团公司调度所的同意后方可挂运。铁路局集团公司调度所接到车站挂运申请或相邻铁路局集团公司预报后,应根据超限超重货物运输确认电报认真核对,制订管内具体运行条件,填写"超限超重车辆挂运通知单",纳入日(班)计划,并将管内具体运行条件以调度命令下达有关站段。

没有调度所挂运调度命令时,车站不得擅自将超限超重车编挂入列车和挂运。

3. 车站挂运工作

(1)运行有限制条件的超限超重车,除有特殊要求外,禁止编入直达、直通列车。有特殊要求的超限超重物资设备,虽然其运行有限制条件,经过批准后,可编入上述列车运输。例如需限速运行、复线区段禁会的装载抢险救灾施工机械设备的车辆，经过批示电报明确规定后，可编入直达、直通列车。

(2)发站挂运超限超重车前，应向铁路局集团公司调度所拍发超限超重车辆挂运申请电报。

(3)车站接到挂运命令后，应及时做好车辆挂运准备工作，并将调度命令交值乘司机。

(4)接发超限列车固定线路、准许通行超限车的线路实际建筑限界应满足国家标准要求。挂有超限车的列车，按《车站行车工作细则》规定的线路办理到发或通过。遇到特殊情况需要临时变更线路时，须得到铁路局集团公司批准。

使用钳夹车、标记载重量 260 t 及以上的落下孔车，以及标记载重量 300 t 及以上的凹底平车装运的超限超重货物，应开行超限超重货物专列。

六、超限超重车的运行

所谓列车运行条件，就是为保证超限超重货物列车安全运行而必须提供的运行环境，以及列车的编组、运行、监测等必须遵循的技术要求。超限车的运行条件取决于超限车及邻线车辆在运行过程中所占用的空间大小，目前，《超规》对超限车运行条件规定如下。

1. 会车规定

挂有超限车的列车运行在双线、多线或并行单线的直线地段与邻线列车会车时，应遵守下列规定：

(1)邻线列车运行速度小于或等于 120 km/h 的，两运行列车之间的最小距离大于 350 mm 者不限速，300～350 mm 之间者运行速度不得超过 30 km/h，小于 300 mm 者不应会车。

(2)邻线列车运行速度大于 120 km/h 小于或等于 160 km/h 的，两运行列车之间的最小距离大于 450 mm 者不限速，400～450 mm 之间者运行速度不得超过 30 km/h，小于 400 mm 者不应会车。

(3)邻线列车运行速度大于 160 km/h 的，由铁路运输企业根据实际情况确定会车条件。

曲线地段与邻线列车会车，最小距离应相应加宽。

2. 运行中经过建筑物或设备的规定

超限车在运行过程中，若有如超限货物的任何部位接近建筑物或设备时，应遵守下列规定：

(1)超限货物的任何超限部位与建筑物或设备之间的距离(以下简称限界距离)，在 100～150 mm 之间时，速度不应超过 15 km/h。

(2)限界距离在 150～200 mm 之间时，速度不应超过 25 km/h。

(3)限界距离不足 100 mm 时，由铁路局集团公司根据实际情况确定运行速度。

对超限货物的超限部位与建筑限界之间的距离(限界距离)不足 100 mm 的情况，可采取慢速通过、制作检查架试运、拆除固定设备或其他措施，来保证超限车运输安全。当超限货物的超限部位与建筑限界之间的限界距离不足，又不能确认实际限界间距时，严禁擅自将超限车挂运通过限制点。如果超限货物与建筑限界之间的限界距离很小，再加上超限车运行产生的偏移量，可能造成超限货物与建筑物或设备相碰撞，就会损坏货物和设备，严重的将引发行车事故，给铁路带来重大损失。

七、超限超重车的途中检查

在超限超重车运行过程中，货物难免受到外力的影响而发生移动，超限超重车的检查是保证超限超重货物运输安全的重要手段之一。超限超重车运行途中的检查实行区段负责制，途中检查站应按下列内容检查超限超重车，并在超限超重货物运输记录乙页上记录、签认检查结果。

(1)有无超限超重货物运输记录及其填写是否完整。

(2)货物两侧明显位置，是否有超限超重等级标识。

(3)是否标画有检查线，货物装载加固是否良好，加固材料是否有松动或损坏。

如发现问题，应按照《铁路货运检查管理规则》和《铁路货物运输管理规则》等文件中的有关规定处理。

八、超限超重货物到达作业

超限超重货物到站应根据确认电报正确选择、确定卸车地点和货位，科学制订卸车方案，严格加强卸车组织，确保安全。

卸车前，货运员应根据运单、货票上记载的内容检查货物状态，有押运人的，还应向押运人了解货物途中情况。货运员应向卸车作业人员布置卸车要求和安全注意事项。

卸车完毕后应撤除货车两侧的表示牌，清扫车辆和卸车场地，恢复线路环境。对使用铁地板长大货物车装载并采用焊接加固的货物，卸车完毕时应由卸车单位对车体上焊接切割后的残留物进行吹焊和打磨，恢复车地板的平整度和车辆外观。禁止在车辆上挖孔。如在货场内进行切焊，还应按规定申报取得动火许可。

收货人组织自卸的，车站应与收货人签订自卸车协议，明确安全责任，并在卸车前与收货人办理完成货物交付手续。

相关规范、规程与标准

1.《铁路技术管理规程(普速铁路部分)》(铁总科技〔2014〕172 号)。

2.《铁路超限超重货物运输规则》(铁总运〔2016〕260 号)。

3.《铁路货物装载加固规则》(铁总运〔2015〕296 号)。

4.《铁路货运票据电子化管理暂行办法》(铁总运〔2018〕40 号)。

5.《铁路超限超重货物运输技术要求》(TB/T 30007—2022)。

6.《标准轨距铁路限界　第 1 部分：机车车辆限界》(GB 146.1—2020)。

7.《标准轨距铁路限界　第 2 部分：建筑限界》(GB 146.2—2020)。

实作问答

某托运人从淄博站托运钢架梁一件，货物重量 50 t，货长 12 000 mm，支重面长度 9 300 mm，货物重心高度 1 800 mm，到站株洲北，货物外形端视图尺寸如题图 3-1 所示，货物测量尺寸与托运人提供尺寸相符。该货拟用 N_{17K} 型平车(自重 19.7 t，空车重心高度 723 mm，销距 9 000 mm，车地板高度 1 211 mm)装运。请拟发超限超重货物运输请示电报。

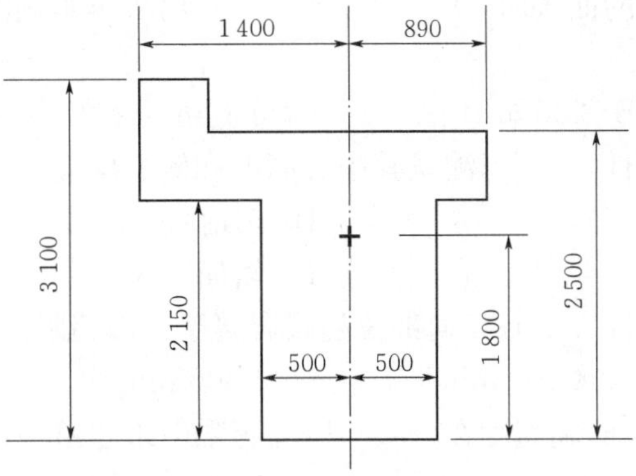

题图 3-1　货物外形端视图尺寸(单位:mm)

【解】　所拟电报格式见下。

铁路传真电报

签发:　　　　核稿:　　　　拟稿人:　　　　电　话:

发报所名	电报号码	等级	受理日	时分	收到日	时分	值机员

主送单位:济南局集团公司货运部

抄送单位:

报文:

1. 发站淄博、到局广州、到站株洲北。
2. 钢架梁1件,货物重量50 t,长12 000 mm,支重面长9 300 mm,重心高度1 800 mm。
3. 货物外形尺寸:

   中　心　高3 100 mm处左宽1 400 mm,右宽0 mm;

   第一侧高2 500 mm处左宽1 400 mm,右宽890 mm;

   第二侧高2 150～0 mm处左右宽各500 mm。
4. 拟使用N_{17k}型平车1辆。
5. 装载均衡对称,使货物重心位于车辆纵横中心线的交叉点上。
6. 预计装后尺寸:

   中　心　高4 311 mm处左宽1 400 mm,右宽0 mm;

   第一侧高3 711 mm处左宽1 400 mm,右宽890 mm;

   第二侧高3 361～1 211 mm处左右宽各500 mm。
7. 预计装后重车重心高度2 364 mm,区间限速50 km/h。

淄博站(济局)超限超重06号

××年×月×日

课后作业

1. 单项选择题

(1)货物装车后,车辆停留在水平直线上,货物的任何部位超出机车车辆限界基本轮廓者或车辆行经半径为(　　)的曲线时,货物的计算宽度超出机车车辆限界基本轮廓者,均为超限货物。

A. 100 m　　B. 200 m　　C. 300 m　　D. 500 m

(2)超限货物装车后自(　　)起测量其中心高度和侧高度应。

A. 货物底部支重面　　B. 车地板

C. 垫木底部　　D. 轨面

(3)自轨面起高度超过(　　),任何部位超限者属于上部超限。

A. 3 600 mm　　B. 4 000 mm　　C. 4 300 mm　　D. 4 800 mm

(4)一级超限是指自轨面起高度在(　　)以上超限但未超出一级超限限界者。

A. 150 mm　　B. 230 mm　　C. 1 250 mm　　D. 3 600 m

(5)超限超重货物受理资料后,发站测量核对货物外形尺寸和重心位置,以(　　)向铁路局集团公司货运主管部门申请装运办法。

A. 超限超重货物运输申请电报　　B. 超限超重车辆挂运申请电报

C. 超限超重货物运输请示电报　　D. 超限超重货物运输记录

(6)铁路超限超重货物运输电报代号“A”表示(　　)。

A. 车长值乘　　B. 超限部位　　C. 超限程度　　D. 超限等级

(7)超限超长货物装车后,应用(　　)油漆标画易于判定货物是否移动的检查线。

A. 白色　　B. 红色　　C. 白色或红色　　D. 颜色醒目

(8)挂有超限车的列车,按(　　)规定的线路办理到发或通过。

A.《超规》　　B.《车站行车工作细则》

C.《行车组织规则》　　D.《车站货运管理细则》

(9)超限货物装车后,遇球形心盘货车一侧旁承游间为零时,可用千斤顶将压死一侧顶起,落顶后出现游间,表明(　　)符合要求。

A. 加固状态　　B. 货物装载　　C. 车辆状态　　D. 货物加固

(10)装有(　　)超限货物的车辆禁止溜放。

A. 一级及以上　　B. 一级和二级　　C. 二级及以上　　D. 超级

(11)超限货物的任何超限部位与建筑限界之间的距离,在150～200 mm时,时速不得超过(　　)。

A. 15 km/h　　B. 25 km/h　　C. 35 km/h　　D. 45 km/h

(12)超限、超重货物实行装车(　　)制度。

A. 巡检　　B. 确认　　C. 管理　　D. 质量签认

(13)描述超限货物高度时,下列对“中心高”的说法中,(　　)是正确的。

A. 货物几何中心处的最大高度

B. 货物位于车辆横中心线处的最大高度

C. 货物自轨面或支重面起最大高度处的高度

D. 货物两端最大高度处的高度

2. 判断题

(1)装车时,站段应派超限超重运输和装载加固专业技术人员到装车现场进行指导。(　　)

(2)超限超重货物无批示电报禁止装车。 ( )

(3)运行有限制条件的超限超重车,除有特殊要求外,禁止编入直达、直通列车。 ( )

(4)超限货物按超限部位所在的高度,可分为上部超限、中部超限和下部超限,其中下部超限可分为一级、二级超限。 ( )

(5)装有超限货物的货车,装车站应在货车两侧插挂货车表示牌,由到站卸后撤除。 ( )

(6)超级超限货物突出平车车端大于200 mm装载时,应使用游车。 ( )

(7)一级超重活载系数Q值为$1.00 \leqslant Q < 1.05$。 ( )

(8)跨三个及以上铁路局集团公司的各级超重货物和二级及以上超限货物,由铁路局集团公司审查后向国铁集团提出申请。 ( )

(9)超限货物运输电报中"S"表示货物重心高度。 ( )

(10)德阳站拟装运超限货物1件到内江东站,按规定发站德阳站需具备超限货物运输业务办理资格,而到站内江东站可以不具备超限货物运输业务办理资格。 ( )

(11)车站接到铁路局集团公司批示电报后,应按装载加固方案及时组织装车。装车后测量与确认电报不符时,告知上级部门即可,不须重新请示。 ( )

(12)发运超限货物时,当货物重量超过到达站起重能力的,只需收货人同意自卸车,发站可不取得到站同意,直接发运。 ( )

(13)测量货物高度时应以支重面起、测量装车后高度应以轨面起测量货物的重心高度及侧高度。 ( )

(14)测量普通平车的车地板高度时,应分别测量出车地板四个角至轨面的高度,取其平均值作为车地板的高度。 ( )

(15)超限电报中货物的重量不包含装载加固装置和材料的重量。 ( )

3. 计算题

(1)有均重桁架一件,货物外型尺寸19 500 mm×3 800 mm×2 000 mm,重40 t,用NX_{17AK}型平车(车地板高1 211 mm,车地板长13 000 mm,销距9 000 mm)均衡突出装载,使用垫木高140 mm,请确定检定断面、计算点,并计算其计算宽度。

(2)有均重货物一件,装载方案如题图3-2所示,试确定超限等级。

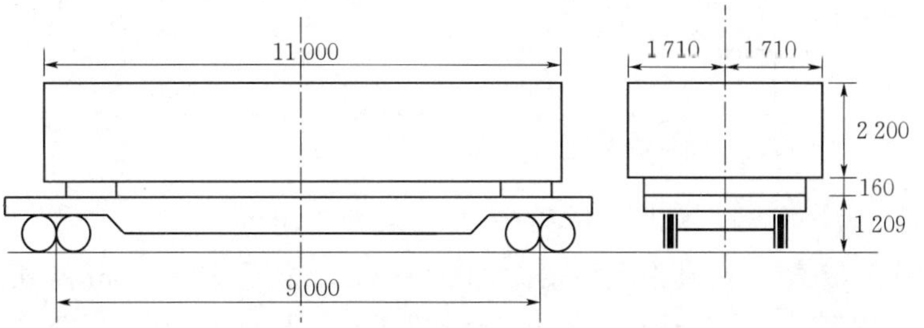

题图3-2 均重货物装载方案(单位:mm)

(3)某站承运钢梁构件一件,重40 t,长19 m、宽2.8 m、高2.8 m,货物均衡装载在60 t(车长13 000 mm,销距9 300 mm,车地板距轨面高1 210 mm)平车上,两端挂有游车,车地板与货物之间垫以高200 mm的横垫木两根,如题图3-3所示,试确定货物超限等级。

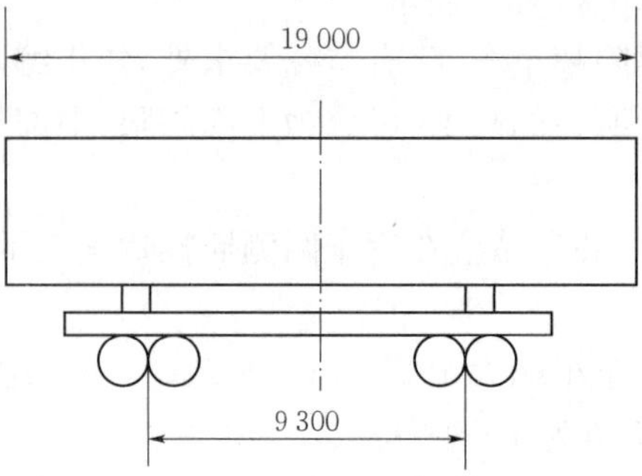

题图 3-3　钢梁构件装载方案(单位:mm)

(4)长 12 m,宽 3.36 m,高 2.5 m,重 40 t 的均重货物一件,使用 N_{17AK} 型 60 t 平车(车地板高 1 211 mm,车地板长 13 000 mm,销距 9 000 mm)装载,问:

①直接装载于车地板上,是否超限?

②使用 140 mm 的横垫木,是否超限?

(5)A 站发往 B 站均重货物一件,重 40 t,长 15 m,宽 3.4 m,高 2.0 m,用一辆 N_{17T} 型平车(销距 9 000 mm,车地板长 13 000 mm,车地板高 1 209 mm,标重 60 t)一端突出装载(另一端与车端对齐),用一辆 N_{17AK} 型平车(车地板高 1 211 mm)作游车,使用两根高度为 140 mm 的横垫木,试确定超限等级。

(6)一件均重规则货物,重 32 t,规格 13 200 mm×3 500 mm×2 400 mm,用 N_{17K} 型平车(销距 9 000 mm,车地板高 1 211 mm)装载,横垫木高 150 mm,货物重心投影位于车辆纵横中心线交叉点上,请计算超限等级。

(7)圆筒体均重货物一件,重 35 t,长 35 500 mm,直径 3 300 mm,使用 60 t N_{17T} 型平车(销距 9 000 mm,车地板高 1 211 mm)三辆均衡跨装,中间一辆做游车,支距长 24 500 mm,货物底部距车地板 180 mm,试确定超限等级。

(8)直径为 3 434 mm 的蒸球两件,每件重 12 t,使用 60 t N_{17K} 型平车(销距 9 000 mm,车地板高 1 211 mm)对称、均匀装载,两球心距为 6 000 mm,球底距车地板 100 mm,如题图 3-4 所示,试确定超限等级。

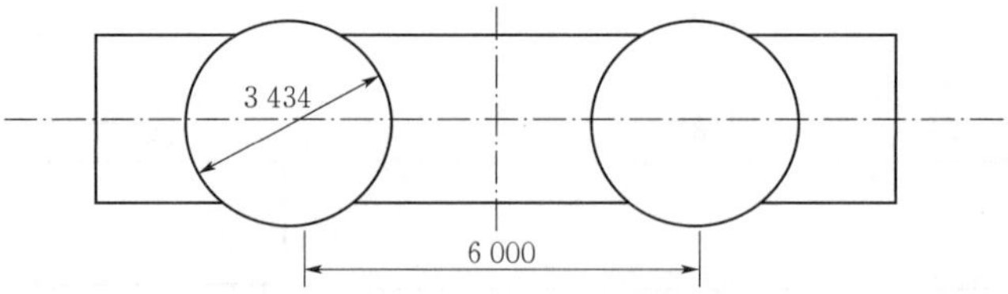

题图 3-4　蒸球装载方案(单位:mm)

(9)圆柱体均质货物一件,其中大头端长 13 000 mm,直径为 3 580 mm,小头端长 6 500 mm,直径为 3 300 mm,用某型平车(自重 21 t,车地板距轨面高 1 220 mm,车地板全长 13 000 mm,销距 9 000 mm,转向架固定轴距 1 750 mm,空车重心高度 730 mm)一辆负重顺向装载(另以该相同型平车作为游车,游车上不装货),货物大头端与车端对齐,小头端一端突出,货物重心投影位于车辆纵中心线上,货物下垫 180 mm 鞍座,具体装载方案如题图 3-5 所示。请计算确定该货物的超限等级。

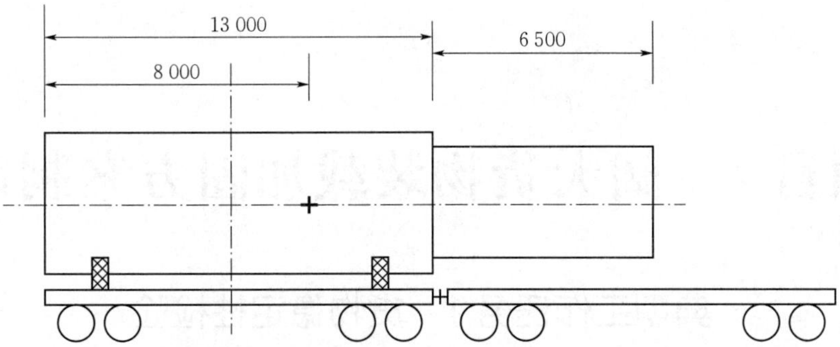

题图 3-5　圆柱体均质货物装载方案(单位:mm)

(10)现有均重设备一台,货物重 24 t,长 17 m,宽 3 m,高 2.6 m,支重面长度 9 m,用 N17AK 型平车(车地板高 1 211 mm,车地板长 13 000 mm,销距 9 000 mm,自重 20.2 t,空车重心高度 723 mm)装运。要求:

①绘制(制订)装载方案图。

②计算垫木高度(弹性挠度取 10 mm)。

③计算重车重心高度。

④确定超限等级。

项目4　阔大货物装载加固方案制订

典型工作任务1　货物稳定性检验

学习目标

1. 能力目标

能够检验货物的稳定性，确定是否需要加固。

2. 知识目标

(1)掌握力的特性，计算各种力值。

(2)掌握力对货物稳定性的影响，正确检验货物稳定性。

3. 素质目标

培养严格按照规章作业的职业精神。

安全案例

1. 货物列车运行区间散脱货物

(1)事故概况：某日15:50，××线Z10××次司机发现A站—B站下行线529号信号机上挂有异物(疑似泡沫板)侵限，立即报告A站，行调接报后立即扣停了后续下行列车；16:15经公安巡防队员现场确认信号机上异物为废水管，且附近沿线的路基旁有一些废水管与废彩钢板(废水管21根、废彩钢板25张)。经对前行列车20×××次停车检查，发现守前14位至19位均为敞车装运的废钢铁，查实A站至B站区间散脱的废彩钢板、废水管是以上车辆丢失的遮盖材料。构成铁路交通一般C类事故。

(2)原因分析：

①托运人在自装车过程中，违反废钢铁装载规定，在顶部装载轻质物品，以防止铁路运输途中货物被盗为由，违规采取轻质废彩钢覆盖和废水管压顶的措施，且未与重质货物进行有效连接固定，是导致事故的直接原因。

②装车站货运人员对自装车安全把关检查不严，默许装车单位违规措施，未认真检查确认是否与重质货物进行有效连接固定，违章放行，是导致事故的重要原因。

2. 货物列车运行方向左侧车门外涨

(1)事故概况：某日17:12，190××次货物列车在××线C站开车后，外勤立岗接车发现机后第47位车辆(车号：P_{63K}3305××，品名：碎木块)运行方向左侧车门外涨，拦停列车。构成铁路交通一般D10类事故。

(2)原因分析:装车单位装车时未安设门挡,碎木块直接挤住、堵塞车门,造成车辆外涨,是事故发生的主要原因。

相关知识

一、运行中作用于货物上的力

列车在线路上运行时,突然起动、加速、制动,车钩纵向作用力骤然变化,以及在调车作业中车辆之间的相互冲击,均会导致车辆纵向运动状态变化;由于线路的坡度变化、方向变化及由于线路和车辆的技术状态、车辆的蛇行运动等引起的轮轨作用力的变化,会引起车辆横向运动状态变化。

车辆的运动状态发生变化时,车上所装货物的装载位置或状态也可能发生变化,如发生移动、倾覆、滚动或者发生货垛倒塌、货物坠落等。为了防止货物的装载位置或状态发生变化,以保证列车运行安全和货物完整,货物在装车之后应采取必要的加固措施,即采用适当的方法,把货物和车辆联结为一体,以使当车辆的运动状态发生变化时,货物能够随之同时变化。

对货物加固的强度应足以保证在运输全过程中,在正常的运输条件下,货物能够始终保持其在发站的初始装载位置不变。

必要的加固强度,应通过科学的加固计算确定。加固计算的一般程序是:

(1)计算作用于货物上各种力的数值。

(2)计算需要加固材料或装置承受的力和力矩。

(3)确定合理的加固方法和加固强度。

1. 车辆在运行中的振动

车辆在运行中的主要振动有沉浮振动、摇头振动、侧摆振动、点头振动、伸缩振动和侧滚振动等。下面对车辆的振动现象进行简单分析。

(1)沉浮振动,车辆运行中,因为车体与走行部之间弹簧的伸缩,致使车体及货物产生垂直加速度。

(2)摇头振动,因为轮箍踏面的锥度、轮对组装不正,车轮直径大小不一及轮对外缘与钢轨内侧之间存在间隙等,致使车体及货物各点产生不同的横向水平加速度。

(3)侧摆振动,当车辆经过道岔、曲线时,因为横向力的作用,致使车体及货物各点产生相同的横向水平加速度。

(4)点头振动,因为线路不平、钢轨接缝、轮对偏心等轮对结构缺陷,致使车体及货物各点产生不同的垂直加速度。

(5)伸缩振动,因为列车起动、制动、变速,上下坡道及调车作业产生的车辆之间牵引或压缩冲击力,致使车体及货物各点产生相同的纵向水平加速度。

(6)侧滚振动,因为经过相互错开的钢轨接缝,左右轮轨面高度不平,一侧踏面擦伤或经过曲线等原因,致使车体及货物各点产生不同的横向水平加速度和垂直加速度。

运行中车辆振动的主要形态如图4-1-1所示。

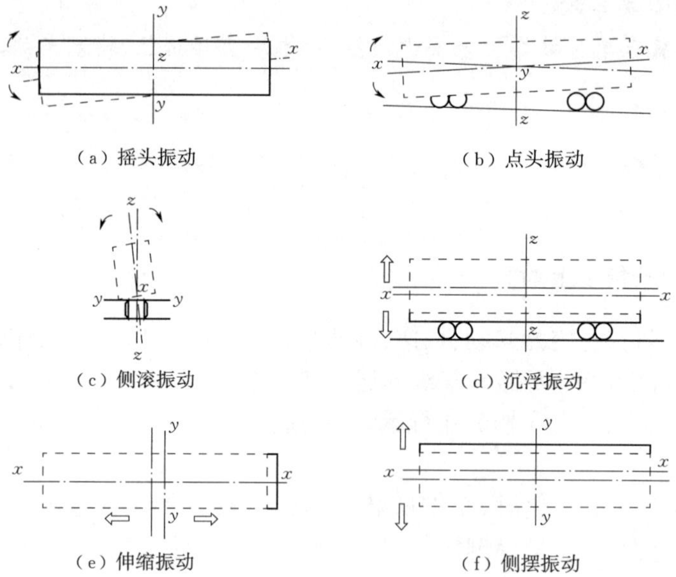

（a）摇头振动　（b）点头振动

（c）侧滚振动　（d）沉浮振动

（e）伸缩振动　（f）侧摆振动

图 4-1-1　运行中车辆振动的主要形态

在实际列车运行或调车作业过程中，往往多种振动形式同时产生，造成车辆和货物的振动形式非常复杂。在各种加速度的反方向均有力作用在车辆和货物上，称为惯性力，其大小是加固计算的基本依据。

2. 运行中作用于货物上的力

列车运行时，车上所装载的货物可能受到各种外力的作用，如纵向惯性力，横向惯性力，垂直惯性力，风力，摩擦力及重力。各种力的作用点及作用方向如图 4-1-2 所示。

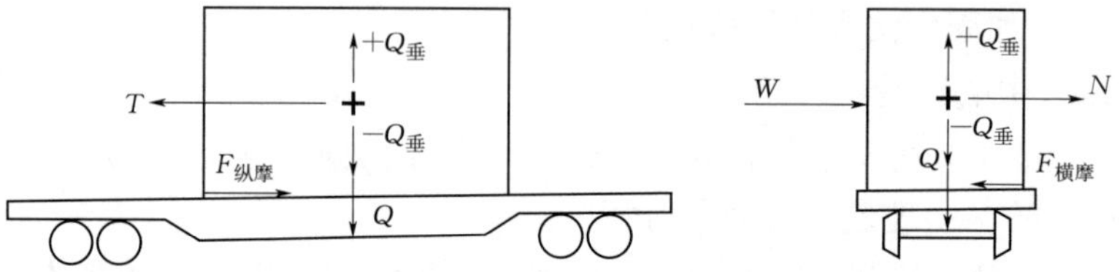

Q—重力；T—纵向惯性力；N—横向惯性力；$Q_{垂}$—垂直惯性力；W—风力；$F_{纵摩}$—纵向摩擦力；$F_{横摩}$—横向摩擦力。

图 4-1-2　各种力的作用点及作用方向

这些外力，有的力对货物起稳定作用，有的力则对货物的稳定起破坏作用，货物是否需要加固，首先要认真分析这几种力及产生的原因。货物受力的特性见表 4-1-1。

表 4-1-1　货物受力的特性

力的名称	纵向惯性力	横向惯性力	垂直惯性力	风力	纵横摩擦力	重力
符　号	T	N	$Q_{垂}$	W	$F_{纵摩}$、$F_{横摩}$	Q
作用点	货物重心	货物重心	货物重心	受风面中心	接触面	货物重心
稳定性	不稳定	不稳定	不稳定	不稳定	稳定	稳定

下面分别介绍各种力值的计算方法：

(1)纵向惯性力。

纵向惯性力的产生多发生在列车启动、加速、制动、机车连挂车组、调车作业中溜放的车辆与线路上停留的车辆冲撞时，其方向与线路中心线平行或相切，作用点在货物的重心。作为一种对货物稳定性起破坏的外力，从安全加固的角度出发，要考虑最不利的情况。在调车作业中，溜放的车辆与线路上停留的车辆相互撞击时，或者机车连挂停留的车辆时，货物所受到的纵向惯性力最大。

纵向惯性力的计算公式如下：

$$T=t_0Q \quad (\mathrm{kN}) \tag{4-1-1}$$

式中　t_0——每吨货物的纵向惯性力，kN/t；

Q——货物重量，t。

单位重量货物的纵向惯性力是通过多次运行冲击实验确定的。实验表明，它的大小与采用的加固类型有很大的关系。加固类型有刚性加固和柔性加固。刚性加固包括在车体上焊接钢挡阻止货物位移、使用螺栓将货物和车体固定为一体、使用钳夹车装运货物等方式。柔性加固包括使用钢丝绳、链条、盘条或镀锌铁线等加固材料对货物拉牵加固或下压式捆绑加固，使用挡木、掩木等对货物进行掩挡加固等方式。

①采用刚性加固。

在刚性加固条件下，车辆受到冲击时，货物与车体具有几乎相同的纵向加速度。此时，每吨货物的纵向惯性力计算如下：

$$t_0=26.69-0.13Q_{总} \quad (\mathrm{kN/t}) \tag{4-1-2}$$

式中　$Q_{总}$——重车总重，t，当 $Q_{总}>130$ t 时，按 130 t 计算。

②采用柔性加固。

车辆受到冲击时，加固材料的抗拉刚度越小，其缓冲性能越好，货物的纵向加速度也越小。由于柔性加固材料的抗拉刚度远小于刚性加固，所以柔性加固条件下，货物的纵向加速度比在刚性加固条件下小得多。此时，每吨货物的纵向惯性力计算如下：

$$t_0=0.0012Q_{总}^2-0.32Q_{总}+29.85 \quad (\mathrm{kN/t}) \tag{4-1-3}$$

跨装运输时，$Q_{总}$ 按跨装车组总重计算。

当 130 t$<Q_{总}\leqslant$150 t 时，$t_0=6.78$ kN/t；

当 $Q_{总}>$150 t 时，$t_0=5.88$ kN/t。

(2)横向惯性力。

作用于货物上的横向惯性力主要是由于摇头振动、侧摆振动和侧滚振动引起的，方向为水平方向，作用点在货物的重心，其值的大小与线路状态、列车运行速度及货物重心在车辆上的位置有关。

根据运行试验结果，货物的横向惯性力为

$$N=n_0Q \quad (\mathrm{kN})$$

式中　n_0——每吨货物的横向惯性力，kN/t，计算公式为

$$n_0=2.82+2.2\frac{a}{l} \quad (\mathrm{kN/t}) \tag{4-1-4}$$

其中　a——货物重心偏离车辆横中心线的距离，mm，跨装时，为货物转向架中心销偏离车辆横中心线的距离，

l——负重车转向架中心距(具有多层转向架群的货车为底架心盘中心距),mm。

(3)垂直惯性力。

列车行经钢轨接缝处、线路下沉处,以及车辆弹簧的沉浮运动都会使车辆出现点头振动、沉浮振动和侧滚振动,车上的货物则产生垂直惯性力,该力呈向上、向下交替产生,作用点在货物的重心,其大小取决于车辆的性能、线路状况,列车运行状况、装载货物的重量和货物重心在纵向的位置。

$$Q_{垂}=q_{垂}Q \quad (\text{kN}) \tag{4-1-5}$$

式中 $q_{垂}$——每吨货物的垂直惯性力,kN/t。

①使用敞车和普通平车装载时:

$$q_{垂}=3.54+3.78\frac{a}{l} \quad (\text{kN/t}) \tag{4-1-6}$$

②使用长大货物车装载时:

$$q_{垂}=4.53+7.84\frac{a}{l} \quad (\text{kN/t}) \tag{4-1-7}$$

(4)风力。

列车在运行中,车上的货物将受到纵向、横向上的风力作用。在纵向上,货物受到前后车辆及车上所装货物的阻挡,该力值很小,对货物的影响也小,故忽略不计。但横向上的风力对货物的影响很大,特别是当横向风力与横向惯性力方向一致时,很容易导致货物在车辆上产生横向位移。因此,应考虑该力对货物的影响。

风力的大小,与受风面的形状和大小及风压的大小有关,其值可用公式(4-1-8)进行计算:

$$W=qF \quad (\text{kN}) \tag{4-1-8}$$

式中 q——侧向计算风压,受风面为平面时,$q=0.49\ \text{kN/m}^2$,受风面为圆球体或圆柱体侧面时,$q=0.245\ \text{kN/m}^2$;

F——侧向迎风面的投影面积,m^2。

(5)摩擦力。

货物的重量产生重力,使货物与车地板或垫木间产生摩擦力。它的作用方向正好与作用在货物上各种外力的合力方向相反,起到阻止货物移动的作用,是一个稳定因素。

①纵向摩擦力:

$$F_{纵摩}=9.8\mu Q \quad (\text{kN}) \tag{4-1-9}$$

②横向摩擦力:

$$F_{横摩}=\mu(9.8Q-Q_{垂}) \quad (\text{kN}) \tag{4-1-10}$$

式中 μ——摩擦系数,按表4-1-2取值,当货物与车地板间加有垫木或衬垫时,应取货物与垫木或衬垫间及垫木或衬垫与车地板间摩擦系数较小者计算。

表4-1-2 铁路货物常用摩擦系数表

物体名称	摩擦系数	物体名称	摩擦系数
木与木	0.45	钢板与钢板	0.30
木与钢板	0.40	履带走行机械与车辆木地板	0.70
木与铸钢	0.60	橡胶轮胎与车辆木地板	0.63

续上表

物体名称	摩擦系数	物体名称	摩擦系数
橡胶垫与木	0.60	稻草绳把与铸钢	0.55
橡胶垫与钢板	0.50	稻草垫与钢板	0.44
稻草绳把与钢板	0.50	草支垫与钢板	0.42

【例 4-1-1】 钢结构均重货物一件，重 40.2 t，长 8 m，宽 2.2 m，高 1.5 m，使用 N17K 型木地板平车（销距 9 000 mm，自重 19.7 t）均衡装载，如图 4-1-3 所示，试计算作用于货物上各种力的数值。

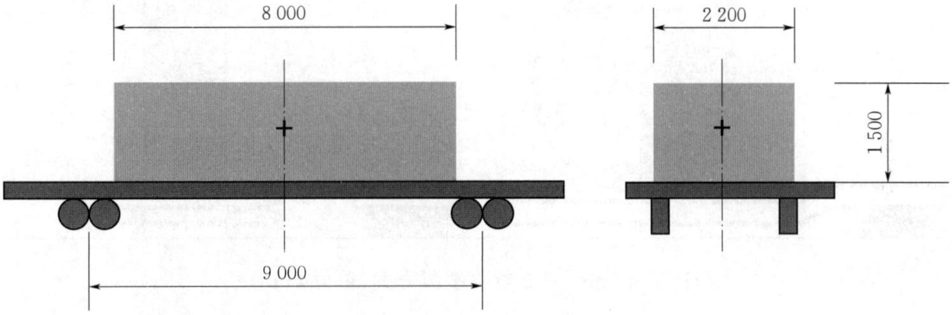

图 4-1-3　例 4-1-1 货物装载方案（单位：mm）

【解】 使用普通平车装载时，采用柔性加固。用 N17K 型木地板平车均衡装载，货物重心投影与车地板的中心重合。N17K 型平车自重按 19.7 t 计算，重车总重为 59.9 t，摩擦系数选取 0.4。

作用于货物上的各种力数值如下：

①纵向惯性力。

$$\begin{aligned} T &= t_0 Q \\ &= (0.0012Q_{总}^2 - 0.32Q_{总} + 29.85)Q \\ &= (0.0012 \times 59.9^2 - 0.32 \times 59.9 + 29.85) \times 40.2 \\ &\approx 602.5(\text{kN}) \end{aligned}$$

②横向惯性力。

货物是均衡状态，所以在公式中 $a-0$，可得

$$N = n_0 Q = \left(2.82 + 2.2\frac{a}{l}\right)Q = 2.82 \times 40.2 \approx 113.4(\text{kN})$$

③垂直惯性力。

货物采用普通平车装运，可得

$$Q_{垂} = q_{垂} Q = \left(3.54 + 3.78\frac{a}{l}\right)Q = 3.54 \times 40.2 = 142.3(\text{kN})$$

④风力。

货物是方形货物，受风面为平面，风压取 0.49 kN/t，侧向受风的投影面积为货物长乘货物高，即 8.0 m×1.5 m。

$$W = qF = 0.49 \times 8.0 \times 1.5 = 5.9(\text{kN})$$

⑤摩擦力。

N17K 型平车为木地板，货物是钢制货物，查表得 $\mu=0.4$，故有

$$F_{纵摩}=9.8\mu Q=9.8\times0.4\times40.2\approx157.6(\text{kN})$$

$$F_{横摩}=\mu(9.8Q-Q_{垂})=0.4\times(9.8\times40.2-142.3)\approx100.7(\text{kN})$$

【例 4-1-2】 圆形转轮一件，货重 70 t。直径 4 300 mm，转轮厚 2 800 mm，货物下部有钢质座架一件，使用一辆 D10 型车(销距 14 800 mm，自重 36 t)装载，货物重心投影落在车地板中央，装载方案如图 4-1-4 所示，试计算作用在货物上的各种力值的大小。

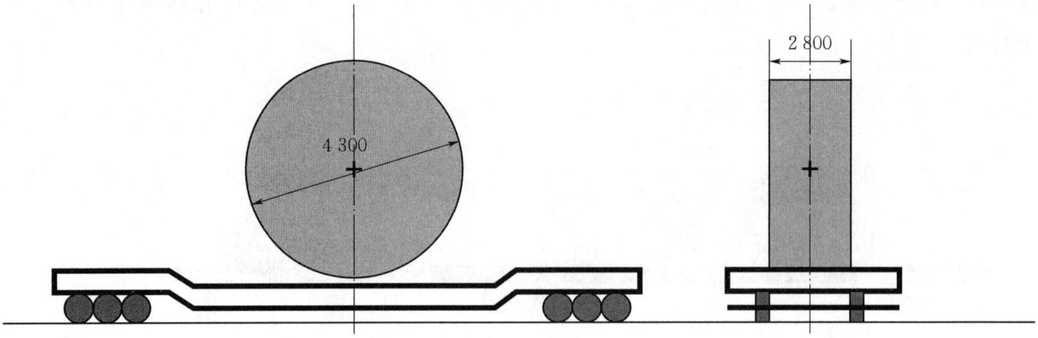

图 4-1-4 例 4-1-2 货物装载方案(单位：mm)

【解】 由图 4-1-4 可知，货物采用横向卧装。D10 型车自重为 36 t，销距为 14 800 mm。货物置于座架上再进行刚性加固，可认为座驾与车地板间发生滑动摩擦，摩擦系数选取 0.3，货物侧向迎风面的投影面积应为半径 2.15 m 的圆形。

①纵向惯性力。

$$T=t_0Q=(26.69-0.13Q_{总})Q=(26.69-0.13\times106)\times70=903.7(\text{kN})$$

②横向惯性力。

货物重心投影落在车地板中央，$a=0$，即有

$$N=n_0Q=\left(2.82+2.2\frac{a}{l}\right)Q=2.82\times70=197.4(\text{kN})$$

③垂直惯性力。

$$Q_{垂}=q_{垂}Q=\left(4.53+7.84\frac{a}{l}\right)Q=4.53\times70=317.1(\text{kN})$$

④风力。

$$W=qF=0.49\times3.14\times2.15^2\approx7.1(\text{kN})$$

⑤摩擦力。

$$F_{纵摩}=9.8\mu Q=9.8\times0.3\times70=205.8(\text{kN})$$

$$F_{横摩}=\mu(9.8Q-Q_{垂})=0.5\times(9.8\times70-317.1)=110.7(\text{kN})$$

【例 4-1-3】 现有重 40 t，长 4 400 mm，宽 2 700 mm，高 3 500 mm 钢结构均重货物两件，计划用 D10 型凹底平车(销距 14 800 mm，自重 36 t)一辆均衡装载(两件靠在一起)，拟在货物周围加焊钢挡加固，试计算作用于货物的各种力。

【解】 D10 型车自重 36 t，载重 90 t，凹部地板面长 10 m，距轨面高 777 mm，销距 14 800 mm。装车时在货物下加垫 10 mm 厚的橡胶垫，以增大作用于货物上的摩擦力。货物装车后重车总重

为 36＋40×2＝116(t)，小于 130 t。每件货物的重心至车辆横中心线所在垂直平面的距离均为 2.2 m，作用于每件货物上的各种力数值如下：

①纵向惯性力。

$$T=t_0Q=(26.69-0.13\times116)\times40=464.4(\text{kN})$$

②横向惯性力。

$$N=n_0Q=\left(2.82+2.2\frac{a}{l}\right)Q=\left(2.82+2.2\times\frac{2.2}{14.8}\right)\times40=125.9(\text{kN})$$

③垂直惯性力。

$$Q_{垂}=q_{垂}Q=\left(4.53+7.84\frac{a}{l}\right)Q=\left(4.53+7.84\times\frac{2.2}{14.8}\right)\times40=227.8(\text{kN})$$

④风力。

$$W=qF=0.49\times4.4\times3.5=7.5(\text{kN})$$

⑤摩擦力。

$$F_{纵摩}=9.8\mu Q=9.8\times0.5\times40=196(\text{kN})$$

$$F_{横摩}=\mu(9.8Q-Q_{垂})=0.5\times(9.8\times40-227.8)=82.1(\text{kN})$$

二、货物稳定性的检验

微课

货物稳定性的检验

列车在运行时，车上所装货物将受到多种外力作用。其中，除摩擦力和重力是稳定的力，其余均为不稳定的力。在运输过程中，支重面为平面的货物，在纵向惯性力、横向惯性力及风力的作用下，在车辆上可能发生移动或倾覆；圆柱形或球形货物及带轮货物（如各型汽车、拖拉机）则很容易发生纵向或横向滚动。为了保证货物运输安全，防止货物在车辆上发生移动、倾覆或滚动，就必须先进行货物稳定性检验，确定必要的加固强度，选择加固材料或装置对其进行加固。

货物的稳定性通过稳定系数来确定。稳定系数是指稳定力产生的稳定力矩或力，与不稳定力产生的不稳定力矩或力的比值，该比值通常为 1.25 或 1。

以 η 来表示稳定系数，可得到公式：

$$\eta=\frac{稳定力矩}{不稳定力矩}$$

1. 倾覆方面稳定性的检验

(1)纵向倾覆方面稳定性的检验。

货物在纵向上受到纵向惯性力的作用，会形成货物的纵向倾覆力矩 Th，若货物重力形成的稳定力矩 $9.8Qa$ 与纵向惯性力形成的纵向倾覆力矩之比不能达到稳定条件，则货物就会发生纵向倾覆，如图 4-1-5 所示。在不采取加固措施时，货物免于纵向倾覆的条件为 $\eta_{纵倾}\geqslant1.25$。$\eta_{纵倾}$ 计算如下：

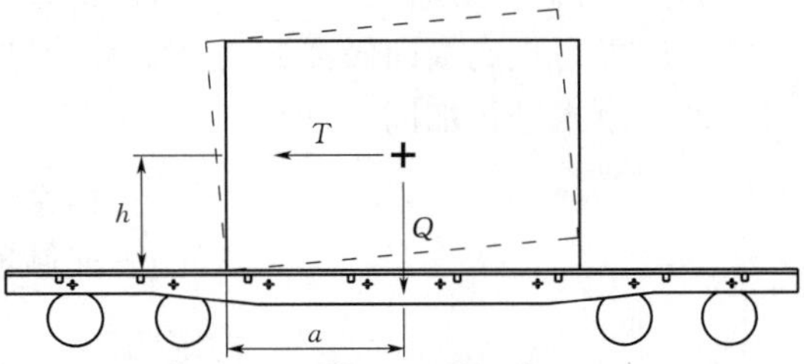

图 4-1-5　纵向倾覆趋势

$$\eta_{纵倾}=\frac{9.8Qa}{Th} \tag{4-1-11}$$

式中　a——货物重心所在横向垂直平面至货物倾覆点之间的距离，mm；

h——货物重心自倾覆点所在水平面起算的高度，mm。

当纵向倾覆稳定系数 $\eta_{纵倾}<1.25$ 时，货物不稳定，需要采取加固措施。

(2)横向倾覆方面稳定性的检验。

货物在横向上受到横向惯性力和风力的作用，形成横向倾覆力矩，若重力形成的稳定力矩 $9.8Qb$ 与横向倾覆力矩之比不能达到稳定条件，则货物就会发生横向倾覆，如图 4-1-6 所示。在不采取加固措施时，货物免于横向倾覆的条件为 $\eta_{横倾}\geqslant 1.25$。$\eta_{横倾}$ 计算如下：

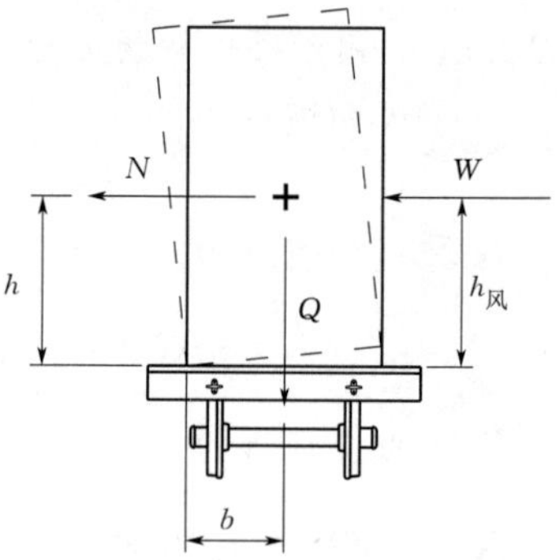

图 4-1-6 横向倾覆趋势

$$\eta_{横倾}=\frac{9.8Qb}{Nh+Wh_{风}} \tag{4-1-12}$$

式中 b——货物重心所在纵向垂直平面至货物倾覆点之间的距离，mm；

$h_{风}$——风力合力作用点自倾覆点所在水平面起算的高度，mm。

【例 4-1-4】 试检验【例 4-1-1】中货物在倾覆方面的稳定性。

【解】

$$\eta_{纵倾}=\frac{9.8Qa}{Th}=\frac{9.8\times 40.2\times 4\ 000}{602.5\times 750}=3.48$$

$$\eta_{纵倾}>1.25$$

$$\eta_{横倾}=\frac{9.8Qb}{Nh+Wh_{风}}=\frac{9.8\times 40.2\times 1\ 100}{113.4\times 750+5.9\times 750}=4.84$$

$$\eta_{横倾}>1.25$$

计算表明，该件货物纵向和横向倾覆稳定性符合要求，不会发生倾覆。

(3)提高倾覆方面稳定性的措施。

提高倾覆方面货物稳定性的方法是增大稳定系数的数值。由 $\eta_{纵倾}$ 的计算公式知，可通过增大分子或减小分母来实现。方法如下：

①减小 T。能够使用平车则避免使用特种平车，能采用柔性加固则不采用刚性加固。

②采用挡木使倾覆支点上移，则力臂 h 减少为 $h-h_{挡}$。

同理可得提高横向倾覆方面稳定性的措施。

使用挡木进行加固时：

$$\eta_{纵倾}=\frac{稳定力矩}{纵向倾覆力矩}=\frac{9.8Qa}{T(h-h_{挡})} \tag{4-1-13}$$

$$\eta_{横倾}=\frac{稳定力矩}{横向倾覆力矩}=\frac{9.8Qb}{N(h-h_{挡})+W(h_{风}-h_{挡})} \tag{4-1-14}$$

式中 $h_{挡}$——挡木的高度，mm。

2. 水平移动方面稳定性检验

如果货物的纵向惯性力大于纵向摩擦力，或货物的横向惯性力与风力之和的 1.25 倍大于横向摩擦力，则应采取加固措施防止货物移动。加固材料应承受的纵向或横向力计算如下：

纵向：

$$\Delta T = T - F_{纵摩} \quad (\mathrm{kN}) \tag{4-1-15}$$

横向：

$$\Delta N = 1.25(N+W) - F_{横摩} \quad (\mathrm{kN}) \tag{4-1-16}$$

【例 4-1-5】 试检验【例 4-1-1】中货物在水平移动方面的稳定性。

【解】 纵向：

$$\Delta T = T - F_{纵摩} = 602.5 - 157.6 = 444.9(\mathrm{kN})$$

横向：

$$\Delta N = 1.25(N+W) - F_{横摩} = 1.25 \times (113.4 + 5.9) - 100.7 \approx 48.4(\mathrm{kN})$$

经计算得到 $\Delta T > 0$，$\Delta N > 0$，即该货物纵、横方向均可能会发生水平移动，需要进行加固。

3. 滚动方面稳定性的检验

对于圆柱形、球形、带轮货物，若不进行任何加固，货物将产生滚动现象。此类货物必须采用三角档、凹木、掩木等加固材料进行加固，加固方法如图 4-1-7 所示。

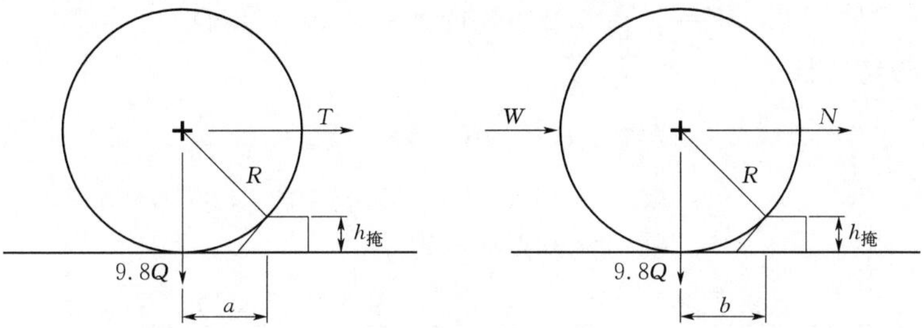

（a）纵向　　（b）横向

图 4-1-7　掩挡加固

货物免于滚动的条件如下：

$$\eta_{纵} = \frac{9.8Qa}{T(R - h_{掩})} \geqslant 1.25 \tag{4-1-17}$$

$$\eta_{横} = \frac{9.8Qb}{(N+W)(R - h_{掩})} \geqslant 1.25 \tag{4-1-18}$$

式中　a,b——货物重心所在横向或纵向垂直平面至三角挡（或掩木）与货物接触点之间距离，mm，计算方法如下：

$$a = \sqrt{R^2 - (R - h_{掩})^2} \tag{4-1-19}$$

$$b = \sqrt{R^2 - (R - h_{掩})^2} \tag{4-1-20}$$

R——货物或轮子半径，mm；

$h_{掩}$——掩木或三角挡与货物接触点自货物或轮子最低点所在水平面起算的高度，mm。

若既用掩木又用凹木，则货物免于滚动的条件如下：

$$\eta_{纵} = \frac{9.8Qa}{T(R - h_{掩} - h_{凹})} \geqslant 1.25 \tag{4-1-21}$$

$$\eta_{横} = \frac{9.8Qb}{(N+W)(R - h_{掩} - h_{凹})} \geqslant 1.25 \tag{4-1-22}$$

式中　$h_{凹}$——凹木凹部深度。

此时，有

$$a=\sqrt{R^2-(R-h_{\text{掩}}-h_{\text{凹}})^2} \tag{4-1-23}$$

$$b=\sqrt{R^2-(R-h_{\text{掩}}-h_{\text{凹}})^2} \tag{4-1-24}$$

如果稳定系数小于 1.25，表明所使用的掩木或三角挡高度不够，可更换掩木或三角挡，或同时采用其他加固措施。

【例 4-1-6】 铸钢结构圆柱形货物一件，货重 23 t，长 12 000 mm，直径 3 300 mm，采用 NX17AK 型车一车负重，均匀顺向卧装，货物下面垫凹口深为 10 mm，凹部高为 150 mm 的凹木，两凹木中心线间距与车辆转向架中心销间距相等，凹木上钉高为 150 mm 的掩木，试检验该货物在滚动方面的稳定性。

【解】 因为该货物是顺向卧装，只有可能发生横向方面的滚动，故只检验此方面的稳定性。

(1)计算力值。

$$N=n_0Q=\left(2.82+2.2\times\frac{a}{l}\right)Q=2.82\times23=64.9(\text{kN})$$

$$W=qF=0.245\times12\times3.3=9.7(\text{kN})$$

(2)检验货物稳定性。

$$\begin{aligned}b&=\sqrt{R^2-(R-h_{\text{掩}}-h_{\text{凹}})^2}\\&=\sqrt{1\,650^2-(1\,650-10-150)^2}\\&\approx709(\text{mm})\end{aligned}$$

$$\eta_{\text{横}}=\frac{9.8Qb}{(N+W)(R-h_{\text{掩}}-h_{\text{凹}})}=\frac{9.8\times23\times709}{(64.9+9.7)\times(1\,650\text{-}150\text{-}10)}=1.44$$

因为 $\eta_{\text{横}}>1.25$，所以这件货物在滚动方面稳定，不需要采取加固措施。

检验货物的稳定性后，可据此决定货物是否需要加固，以把货物和车辆联结为一体，保证运行安全。

典型工作任务 2　加固方法及加固材料的选择

学习目标

1. 能力目标

能根据加固材料的特性及货物装载方案，选择加固方案。

2. 知识目标

(1)熟悉常用加固材料、加固装置规格和用途。

(2)了解加固方法并进行加固方法的选择。

3. 素质目标

(1)树立安全意识与责任担当意识，强化系统思维。

(2)培养专业素养，践行精益求精与创新精神。

安全案例

1. 货物严重偏重影响列车运行

(1)事故概况:某日,××局集团公司A站装运的抽油杆,经途中超偏载检测偏重16.4 t,严重偏重影响列车。构成铁路交通一般D类事故。

(2)原因分析:发站装载时简化装卸作业程序,第1、2层之间,3、4层之间,5、6层之间未按装载加固方案要求铺垫条形草支垫。运输途中经驼峰溜放后,除第1层外的货物整体向前窜动,造成严重偏重。

2. 长钢轨运输途中加固材料松动

(1)事故概况:某日,××局集团公司B站装运的两组25 m长钢轨,途中检查发现加固材料松动,甩车整理耽误本列车发车,构成铁路交通一般D类事故。

(2)原因分析:因装车单位装车时违反装载加固相关要求,且B站货运人员路企交接时、C站货检作业时未检查发现,途中加固盘条、U形夹不同程度松动,造成途中甩车处理。

3. 运输途中货物纵向移动

(1)事故概况:某日,××局集团公司D站装运的机械装备,运行至E站时货检作业发现货物左侧纵向后移约240 mm,左侧前端挡木翘起、钉固车板一端的扒锔钉松脱,事故现场如图4-2-1所示,进行甩车整理。

(2)原因分析:装车单位装车时违反装载加固相关要求。

图4-2-1　事故现场

相关知识

为了保证运输安全,货物装载以后,若检验出货物会发生倾覆、水平移动、滚动等现象,必须对其进行加固。

只有根据货物情况选择合适的加固材料,正确确定出合理的加固方法,才能达到经济、合理地加固货物的目的。因此,有必要对加固材料的强度及数量进行计算。

一、常用加固材料和加固装置

1. 常用加固材料和加固装置的分类

(1)按照加固方式分类。

①拉牵捆绑材料,包括镀锌铁线、盘条、钢丝绳和钢丝绳夹、固定捆绑铁索、绳索、螺旋式紧线器、84型紧固器、腰箍。

②衬垫材料,包括垫木和隔木、条形草支垫、稻草绳把、稻草垫、橡胶垫。

③掩挡类材料，包括支柱、挡木、钢挡、锅炉挡铁、掩挡、铁泥塑料挡、围挡及挡板(壁)。

④其他材料，包括绳网、焦炭网、绞棍、圆钢钉、扒锔钉、U形钉、U形夹、钢板夹。

(2)按照材质分类。

①木质类，主要用来垫或挡货物，如支柱、垫木、挡木等。

②钢铁制品类，主要用来拉牵、捆绑、焊接加固货物，如铁线、钢丝绳、型钢等。

③其他材质类，主要用来防滑，如橡胶垫、草支垫等。

2. 常用加固材料的适用范围

对于有平支承面的货物、圆柱形货物、带轮货物和轻浮货物，应使用不同的加固方式。常用加固材料适用范围见表4-2-1。

表4-2-1　常用加固材料适用范围

货物种类	防止货物不稳定状态	可使用的加固材料
有平支承面的货物	纵向或横向倾覆	镀锌铁线、盘条、绞棍、钢丝绳、钢丝绳夹、紧线器
	纵向或横向位移	镀锌铁线、盘条、绞棍、钢丝绳、钢丝绳夹、挡木、钢挡、钉子或扒锔钉
圆柱形货物	纵向或横向滚动	凹形垫木、掩木、三角挡、钉子或扒锔钉
	顺装时纵向位移	镀锌铁线、盘条、绞棍、钢丝绳、钢丝绳夹、紧线器、横腰箍
	横装时横向位移	镀锌铁线、盘条、绞棍、钢丝绳、钢丝绳夹、紧线器、挡木、钉子或扒锔钉
带轮货物	纵向或横向滚动	三角挡、掩木、钉子或扒锔钉、轮挡、镀锌铁线、绞棍、钢丝绳、紧线器
	纵向或横向位移	挡木、钉子或扒锔钉、镀锌铁线、盘条、绞棍、钢丝绳、紧线器
轻浮货物	倒塌	支柱(侧、端)、U形钉、镀锌铁线、绳索、绳网

具体的货物应采取怎样的加固方法，可根据货物重量、形状、在车辆上可能发生位置或状态变化的种类，以及所用货车车型等有关因素确定。

3. 常用加固装置及方法

常用的加固装置有货物转向架、车钩缓冲停止器、钢支架、钢座架、木座架等。

常用的加固方法有拉牵加固、挡木或钢挡加固、围挡加固、掩挡加固、腰箍下压式加固、整体捆绑等。

二、拉牵加固

1. 拉牵加固材料

(1)镀锌铁线。

镀锌铁线是一种适应性比较强，应用广泛的加固材料，主要用于拉牵加固捆绑货物，可防止货物产生倾覆、水平移动和滚动。镀锌铁线不得用作腰箍下压式加固，一般不用作整体捆绑。

镀锌铁线的破断拉力应以产品标签上的数据为准，许用拉力取其破断拉力的1/2。常用镀锌铁线的破断拉力和许用拉力见表4-2-2。

表 4-2-2　常用镀锌铁线的破断拉力和许用拉力

线　　号	6	7	8	9	10	11	12
直径/mm	5.0	4.5	4.0	3.5	3.2	2.9	2.6
破断拉力/kN	6.7	5.4	4.3	3.29	2.75	2.26	1.82
许用拉力/kN	3.35	2.7	2.15	1.64	1.37	1.13	0.91

(2)盘条。

盘条主要用于拉牵加固货物,可防止货物产生倾覆、水平移动和滚动,不得用作腰箍下压式加固,可用作整体捆绑。常用盘条公称直径为 5.5 mm、6.0 mm、6.5 mm,其破断拉力和许用应力见表 4-2-3。

表 4-2-3　常用盘条的破断拉力和许用拉力

直径/mm	5.5	6	6.5
破断拉力/kN	7.96	9.47	11.12
许用拉力/kN	3.98	4.73	5.56

(3)绞棍。

绞棍用于将缠绕后的镀锌铁线、盘条等绞紧,应选用圆直坚实的硬杂木、钢管等制作,其直径一般为 50 mm,长度为 600 mm,操作困难时,可根据实际需要确定。

绞棍留用时必须予以固定(图 4-2-2),且不得超限;绞棍不留用时可采取防松措施。绞棍绞拧不宜过紧和过松,不得损伤拉牵捆绑线。

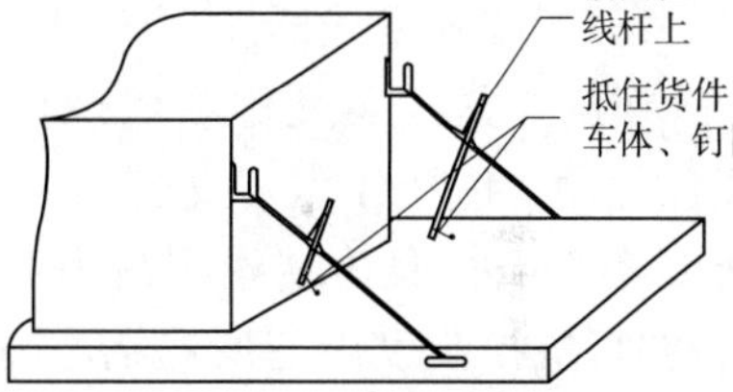

图 4-2-2　绞棍的固定

(4)钢丝绳和钢丝绳夹。

钢丝绳可用于拉牵加固,还可用作腰箍下压式加固和整体捆绑加固。加固货物用的钢丝绳应选用柔性较好的起重、提升和牵引用钢丝绳。推荐公称抗拉强度 1 670 N/ mm^2 的 6×19$_{(b)}$(1+6+12)型钢丝绳,其最小破断拉力和许用拉力见表 4-2-4。钢丝绳夹结构如图 4-2-3 所示。

表 4-2-4　公称抗拉强度 1 670 N/mm^2 规格 6×19$_{(b)}$ 钢丝绳的最小破断拉力和许用拉力

钢丝绳直径/mm	6	7	7.7	8	9	9.3	10	11	12	12.5	13
最小破断拉力/kN	18.5	25.1	31.7	32.8	41.6	45.6	51.3	62	73.8	81.04	86.6
许用拉力/kN	9.25	12.55	15.85	16.4	20.8	22.8	25.65	31	36.9	40.52	43.3
钢丝绳直径/mm	14	15.5	16	17	18	18.5	20	22	24	26	28
最小破断拉力/kN	100	126.6	131	153.27	166	182.37	205	248	295	346	402
许用拉力/kN	50	63.3	65.5	76.63	83	91.18	102.5	124	147.5	173	201

拉牵加固时，将钢丝绳穿过紧线器或绕过拴结点后，绳头折回与主绳并列，使用与之匹配的钢丝绳夹固定。固定单股钢丝绳端头时，使用钢丝绳夹的数量不得少于 3 个，并按图 4-2-4(a)所示进行布置；两根钢丝绳搭接时，并列绳头应拉紧，用不少于 4 个钢丝绳夹正反扣装并紧固，如图 4-2-4(b)所示。钢丝绳夹间的距离 A 等于 6～7 倍钢丝绳直径，绳头余尾长度宜控制在 100～300 mm 间。

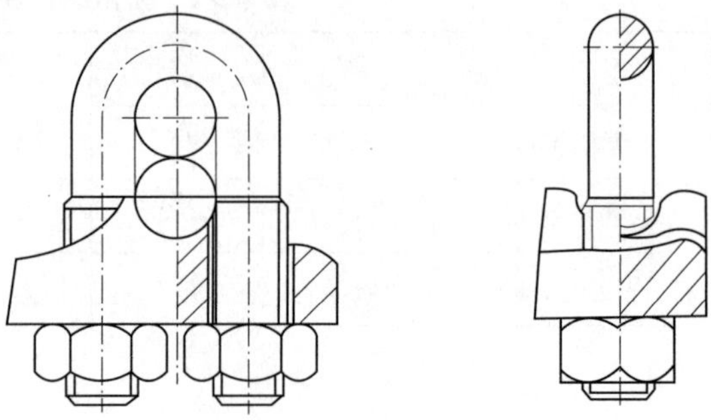

图 4-2-3　钢丝绳夹结构

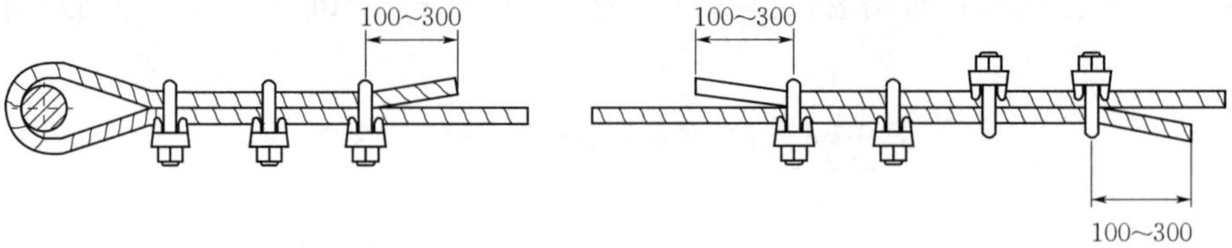

（a）钢丝绳端头固定　　（b）两钢丝绳搭接

图 4-2-4　钢丝绳夹的使用(单位：mm)

应先紧固离拴结点最近的钢丝绳夹，钢丝绳夹的夹座必须扣装在主绳一侧。

(5)螺旋式紧线器。

螺旋式紧线器又称花兰螺栓，与钢丝绳等配合使用，主要分“OO 型”“OC 型”“CC 型”“OU 型”四种，具体结构如图 4-2-5 所示。加固货物时，抗拉强度应与所选钢丝绳相匹配，优先选用“OO 型”和“OU 型”螺旋式紧线器，若使用“OC 型”或“CC 型”螺旋式紧线器时，须采取措施防止拉牵绳从紧线器开口处脱出。

(6)钢丝绳紧固器。

钢丝绳紧固器由钢丝绳和紧固装置组合而成，其结构如图 4-2-6 所示。兜头拉牵时，将钢丝绳两端分别套在(或绕过)车辆两侧相对应的

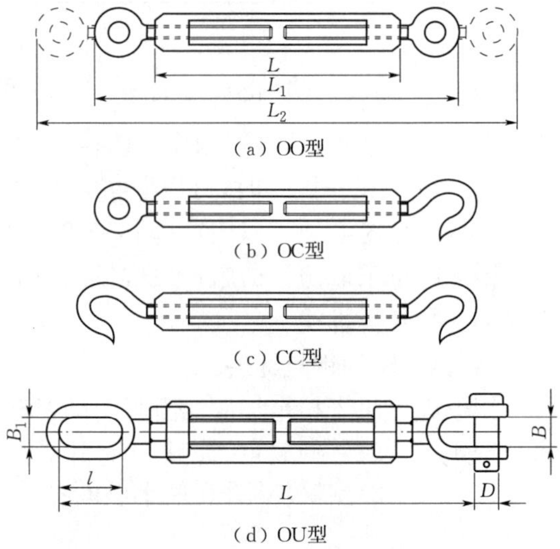

图 4-2-5　螺旋式紧线器结构

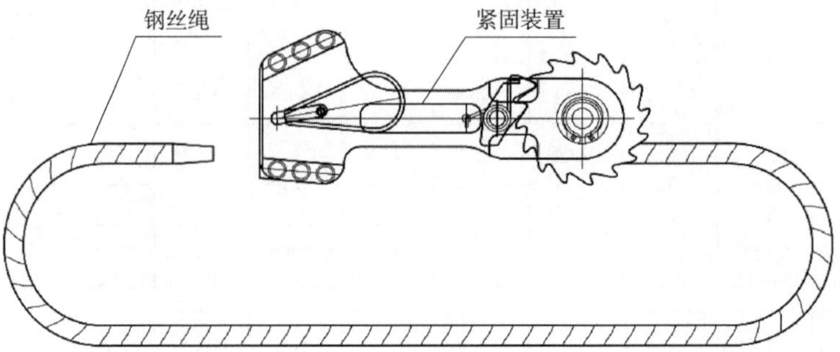

图 4-2-6　钢丝绳紧固器结构

丁字铁上；直接拉牵货物时，将钢丝绳两端分别套在(或绕过)货物拴结点和车辆的丁字铁上，然后将钢丝绳端头穿入紧固器锁铁处楔形套的直孔侧内，绕过锁铁从另一侧斜孔穿出并初步拉紧。钢丝绳绕棘轮轴缠绕的周数不少于3周，在钢丝绳拴结点及钢丝绳与货物或车辆各棱角接触处必须采取有效的防磨、防割措施。

钢丝绳紧固器紧固后，钢丝绳应松紧适度，紧固装置两端的钢丝绳与货物或车辆的接触点之间的距离不小于200 mm，紧固装置不得与货物和车辆直接接触；同时要确保钢丝绳套在锁铁的凹槽内。

2. 拉牵加固的计算

拉牵加固是指用拉牵绳(如镀锌铁线、盘条、钢丝绳或拉杆、链条等)把货物拴固在车辆上，平底货物的对称拉牵加固如图4-2-7所示。拉牵绳与车地板形成一个夹角α，利用拉牵绳拉力的纵向和横向水平分力来平衡货物的纵、横向惯性力，从而防止货物移动和倾覆。

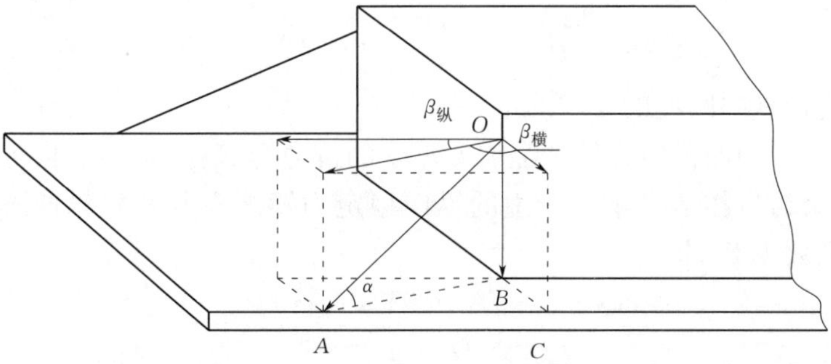

A—拉牵绳在车辆上的拴结点；O—拉牵绳在货物上的拴结点；B—O点在车地板上的投影；BC—O点所在纵向垂直平面至车边的距离；α—拉牵绳与水平面的夹角；$\beta_{纵}$—拉牵绳的水平分力与纵向垂直平面的夹角；$\beta_{横}$—拉牵绳的水平分力与横向垂直平面的夹角。

图4-2-7　拉牵加固

设拉牵绳需加固的力为$S_{拉}$，可分解出纵向水平分力$S_{纵}$、横向水平分力$S_{横}$、垂直分力$S_{垂}$、这三个分力与$S_{拉}$的关系如下：

纵向水平分力：$S_{纵}=S_{拉}\cos\alpha\cdot\cos\beta_{纵}=S_{拉}\dfrac{AC}{AO}$

横向水平分力：$S_{横}=S_{拉}\cos\alpha\cdot\cos\beta_{横}=S_{拉}\dfrac{BC}{AO}$

垂直分力：$S_{垂}=S_{拉}\sin\alpha=S_{拉}\dfrac{BO}{AO}$

式中，$AO=\sqrt{AC^2+BO^2+BC^2}$。

对称拉牵时，同一方向各根拉牵绳承受的拉力相等。

支重面为平面的货物，采用拉牵加固既可防止其发生纵向或横向水平移动，又可防止其发生纵向或横向倾覆。

设同一方向有n根拉牵绳，每根应承受的拉力可按下列方法确定。

(1)按防止货物纵向移动的要求确定。

设为防止货物纵向移动每根拉牵绳需要承受的拉力为$S_{纵移}$，同一方向n根拉牵绳拉力的纵向水平分力之和应等于防止货物纵向移动需要拉牵绳承受的纵向水平力ΔT，即

$$nS_{纵}=\Delta T$$

$$nS_{纵移}\cos\alpha\cdot\cos\beta_{纵}=\Delta T$$

式中，$\cos\alpha=\dfrac{AB}{AO}$，$\cos\beta_{纵}=\dfrac{AC}{AB}$，代入得，防止纵向移动时每根拉牵绳需要承受的拉力为

$$S_{纵移}=\frac{\Delta T}{nAC}\sqrt{AC^2+BO^2+BC^2}\quad(\mathrm{kN})\tag{4-2-1}$$

(2)按防止货物横向移动的要求确定。

设为防止货物横向移动每根拉牵绳需要承受的拉力为 $S_{横移}$，同理应要求

$$nS_{横}=\Delta N$$

$$nS_{横移}\cos\alpha\cdot\cos\beta_{横}=\Delta N$$

式中，$\cos\beta_{横}=\dfrac{BC}{AB}$，代入得，防止横向移动时每根拉牵绳需要承受的拉力为

$$S_{横移}=\frac{\Delta N}{nBC}\sqrt{AC^2+BO^2+BC^2}\quad(\mathrm{kN})\tag{4-2-2}$$

(3)按防止货物纵向倾覆的要求确定。

设为防止货物纵向倾覆每根拉牵绳需要承受的拉力为 $S_{纵倾}$，同一方向 n 根拉牵绳拉力形成的纵向稳定力矩与货物本身重力产生的纵向稳定力矩之和与货物纵向不稳定的力矩的比值，应等于稳定系数 1.25，即

$$\frac{9.8Qa+nS_{纵}\cdot BO+nS_{垂}\cdot l_{纵}}{Th}=1.25$$

式中，$S_{纵}=S_{纵倾}\cos\alpha\cdot\cos\beta_{纵}=S_{纵倾}\dfrac{AC}{AO}$，$S_{垂}=S_{纵倾}\sin\alpha=S_{纵倾}\dfrac{BO}{AO}$，$l_{纵}$ 为货物纵向倾覆点至拉牵绳在货物上拴结点所在横向垂直平面间的距离。

代入可得，防止货物纵向倾覆每根拉牵绳需要承受的拉力为

$$S_{纵倾}=\frac{1.25Th-9.8Qa}{n(l_{纵}+AC)BO}\sqrt{AC^2+BO^2+BC^2}\quad(\mathrm{kN})\tag{4-2-3}$$

(4)按防止货物横向倾覆的要求确定。

设为防止货物横向倾覆每根拉牵绳需要承受的拉力为 $S_{横倾}$，同一方向 n 根拉牵绳拉力形成的横向稳定力矩与货物本身重力产生的横向稳定力矩之和与货物横向不稳定的力矩相比，应等于稳定系数 1.25，即

$$\frac{9.8Qb+nS_{横}\cdot BO+nS_{垂}\cdot l_{横}}{Nh+Wh_{风}}=1.25$$

式中，$S_{横}=S_{横倾}\cos\alpha\cdot\cos\beta_{横}=S_{横倾}\dfrac{BC}{AO}$，$S_{垂}=S_{横倾}\sin\alpha=S_{横倾}\dfrac{BO}{AO}$，$l_{横}$ 为货物横向倾覆点至拉牵绳在货物上拴结点所在纵向垂直平面间的距离，$h_{风}$ 为风力合力作用点自倾覆点所在水平面起算的高度。

代入可得，防止横向倾覆时每根拉牵绳需要承受的拉力为

$$S_{横倾}=\frac{1.25(Nh+Wh_{风})-9.8Qb}{n(l_{横}+BC)BO}\sqrt{AC^2+BO^2+BC^2}\quad(\mathrm{kN})\tag{4-2-4}$$

拉牵绳既要防止货物倾覆，又要防止货物移动，所以每根拉牵绳所承受的力应该取其最大

值，即

$$S \geqslant \max\{S_{纵移}, S_{横移}, S_{纵倾}, S_{横倾}\}$$

选用钢丝绳拉牵时，钢丝绳的破断拉力不得小于 $2S$；选用镀锌铁线或盘条拉牵时，每根拉牵绳需要股数为

$$n_{股} = \frac{S}{0.9P_{许}} \tag{4-2-5}$$

式中　$P_{许}$——一股镀锌铁线或盘条的许用拉力，kN。

3. 拉牵加固注意事项

使用镀锌铁线、盘条、钢丝绳拉牵加固的方式主要有大八字形、小八字形、倒八字形、交叉形、又字形及反又字形等，如图 4-2-8 所示。各种拉牵方式可单独使用，也可两种或两种以上组合使用。

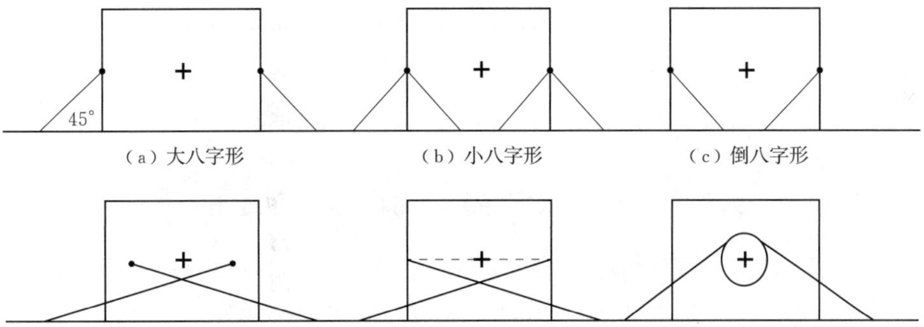

（a）大八字形　（b）小八字形　（c）倒八字形

（d）交叉形　（e）又字形　（f）反又字形

图 4-2-8　拉牵加固方式

拉牵加固时注意事项如下：

(1)尽可能采取对称拉牵。

(2)同一方向拉牵绳根数不宜过多。数量过多时，很难做到松紧度一致，拉牵绳受力不均，当遇到车辆运动状态急剧变化时，容易逐个被拉断。

(3)同一件货物不要采用抗拉刚度不同的材料进行拉牵，如不应同时既用钢丝绳，又用多股镀锌铁线拉牵。

(4)用多股镀锌铁线或盘条拉牵时，每根拉牵绳的各股线长要力求一致，用绞棍绞紧并防止松弛，但不能损伤镀锌铁线或盘条。

(5)用钢丝绳拉牵时，应采用配套的钢丝绳夹。使用紧线器作连接装置时，紧线器强度应该与钢丝绳强度匹配。

(6)拉牵绳与货物和车辆接触处容易磨损拉牵绳时，须加防磨衬垫。

【例 4-2-1】　钢结构货物一件，重 28 t，长 11 m，宽 2.8 m，高 2.4 m，重心位于其长度中央，距支重面高 1 m 处。拟用 N17K 型平车一辆均衡装载，如图 4-2-9 所示。N17K 型平车地板宽度为 2.98 m，自重按 19.7 t 计算，重车总重为 47.7 t。

经计算，货物不可能发生纵向或横向倾覆，但可能发生纵、横方向移动。货物上，于距其重心所在横向垂直平面 4.2 m、距重心所在纵向垂直平面 0.8 m，且从支重面起算高度为 0.5 m 的位置，分别设有两处可供拉牵加固的拴结点。采用拉牵加固，试计算每根拉牵绳应承受的力。

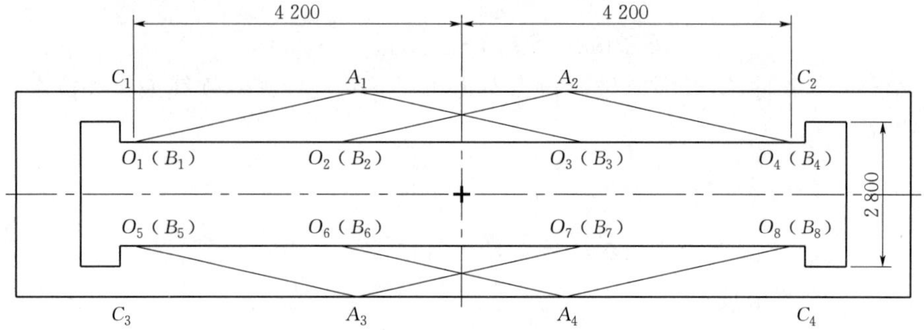

图 4-2-9　例 4-2-1 货物装载加固方案(单位:mm)

【解】 (1)运输过程中作用于货物上的力。

$$T=(0.001\,2Q_{总}^2-0.32Q_{总}+29.85)Q$$
$$=(0.001\,2\times47.7^2-0.32\times47.7+29.85)\times28$$
$$\approx484.9(\text{kN})$$

$$N=\left(2.82+2.2\frac{a}{l}\right)Q=2.82\times28\approx79.0(\text{kN})$$

$$Q_{垂}=\left(3.54+3.78\frac{a}{l}\right)Q=3.54\times28\approx99.1(\text{kN})$$

$$W=qF=0.49\times11\times2.4\approx12.9(\text{kN})$$

$$F_{纵摩}=9.8\mu Q=9.8\times0.4\times28\approx109.8(\text{kN})$$

$$F_{横摩}=\mu(9.8Q-Q_{垂})=0.4\times(9.8\times28-99.1)\approx70.1(\text{kN})$$

(2)需要加固装置承受的力。

防止货物移动需要加固装置承受的纵向和横向力为

$$\Delta T=T-F_{纵摩}=484.9-109.8=375.1(\text{kN})$$

$$\Delta N=1.25(N+W)-F_{横摩}=1.25\times(79+12.9)-70.1\approx44.8(\text{kN})$$

(3)每根拉牵绳应承受的力。

采取对称拉牵,拉牵绳在货物上拴结点的高度 $BO=0.5$ m,$BC=2.98/2-0.8=0.69$(m)。设 $AC=3$ m,每个方向四根拉牵绳,每根拉牵绳应承受的拉力计算如下:

防止货物纵向移动时:

$$S_{纵移}=\frac{\Delta T}{nAC}\sqrt{AC^2+BC^2+BO^2}=\frac{375.1}{4\times3}\times\sqrt{3^2+0.69^2+0.5^2}\approx97.5(\text{kN})$$

防止货物横向移动时:

$$S_{横移}=\frac{\Delta N}{nBC}\sqrt{AC^2+BC^2+BO^2}=\frac{44.8}{4\times0.69}\times\sqrt{3^2+0.69^2+0.5^2}\approx50.6(\text{kN})$$

要求拉牵绳既能防止货物纵向移动,又能防止货物横向移动,则拉牵绳必须能够承受 97.5 kN 的力。当用钢丝绳做拉牵绳时,许用拉力取其破断拉力的二分之一,则其破断抗拉力不得小于 195.0 kN。

当计算得到拉牵绳须承受的力值较大时,可选用钢丝绳双股拉牵,这样可以用直径较小的钢丝绳以便于操作。

三、腰箍加固

使用钢丝绳、扁钢带等加固材料从货物上部把货物下压捆绑(箍)在车辆上的加固,称为腰箍加固或下压加固,如图 4-2-10 所示。

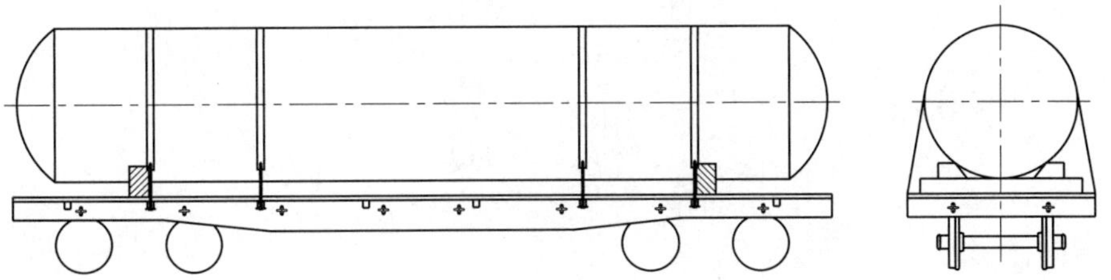

图 4-2-10 圆柱形货物腰箍加固

腰箍可用钢丝绳、扁钢带等制成。腰箍加固的原理是利用腰箍的拉力增大货物对垫木(或垫木对车底板)之间的正压力,以增加摩擦力,防止货物移动或滚动。

1. 腰箍使用方法

(1)腰箍两端应分别与车辆拴结点或钢座架相连,其预紧力应达到设计要求。

(2)通过螺栓张紧腰箍时须用双螺母紧固。

(3)腰箍可与螺旋式紧线器配合使用。

(4)腰箍与货物接触处可加垫橡胶垫等。

2. 顺向卧装圆柱形货物的加固计算

腰箍主要用于加固顺装的圆柱体货物。当圆柱体货物的掩挡高度(或鞍座凹口深度)未达到规定要求,导致其无法有效防止货物滚动时,必须确保腰箍具备足够的拉力数值,这样才能避免货物出现横向滚动的情况。同时,还能起到防止货物发生纵向移动的作用。

当使用 $n_{腰}$ 道腰箍时,每道腰箍应承受的力 $P_{腰}$ 确定如下:

防止货物移动时:

$$P_{腰}^{移}=\frac{\max\{\Delta T,\Delta N\}}{2n_{腰}\,\mu\cos\gamma}\quad(\text{kN})\tag{4-2-6}$$

式中 μ——货物与垫木、垫木与车地板或货物与车地板间的摩擦系数,取其较小者;

γ——腰箍两端拉直部分与车辆纵向垂直平面间的夹角。

防止货物滚动时:

$$P_{腰}^{滚}=\frac{1.25(N+W)(R-h_{掩}-h_{凹})-9.8Qb}{2n_{腰}\,b\cos\gamma}\quad(\text{kN})\tag{4-2-7}$$

既防止货物移动,又防止货物滚动,则每道腰箍应承受的拉力应满足

$$P_{腰}\geqslant\max\{P_{腰}^{移},P_{腰}^{滚}\}\quad(\text{kN})$$

用钢带作腰箍时,扁钢带的截面积 F 应满足:

$$F\geqslant\frac{10P_{腰}}{[\sigma]}\quad(\text{cm}^2)\tag{4-2-8}$$

式中 $[\sigma]$——钢带的许用应力,MPa。

用钢丝绳做腰箍时,其破断抗拉力不得小于 $2P_{腰}$。

3. 箱型货物的加固计算

当箱形货物无栓结点时，可采用腰箍加固的方法。腰箍可防止箱型货物发生倾覆和移动。

使用 $n_{腰}$ 道腰箍加固时，每道腰箍需要承受的力确定如下：

防止纵向或横向移动时：

$$P_{腰}^{移}=\frac{\max\{\Delta T,\Delta N\}}{2n_{腰}\ \mu\cos\gamma}\quad(\mathrm{kN})\tag{4-2-9}$$

防止纵向倾覆时：

$$P_{腰}^{纵倾}=\frac{1.25Th-9.8Qa}{2(l_1+l_2+\cdots+l_n)\cos\gamma}\quad(\mathrm{kN})\tag{4-2-10}$$

防止横向倾覆时：

$$P_{腰}^{横倾}=\frac{1.25(Nh+Wh_{风})-9.8Qb}{n_{腰}\ B\cos\gamma}\quad(\mathrm{kN})\tag{4-2-11}$$

式中　a,b——货物重力的稳定力臂，mm；

$l_1,l_2,\cdots,l_n$——每道腰箍所在横向垂直平面至货物纵向倾覆点之间的距离，mm；

B——货物的宽度，mm。

既防止移动又防止倾覆，每道腰箍应承受的力应满足

$$P_{腰}\geqslant\max\{P_{腰}^{移},P_{腰}^{纵倾},P_{腰}^{横倾}\}$$

一般采用钢丝绳作腰箍，钢丝绳的破断拉力不得小于 $2P_{腰}$。

4. 腰箍加固注意事项

采用腰箍加固时，应注意下列事项：

(1)货物必须能够承受腰箍的压力。木箱包装的货物，外壳较薄易于损坏的物体，不宜采用腰箍加固。

(2)腰箍紧固部件(如张紧螺栓、正反扣螺栓、紧绳器等)的强度，必须与腰箍的强度匹配。

(3)加固时腰箍的拉力(张紧力)必须达到要求的程度。

(4)怕磨损的货物使用腰箍加固时，应在腰箍和货物间加防护衬垫。

四、掩挡加固

圆柱形、球形货物和轮式货物，可以采取加掩挡的办法防止其滚动。掩挡包括三角挡(木制、铁制、铁塑制等)、木掩、钢掩、轮挡(木制或铁制)等，既可以单独使用，也可以配合其他加固方法使用。

1. 掩挡加固的计算

单独使用掩挡防止圆柱形、球形货物和轮式货物滚动的加固方法如图 4-1-7 所示。加固的效果主要取决于掩挡的高度 $h_{掩}$。

单独使用掩挡防止圆柱形、球形货物和轮式货物纵向滚动时，掩挡的需要高度为

$$h_{掩}\geqslant(0.3744-0.0018Q_{总})D\tag{4-2-12}$$

式中　D——货物的直径或轮径，mm。

单独使用掩挡防止圆柱形、球形货物以及轮式货物横向滚动时，掩挡的需要高度为

$$h_{掩}\geqslant0.08D\tag{4-2-13}$$

在实际工作中，如果掩挡的高度低于防止货物滚动要求的高度时，可以同时使用腰箍加固。

【例 4-2-2】 钢制圆柱体货物一件，重 30 t，长 11.5 m，直径为 2 000 mm，自带高度为 100 mm 的钢鞍座两个，鞍座鞍口深度为 160 mm，货物与鞍座间垫有 10 mm 厚的胶垫，拟用 N17K 型木地板平车均衡装载，采用 6 道腰箍加固方式，根据货物直径及鞍座及车辆宽度计算可得 $\gamma=21^\circ$，另有 $\mu=0.4$ 试确定腰箍的拉力及规格。

【解】 N17K 型平车自重按 19.7 t 计算，重车总重为 49.7 t。

(1)计算作用于货物上的各种力。

$$\begin{aligned}T&=(0.001\,2Q_{总}^2-0.32Q_{总}+29.85)Q\\&=(0.001\,2\times49.7^2-0.32\times49.7+29.85)\times30\\&\approx507.3(\text{kN})\end{aligned}$$

$$N=\left(2.82+2.2\,\frac{a}{l}\right)Q=2.82\times30=84.6(\text{kN})$$

$$Q_{垂}=\left(3.54+3.78\,\frac{a}{l}\right)Q=3.54\times30=106.2(\text{kN})$$

$$W=qF=0.245\times11.5\times2\approx5.7(\text{kN})$$

$$F_{纵摩}=9.8\mu Q=9.8\times0.4\times30=117.6(\text{kN})$$

$$F_{横摩}=\mu(9.8Q-Q_{垂})=0.4\times(9.8\times30-106.2)\approx75.1(\text{kN})$$

(2)计算需要加固材料或装置承受的力。

货物自带鞍座的鞍口深度为 160 mm，满足防止货物横向滚动要求的掩挡高度($h_{掩}=0.08D=160$ mm)，无须再采取防止货物横向滚动的加固措施。防止货物水平移动需要加固材料或装置承受的水平力为

$$\Delta T=T-F_{纵摩}=507.3-117.6=389.7(\text{kN})$$

$$\Delta N=1.25(N+W)-F_{横摩}=1.25\times(84.6+5.7)-75.1\approx37.8(\text{kN})$$

(3)计算腰箍拉力。

采用 6 道腰箍，每道腰箍应承受的拉力为

$$P_{腰}^{移}=\frac{\max\{\Delta T,\Delta N\}}{2n_{腰}\,\mu\cos\gamma}=\frac{389.7}{2\times6\times0.4\times\cos21^\circ}\approx87.3(\text{kN})$$

用钢丝绳作腰箍，钢丝绳的破断抗拉力不得小于 174.6 kN。

2. 掩挡使用方法

轮式货物，如汽车、拖拉机及其他带轮机械，多采用三角挡或轮挡加固。如果车辆或机械没有走行驱动装置，无法挂挡(如拖车)，也不能进行可靠制动，需要单独靠三角挡或轮挡防止其滚动时，应在每个轮子前后都加三角挡或轮挡；若同时采用拉牵加固，可只在前轮之前和后轮之后加三角挡或轮挡。如果带轮车辆或机械可以挂挡并进行可靠制动，其在平车上不可能发生滚动，相当于平支承面的货物，常用的方法是在采用拉牵加固的同时，使用三角挡或轮挡。在这种情况下，三角挡或轮挡只起挡木的作用，只有制动失效时，才起掩挡的作用。

掩挡的高度系指掩挡与货物接触点自货物底部(最低处)所在水平面起算的高度。不少圆柱形货物自身带有鞍座，鞍座口深度相当于掩挡高度。有时圆柱形货物下加有垫木，在垫木上开有鞍形切口，同时加有掩挡，如图 4-2-11 所示。在这种情况下，鞍形切

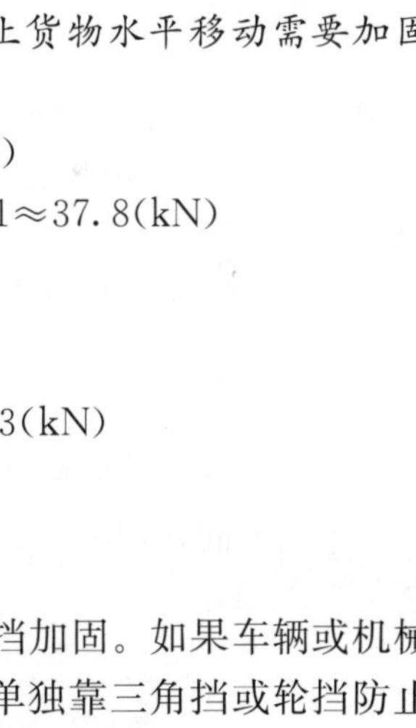

图 4-2-11　鞍形切口

口与所加掩挡共同起防止货物滚动的作用。如果鞍形切口深度不小于掩挡的需要高度，可以不使用掩挡；如掩挡高度符合要求，则无须在横垫木上挖鞍形切口。

3. 掩挡加固注意事项

采用掩挡加固时，须注意下列事项：

(1)加固圆柱形货物及轮式货物时，可使用三角挡或掩木、方木、凹木等加固材料，其规格应根据货物的重量、直径(或轮径)等确定。

(2)使用三角挡或掩木掩挡轮式货物时，其一侧斜面应与货物贴实，底面与车地板接触处应平整。

(3)掩挡与车地板或垫木的联结强度必须足以防止其自身不会移动或倾覆。

大型圆柱体货物使用的掩挡多固定在垫木上，每个掩挡一般用两个螺栓固定，如图 4-2-12 所示。

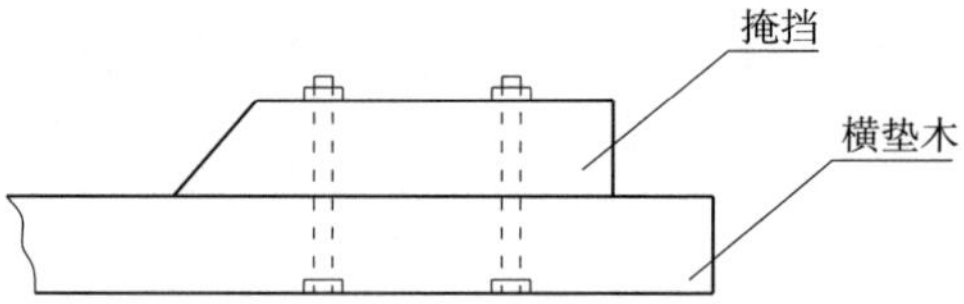

图 4-2-12　掩挡在横垫木上的固定

螺栓的直径 d 计算如下：

防止货物纵向滚动时：

$$d \geqslant \sqrt{\frac{20\Delta T}{n_{掩}\pi[\tau]}} \quad (\text{cm})$$

防止货物横向滚动时：

$$d \geqslant \sqrt{\frac{20\Delta N}{n_{掩}\pi[\tau]}} \quad (\text{cm})$$

式中　$n_{掩}$——同一方向的掩挡数量。

(4)掩挡仅可以阻止货物向掩垫的方向滚动和移动，对于顺装的圆柱形货物(横向掩挡)和横装的圆柱形货物(纵向掩挡)，在货物的轴向并未进行加固，为了保证运输安全，应同时采用其他加固方法防止货物沿其轴向移动。

五、阻挡加固

对于平支承面货物，可以采用在其周围加挡木或钢挡的方法，防止其发生移动。

平支承面货物用木地板平车装载时，可以在其两端和两侧加挡木或钢挡防止货物移动，如图 4-2-13 所示。

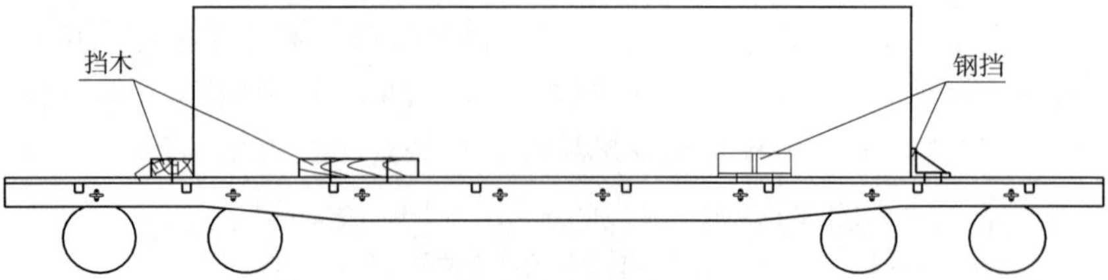

图 4-2-13　阻挡加固

挡木或钢挡用钉子或扒锔固定在车地板上，其加固强度取决于车地板对钉子或扒锔的握裹力和每个挡木或钢挡上所钉的钉子数量。固定每个挡木或钢挡需要的钉子或扒锔子的数量 $K_{钉}$，可按下式计算：

防止货物纵向移动时：

$$K_{纵钉}=\frac{\Delta T}{n_{挡}\ S_{钉}}\quad（个）$$

防止货物横向移动时：

$$K_{横钉}=\frac{\Delta N}{n_{挡}\ S_{钉}}\quad（个）$$

式中　$n_{挡}$——货物同一端（侧）挡木或钢挡的数量，个；

$S_{钉}$——车地板对每个钉子或扒锔的握裹力，kN。

采用阻挡加固时，挡木或钢挡的高度不宜过大，否则受力后容易翻倒；钉子的长度应保证能将车地板接近钉透，直径不宜过小，以争取有较大的握裹力；如果车地板损坏严重或朽蚀，则不应采用阻挡加固；由于挡木或钢挡与车地板的联结强度不大，重量较大的货物（ΔT、ΔN 较大）不宜选择阻挡加固。

用铁地板长大货物车装运的货物，可以采用在货物周围加焊钢挡的方法防止货物移动。在货物同一端或同一侧加焊钢挡的数量，取决于需要钢挡承受的力 ΔT 或 ΔN，在同一端（或一侧）可以加焊 1～4 个钢挡。钢挡的加固强度取决于钢挡与车地板间的焊缝长度。

同一端（或一侧）加焊 $n_{挡}$ 个钢挡时，每个钢挡需要的焊缝长度可按下式确定：

纵向：

$$l_{纵}=\frac{10\Delta T}{0.7n_{挡}\ K_{焊}[\tau]}\quad(\text{cm})$$

横向：

$$l_{横}=\frac{10\Delta N}{0.7n_{挡}\ K_{焊}[\tau]}\quad(\text{cm})$$

式中　$K_{焊}$——焊脚高度，cm；

$[\tau]$——焊缝的许用剪切应力，MPa，一般取 60～70 MPa。

六、衬垫加固

1. 垫木与隔木

装运货物时，为增大货物支重面的长度和宽度，降低超限等级或避免超长货物突出部分底部与游车车地板接触，必要时需使用纵横垫木。在分层装载货物时，特别是金属制品，为防止层间货物滑动，必须使用隔木。

横垫木和隔木的长度一般不应小于货物装载宽度，但不人于车辆的宽度。垫木的宽度不得小于高度。垫木和隔木常用规格尺寸见表 4-2-4。

表 4-2-4　垫木和隔木常用规格尺寸

名　称	规格尺寸/mm			要　　求
	长	宽	高(厚)	
横垫木	2 700～3 000	150	140	装载超长货物时横垫木的高度根据突出车端长度计算确定
纵垫木	—	150	140	—
隔　木	—	100	35	横向铺放时，长度不得小于货物的装载宽度

注：本表规定的规格，如不能适应所装货物需要，应在具体装载加固方案中明确。

2. 条形草支垫、稻草绳把、稻草垫、橡胶垫

(1)条形草支垫、稻草绳把。

条形草支垫、稻草绳把用于支承货物并起防滑作用,既可置于车地板之上,也可置于货物层间。同层货物下衬垫的条形草支垫规格应相同。

条形草支垫的质量应满足《装载加固材料和装置　第 2 部分:条形草支垫》(TB/T 3079.2—2003)的要求。常用条形草支垫规格尺寸见表 4-2-5。应严格控制货物装车时的温度,以防条形草支垫焦煳、燃烧造成失效。

表 4-2-5　条形草支垫规格尺寸　　单位:mm

型号	D30	D70	D100	D120
长度	1 450±10	1 450±10	1 450±10	1 450±10
宽度	160+5	160+5	160+5	160+5
高度	30+10	70+10	100+10	120+10

注:1. 长度可根据实际需要确定,装车后每端露出货物边缘不小于 100 mm(货物装载宽度与货车内宽接近时除外)。
2. 本表规定的规格,如不能适应所装货物需要,应在具体装载加固方案中明确。

常用稻草绳把规格:直径为 110~120 mm,长度为 1 450 mm。单根稻草绳把允许承载 150 kN,且压实后高度不得小于 40 mm。稻草绳把的长度可根据实际需要确定,装车后每端露出货物边缘不小于 100 mm(货物装载宽度与货车内宽接近时除外)。

(2)稻草垫。

稻草垫一般铺垫于货物与车地板间或货物层间用作防滑衬垫材料。稻草垫厚度不得小于 30 mm,压实后不得小于 10 mm。铺垫稻草垫时,其露出货物边缘四周的裕量不得小于 100 mm(货物装载宽度与货车内宽接近时除外)。

(3)橡胶垫。

橡胶垫一般置于货物与车地板间或货物层间用作衬垫、防滑材料,要求抗压强度高,硬度适中;或置于拉牵加固材料与货物、车辆棱角接触处用作防磨材料,要求抗拉强度高;或置于货物与阻挡加固材料间作为缓冲材料。

橡胶垫在安放、使用过程中,应避免与油脂等油类物质及其他对橡胶有害的物质接触。橡胶垫不得使用再生橡胶制作。

典型工作任务 3　阔大货物装载加固方案设计

学习目标

1. 能力目标

(1)能够依据货物分类查找相应的定型方案和试运方案,对指定的货物参照定型方案选择比照方案。

(2)能够依据阔大货物特点,设计装载加固方案。

2. 知识目标

(1)了解铁路现行装载加固方案。

(2)依据货物特点,掌握装载加固方案设计要点。

3. 素质目标

(1)培养职业责任感和道德意识,在工作中始终坚守诚信、公正和专业的原则。

(2)在装载加固方案设计和实施过程中培养合作精神与创新精神。

安全案例

货物窜动造成车辆小门损坏

(1)事故概况:某日16:03,××××次列车进入A站4道停车待避。15:57A站助理值班员出务接车作业,16:08发现机后第4位车辆因装载的轧辊坯加固线脱落造成窜动后将右侧第1个小门损坏,外涨250 mm,立即通知车站甩车处理,及时防止了一起可能发生的事故。

(2)原因分析:货运人员业务素质不高,责任心不强,对货物装载方案中的钢材类货物装载及加固方法心中无数,致使货物未按相应方案装载加固。在出矿检查时,没有严格认真执行作业标准,未执行签认制度,造成装载加固不良车辆带病出矿。

相关知识

一、装载加固方案管理

货物的装载加固方案是实施货物装载与加固的基本依据。实践证明,装载不当、加固不良,往往引发重车脱轨、列车颠覆等重大行车事故。装车之前制订科学的装载加固方案,装车时严格按方案进行装载和加固,是确保运输安全的重要条件。

装载加固方案是一项技术工程,是规章的具体落实。在我国,铁路货运工作者在长期实践的基础上,结合我国国情和铁路运输实际,总结制订出一套铁路运输装载加固方案。它的公布实施对于保证铁路运输安全具有重要的作用。装载加固方案并非一成不变的,随着科技进步,新产品层出不穷,为了方便托运部门组织运输,且能保证运输安全,装载加固方案不断地修订、完善,更为规格化、标准化。

1. 装载加固方案的种类

装载加固方案是根据货物的属性、铁路运输技术要求和车辆结构特点而制订的货物在车辆上的装载加固的方法和相关技术条件。

铁路货物装载加固方案分为装载加固定型方案(以下简称定型方案)、装载加固暂行方案(以下简称暂行方案)和装载加固试运方案(以下简称试运方案)。

定型方案系《加规》附件1所列方案,是铁路明定品名与规格的定型方案,此方案系列化程度较强、覆盖范围也比较广,是一个规范性的文件,与《加规》具有同等效力,是执行按方案装车制度和装车质量签认制度的基本依据。托运人和承运人签订有关协议时都应该严格遵守和执行。

暂行方案系由铁路局集团公司审批报国铁集团备案的铁路局集团公司明定的货物装载加

固方案，是对定型方案的有效补充，这些方案很可能在适当时机被纳入定型方案。同时，暂行方案不应与定型方案相抵触，也不应重复。铁路局集团公司审批的暂行方案适用范围均为管内各装车站和托运人。

试运方案是根据货物特性，其装载加固方案可能突破《加规》规定，但经过论证、试验证明其安全性，且需要实际运输进一步检验的方案。

2. 定型方案的内容

为了便于管理，定型方案按货物品类划分类项，共分为 11 类。定型方案以 6 位阿拉伯数字代码编号，从左至右，第 1、2 位为类别代码，第 3、4 位为项别代码，第 5、6 位为顺序码。

每个品名的定型方案包括内容如下：

①定型方案示意图。

②货物规格。指明货物的重量范围、外形尺寸情况及货物性质。在此内容中，还应指明对货物的包装要求。

③准用货车。指明车辆的使用限制情况。

④加固材料(装置)。指出所用加固材料的种类。

⑤装载方法。确定出了合理、具体的装车方案。

⑥加固方法。确定了装车后具体的加固措施，按方案加固即是严格按此条规定进行加固。

⑦其他要求。规定的是一些有关装载加固的特殊规定或强调装载加固后的附属工作。

【例 4-3-1】 定型方案示例。

方案编号：040103，如图 4-3-1 所示。

4 000～6 000 mm 原木

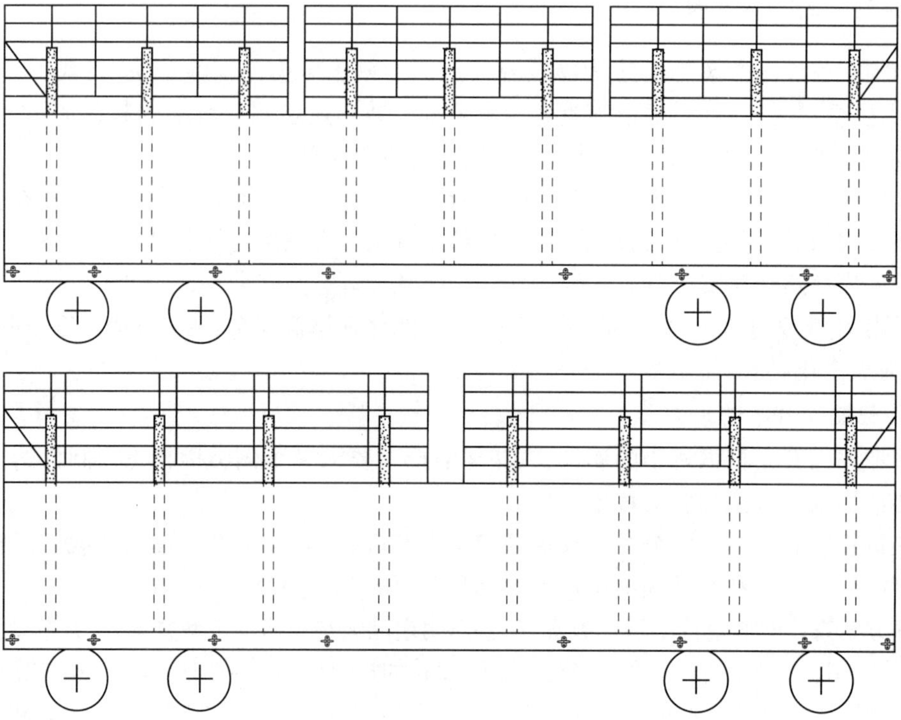

图 4-3-1　原木定型方案

(1)货物规格:4 000～6 000 mm 原木。

(2)准用货车:60 t、61 t 通用敞车。

(3)加固材料:8 号镀锌铁线,直径不小于 7 mm 的钢丝绳(最小破断拉力 25.1 kN),固定捆绑铁索,U 形钉,木支柱。

(4)装载方法:

①4 000 mm 材每车装 3 垛,每垛使用 3 对支柱,5 000 mm、6 000 mm 材每车装 2 跺,每垛使用 4 对支柱。

②装车时应做到大小头颠倒,紧密排摆,紧靠支柱,压缝挤紧,两端原木向货车中部倾斜,不得形成向外溜坡。

③紧靠支柱顶部原木不得超过支柱。

④紧靠支柱原木两端超出支柱的长度(由支柱中心线算起)不得小于 200 mm。

(5)加固方法:

①支柱必须选用坚实圆直木材,长度不得超过 2 800 mm。

②每对支柱捆绑 1 道腰线,松紧适度,使上层与下层木材密贴,不得卡住车辆侧墙,腰线距支柱顶端距离不小于 100 mm。

③腰线均用镀锌铁线 6 股拧成 1 根,两端各 3 股交叉缠绕支柱 2 周后,拧固 3 周。使用固定捆绑铁索时,用游线 3 股穿入固定捆绑铁索环内,缠绕支柱 2 周,拧固 3 周,腰线及游线余尾折向车内。

④每对支柱上部捆绑封顶线 4 股(2 周),在腰线下部缠绕支柱 2 周后拧紧。

3. 装载加固方案的管理

(1)定型方案管理。

定型方案的补充、优化和试运方案的审批管理工作由国铁集团负责,定型方案长期有效。

国铁集团货运部负责组织不定期按区域对铁路局集团公司暂行方案质量进行检查,组织每年增补一次定型方案。铁路局集团公司应于每年 6 月底前提出增补定型方案申请,申请增补为定型方案的应是符合《加规》规定、铁路局集团公司组织装运过、经实践检验安全可靠、方案内容(格式、表述、制图、计算说明书或论证试验报告)符合要求的暂行方案;铁路局集团公司应同时提供执行方案的主要装车站、近 3 年的装车总数和执行简况以备核查。

(2)暂行方案管理。

暂行方案的审批管理工作由铁路局集团公司货物装载加固主管部门负责。铁路局集团公司应明确直属货运站段装载加固方案审批的范围并严格控制审批权限,加强方案制订工作的监督检查;一经发现站段违规批复或出现方案质量严重问题,应立即停止执行相应方案并及时收回相应的审批职权。

卷钢暂行方案应由铁路局集团公司审批,重大并涉及普遍性的试运事项由国铁集团组织立项专题研究。

铁路局集团公司及其直属货运站段应明确方案审批流程和工作标准,并对装载加固方案实行集体审核制度。

铁路局集团公司应建立暂行方案电子化档案,每月月底前将批准的暂行方案电子版报国铁集团货运部备案。

暂行方案有效期由铁路局集团公司规定。到期后凡需继续执行的,方案执行单位应在有效期结束前一个月将方案执行情况和下一步运用请求逐级审核上报铁路局集团公司，经批准后方可继续实施。逾期未报的，原暂行方案自行废止。

(3)试运方案管理。

①试运方案编号由试运标识、试运年份和顺序代码组成。如：SY(SYC)2025-01，SY 表示是试运方案，SYC 表示的是试运材料；2025 年执行时的顺号为 01。

②铁路局集团公司组织装车站按批准的试运方案组织试运，试运工作要精心组织，根据实际情况进行押运或跟踪监测。

③铁路局集团公司和装车站应严格控制和掌握试运方案的试运范围，未经国铁集团货运部批准，任何单位不得扩大试运范围。

④装车站要建立试运方案管理台账，对试运方案从严掌握，装后对货物装载加固状态进行影像留存，并在货物运单"承运人记事"栏内记明方案编号；装车铁路局集团公司要组织提出按试运方案装车的货物装载加固状况检查重点表，随同货物运单一同寄送到站；到站要按照检查重点表内容进行重点检查和确认，并留存备查；到站、中途站发现问题时，除按规定处理外。同时向国铁集团货运部及发送铁路局集团公司、发站拍发电报，未拍发电报的，追究到站或中途站责任。

国铁集团货运部和装车铁路局集团公司对试运过程中出现严重安全隐患的，应予立即停止试运、分析原因，整改到位后可继续试运。

⑤每年年底前，装车铁路局集团公司应将试运总结(装车量，装车过程或到站、中途站发现的主要问题及解决措施)和下步运用建议以局函(电)报国铁集团货运部。试运满 1 年后且能证明试运效果良好的，可提出扩大试运范围申请。对匿报、谎报试运问题并经查实的，予以通报批评；情节严重的，取消其试运资格。

⑥试运方案不跨年度，连续试运期限一般不超过 3 年。试运到期后，装车铁路局集团公司应将整体试运情况及下步运用建议以局函(电)报国铁集团货运部，经专家审查后，将安全可靠的方案纳入定型方案管理。

4. 装载加固方案的执行

托运人托运货物时，应详细提供货物的外形尺寸、单件重量、重心位置、支重面长度及宽度、货物运输安全的特殊要求等相关资料；对货物的活动部位(部件)、货物的装载加固特殊要求及涉及货物和运输安全方面的其他重要情况，托运人须提出书面说明并盖章或签字，对内容的真实性负完全责任。

凡使用铁路敞车、平车、长大货物车及敞、平车类专用货车装运的成件货物，有定型方案、暂行方案和试运方案的，一律严格按方案装车。

与既有定型方案和暂行方案中货物规格相近，装载加固方法相同并且使用相同车辆装载的货物，由装车站提出比照申请(试运方案和超过有效期的暂行方案不得比照)，发送铁路局集团公司或直属货运站段按权限确认后批准装车站执行，并纳入暂行方案管理。

暂无方案的，由托运人向装车站申报计划装载加固方案(以下简称计划方案)，或由装车站组织制订计划方案并经托运人同意，必要时还应同时提出装载加固计算说明书或论证报告，并按权限报批。经专家审查合格后，准许试运。试运方案的论证、试验程序和管理必须遵守《加规》有关规定。

5. 装载加固方案的有效期

(1)定型方案长期有效。

(2)暂行方案有效期及比照方案有效期由铁路局集团公司规定。

(3)试运方案不跨年度,连续试运期限一般不应超过3年。

凡需继续执行的暂行方案和试运方案,方案执行单位须在有效期结束前一个月将方案执行情况(试运方案为试运总结)和下一步运用请求逐级上报方案批准单位,经审查批准后方可继续实施。

逾期未申报者,原暂行方案和试运方案自行废止。

二、设计装载加固方案

1. 制订装载加固方案的要求

铁路部门在确定装载加固方案时,应本着"安全、经济"的原则,合理选车,合理明确装载加固方式,防止过度使用装载加固材料,要求如下:

(1)确保合理性,符合《加规》要求,能够保证运输安全。

(2)考虑经济性,例如对车辆载重能力的利用率最高,超限等级最低,加固方法简便,易于实施,加固材料最节省等。

2. 制订装载加固方案的程序

一般来说,货物装载加固方案设计工作可按如下程序进行:

(1)了解货物的特点和运输要求。

充分了解掌握制订方案时依据的有关货物的所有技术数据,如重量、结构特点、外形尺寸、重心位置、支重面尺寸、加固作用点位置及强度等,具体应做好以下工作:

①可能采取跨装运输的货物,应了解支点位置及支重面形状和尺寸。

②尺寸过大,受沿途实际限界限制,通行困难较大,有可能拆解一些部件的货物,或有可能通过旋转一定角度,降低超限等级或程度的货物,应了解拆解或旋转后的相应尺寸。

③自带横垫木(或支座、支架、鞍座)的货物,应掌握横垫木(或支座、支架、鞍座)的有关数据及支点位置。

④有加固拴结点的货物,应掌握拴结点位置和加固强度,无加固拴结点时,应考虑可能采用的加固方法和加固作用点的位置。

⑤重量较大,木箱或薄壳金属包装箱包装的货物,应了解在哪些位置可以承受加固作用力,适于采取何种加固方式。

⑥运输上有特殊要求的货物,如预应力混凝土桥梁支点位置不得随意改变,应了解其确切位置。

⑦带有精密仪表的货物怕震动,应了解其防震要求。

(2)制订装载方案。

了解货物的特点和运输要求后,确定装载方案:

①选择车辆。

选择合适的车辆,确定货物在车辆上的合理位置。

装车前应正确选择车辆,遵守货车使用限制表及有关规定。

②确定装载位置。

选车和确定装载位置时,应尽可能降低货物的超限等级和重车重心高度,同时注意避免集重装载。

③确定装载方法。

当需要使用横垫木(或支座、鞍座、支架)时,应明确横垫木在车辆上的安放位置。超长货物的垫木或转向架的高度,必须满足《加规》要求。

④确定货物的超限等级和重车重心高度。

以上要求均满足后,进而确定货物的超限等级和重车重心高度。

⑤选择最优装载方案。

如果一件货物可能的装载方案有两种以上,应通过各方案的技术经济指标比较,优选出对车辆载重能力利用率最高,货物超限等级和重车重心高度最低,对运输干扰最小的方案。

(3)制订加固方案。

确定装载方案之后,确定加固方案:

①计算作用于货物上的力及需要加固装置承受的力。

②选择加固方法。

③确定加固强度,即加固材料或装置的需要数量及其规格或承受载荷的能力。

通常在货物的装载方案确定之后,加固方案也已基本确定。例如用木地板平车装载时,一般采用拉牵或腰箍加固;用铁地板长大货物车装载时,多采用腰箍或钢挡加固;对于有防震要求的货物,应避免采用刚性加固,必须用钢挡加固时,应在钢挡和货物之间加缓冲胶垫。

对同一件货物,一般不应同时采用两种不同的加固方法,特别应避免刚性加固和柔性加固同时并用。

总之,制订阔大货物装载加固的步骤主要包括分析阔大货物特性、选择装运车辆、初步确定装车方案、确定货物超限等级、计算运行中作用于货物上的力值、检验货物稳定性、选择加固材料与加固装置、计算加固强度、确定加固材料的型号及数量。

【例 4-3-1】 客户发送抽油机一件,重 18 t,货物尺寸 12 200 mm×2 590 mm×3 100 mm,货物重心高度 1 770 mm。使用标重 60 t 的 N17T 型车(车地板高 1 209 mm,车地板长 13 000 mm,车地板宽 2 980 mm,销距 9 000 mm,自重 20.2 t)均衡装载,试确定加固方案。

【解】 (1)计算各种力的数值。

①纵向惯性力:

$$
\begin{aligned}
T &= t_0 Q \\
&= (0.0012Q_{总}^2 - 0.32Q_{总} + 29.85)Q \\
&= [0.0012\times(20.2+18)^2 - 0.32\times(20.2+18) + 29.85]\times 18 \\
&\approx 348.788(\mathrm{kN})
\end{aligned}
$$

②横向惯性力:

$$N = n_0 Q = \left(2.82 + 2.2\frac{a}{l}\right)Q = 2.82\times 18 = 50.760(\mathrm{kN})$$

③垂直惯性力:

$$Q_{垂} = q_{垂} Q = 3.54 + 3.78\frac{a}{l}Q = 3.54\times 18 = 63.720(\mathrm{kN})$$

④风力：

$$W=qF=0.49\times12.2\times3.1\approx18.532(\text{kN})$$

⑤摩擦力：

$$F_{纵摩}=9.8\mu Q=9.8\times0.4\times18=70.560(\text{kN})$$

$$F_{横摩}=\mu(9.8Q-Q_{垂})=0.4\times(9.8\times18-63.720)\approx45.072(\text{kN})$$

(2)检验货物的稳定性。

①倾覆方面：

$$\eta_{纵倾}=\frac{9.8Qa}{Th}=\frac{9.8\times18\times6\ 100}{348.377\times1\ 770}\approx1.74,即\ \eta_{纵倾}>1.25$$

$$\eta_{横倾}=\frac{9.8Qb}{Nh+Wh_{风}}=\frac{9.8\times18\times1\ 295}{50.760\times1\ 770+18.532\times1\ 550}\approx1.92,即\ \eta_{横倾}>1.25$$

经检验，货物不会发生倾覆。

②移动方面：

$$\Delta T=T-F_{纵摩}=348.788-70.560=278.228(\text{kN}),即\ \Delta T>0$$

$$\Delta N=1.25(N+W)-F_{横摩}=1.25\times(50.760+18.532)-45.072=41.543(\text{kN}),即\ \Delta N>0$$

计算结果表明，货物有发生纵、横方向移动的可能性，需要加固。

(3)加固方法与加固强度的确定。

考虑货物上有捆绑环，采用拉牵加固易操作。$AC=1\ 450$ mm，$BC=(2\ 980-2\ 590)/2=195$(mm)，$OB=1\ 770$ mm。

$$AO=\sqrt{AC^2+BC^2+BO^2}=\sqrt{1\ 450^2+195^2+1\ 770}\approx2\ 296(\text{mm})$$

防止货物纵向、横向移动钢丝绳应承受的拉力：

$$S_{纵移}=\frac{\Delta T}{nAC}OA=\frac{278.228}{4\times1\ 450}\times2\ 296\approx110.140(\text{kN})$$

$$S_{横倾}=\frac{\Delta N}{nBC}AO=\frac{41.543}{4\times195}\times2\ 296\approx112.286(\text{kN})$$

每道拉牵绳需承受的力：

$$S=\max\{S_{纵移},S_{横移}\}=201.230(\text{kN})$$

(4)选择加固材料。

若用镀锌铁线，需要的股数太多，不易操作。

选用公称抗拉强度1 670 MPa规格6×19(b)钢丝绳作拉牵绳，其规格为$\phi15.5$ mm，破断拉力126.6 kN，许用拉力63.3 kN。

$$每道钢丝绳的股数=\frac{S_{横移}}{S_{许}}=\frac{122.286}{63.3}\approx2(股)$$

因此每道拉牵绳选用直径为15.5 mm的钢丝绳2股进行加固。

【例4-3-2】 有10 t载重汽车一辆待装载，重10.27 t；长7 m，宽2.5 m，高2.91 m；三轴，全驱动(每轴均可挂挡)；重心高度1 m，位于汽车纵中心线所在垂直平面上，距前端3.1 m处；车轮外径1 100 mm，轮距2000 mm。试确定装载加固方案。

【解】 (1)装载方案。

这辆汽车用任一种60 t普通平车装载，重车重心高度都不会超过2 000 mm，也不会超限。

如果装载多辆汽车，可以用 2 辆普通平车装载 3 辆（中间一辆跨在两辆平车上）。现选用 N_{17K} 型平车一辆均衡装载。

(2)加固方案。

因为该车前后轮均可挂挡、制动，可按平支承面货物加固。

①运输过程中作用于货物上的力。

$$T=(0.0012Q_{总}^2-0.32Q_{总}+29.85)Q$$
$$=(0.0012\times29.97^2-0.32\times29.97+29.85)\times10.27$$
$$\approx219.1(kN)$$

$$N=n_0Q=\left(2.82+2.2\frac{a}{l}\right)Q=2.82\times10.27\approx29.0(kN)$$

$$Q_{垂}=q_{垂}Q=\left(3.54+3.78\frac{a}{l}\right)Q=3.54\times10.27\approx36.4(kN)$$

$$W=qF=0.49\times7\times2.9\approx9.9(kN)$$

$$F_{纵摩}=9.8\mu Q=9.8\times0.6\times10.27\approx60.4(kN)$$

$$F_{横摩}=\mu(9.8Q-Q_{垂})=0.6\times(9.8\times10.27-36.4)\approx38.6(kN)$$

②需要加固装置承受的力。

汽车的前后轮之间的轴距较大，轮距也较大，而重心高度不大，货物不可能发生纵向或横向倾覆，装车后挂初速挡并制动之后，不会再发生滚动。因此，只需采取防止其在铁路平车上移动的加固措施。需要加固装置承受的力：

$$\Delta T=T-F_{纵摩}=219.1-60.4=158.7(kN)$$

$$\Delta N=1.25(N+W)-F_{横摩}=1.25\times(29+9.9)-38.6\approx10.0(kN)$$

③确定加固方法及加固强度。

采用钢丝绳对称拉牵，拉牵绳拴结在汽车轮毂上，$BO=0.4$ m，$BC=0.5$ m，AC 不小于 1.2 m。每根拉牵绳需承受的力计算如下：

防止货物纵向移动：

$$S_{纵移}=\frac{\Delta T}{nAC}\sqrt{AC^2+BC^2+BO^2}=\frac{158.7}{4\times1.2}\times\sqrt{1.2^2+0.5^2+0.4^2}\approx45.0(kN)$$

防止货物横向移动：

$$S_{横移}=\frac{\Delta N}{nBC}\sqrt{AC^2+BC^2+BO^2}=\frac{10}{4\times0.4}\times\sqrt{1.2^2+0.5^2+0.4^2}\approx8.5(kN)$$

拉牵绳应能承受的拉力为 45.0 kN，应选用破断拉力不小于 90.0 kN 的钢丝绳。

装载加固方案如图 4-3-2 所示。

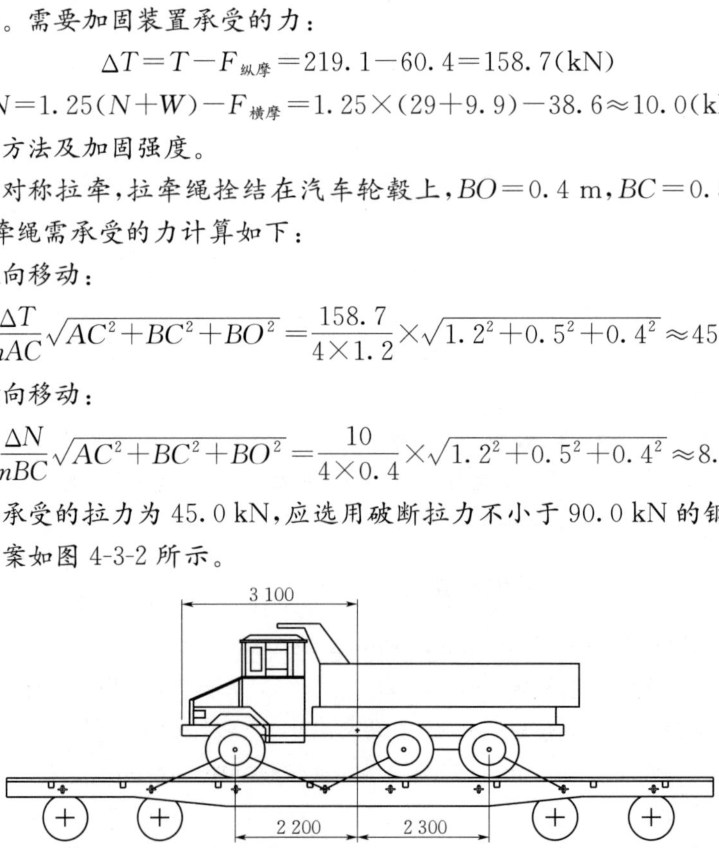

图 4-3-2　10 t 载重汽车装载加固方案(单位:mm)

【例 4-3-3】 圆柱体货物一件，重 34 t，重心位置及外形尺寸如图 4-3-3 所示。试确定装载加固方案。

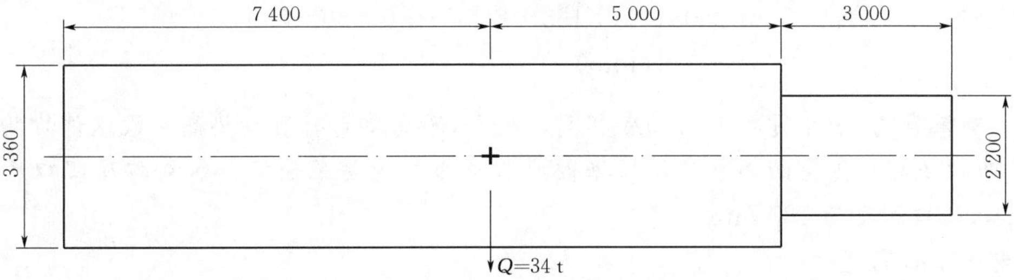

图 4-3-3　圆柱体货物外形尺寸(单位：mm)

【解】 (1)装载方案。

这件货物可以用任何一种 60 t 普通平车装运，选用 N17K 型木地板平车(自重 19.7 t，地板面长 13 m，宽 2 980 mm，距轨面高 1 211 mm；销距 9 m，空车重心高度 723 mm)装运。可能的方案有：

方案一：货物重心落到车辆中央，大头突出车端 900 mm，小头突出车端 1 500 mm，两端各加挂游车一辆(游车也使用 N17K 型平车)。

①所需横垫木或鞍座高度。

N17K 型平车车端至最近车轮轮轴中心所在横向垂直平面的距离为 1 125 mm，需要横垫木或鞍座的高度：

$$H_{垫}=0.031a+h_{车差}+80=0.031\times(1\,125+900)+0+80=143\approx150(\text{mm})$$

②重车重心高度。

$$H=\frac{Q_{车}\ h_{车}+Qh}{Q_{车}+Q}=\frac{19.7\times723+34\times3\,041}{19.7+34}\approx2\,190.6(\text{mm})$$

$H>2\,000$ mm，需按规定限速运行。

③超限等级。

计算货物的偏差量。检定断面位于货物大头端部，$x=7.4$ m。

$$C_{外}=\frac{(2x)^2-l^2}{2.4}=\frac{(2\times7.4)^2-9^2}{2.4}\approx57.5(\text{mm})$$

$$K=75\left(\frac{2x}{l}-1.4\right)=75\times\left(\frac{2\times7.4}{9}-1.4\right)\approx18.3(\text{mm})$$

确定计算宽度及超限等级。

中心高在 $1\,211+150+3\,360=4\,721$(mm)处，$X=B+C_{外}+K-36=0+57.5+18.3-36=39.8$(mm)，不超限。

侧高在 $1\,211+150+1\,680=3\,041$(mm)处，$X=B+C_{外}+K-36=1\,680+57.5+18.3-36=1\,719.8$(mm)，一级超限。

方案二：货物大头端与车端对齐，重心偏离车辆横中心线 900 mm(允许偏离 1 323 mm)，小头突出车端 2 400 mm，需加挂游车一辆。

①所需横垫木或鞍座的高度。

小头突出车端外方的直径为 2 200 mm，小头最低点比直径为 3 360 mm 部分最低点高出的高度为 1 680－1 100＝580(mm)。需要垫木或鞍座高度：

$$\begin{aligned}H_{垫}&=0.031a+h_{车差}+80-(1\,680-1\,100)\\&=0.031\times(1\,125+2\,400)+0+80-580\\&=-391(\text{mm})\end{aligned}$$

计算结果表明，由于货物突出端底部高度较大，不需要再将货物垫高。设这件货物使用鞍座，鞍座凹口底部距支重面高度可仅根据鞍座本身的结构要求确定。本例鞍座凹口底部高度为 40 mm，凹口深度为 280 mm。

②重车重心高度。

$$H=\frac{Q_{车}h_{车}+Qh}{Q_{车}+Q}=\frac{19.7\times723+34\times2\,931}{19.7+34}\approx2\,121.0(\text{mm})$$

$H>2\,000$ mm，需按规定限速运行。

③超限等级。

货物小头端尺寸较小，不会超限。直径为 3 360 mm 部分的长度为 12.4 m，装车后均在车地板长度范围内，近似可按实测宽度确定超限等级。

中心高在 1 211＋40＋3 360＝4 611(mm)处，实测宽度 $B=0$，不超限。

侧高在 1 211＋40＋1 680＝2 931(mm)处，实测宽度 $B=1\,680$ mm，不超限。

两个方案比较：重车重心均超高，需按规定限速运行；方案二节省游车一辆，且不超限，所以按方案二运输。

(2)加固方案。

①运输过程中作用于货物上的力。

$$\begin{aligned}T&=(0.001\,2Q_{总}^{2}-0.32Q_{总}+29.85)Q\\&=(0.001\,2\times53.7^{2}-0.32\times53.7+29.85)\times34\\&\approx548.3(\text{kN})\end{aligned}$$

$$N=n_0Q=\left(2.82+2.2\frac{a}{l}\right)Q=\left(2.82+2.2\times\frac{900}{9\,000}\right)\times34\approx103.4(\text{kN})$$

$$Q_{垂}=q_{垂}Q=\left(3.54+3.78\frac{a}{l}\right)Q=\left(3.54+3.78\times\frac{900}{9\,000}\right)\times34\approx133.2(\text{kN})$$

$$W=qF=0.245\times15\times3.36\approx12.3(\text{kN})$$

货物与鞍座之间垫有 5 mm 厚的橡胶垫，摩擦系数取钢与木之间的摩擦系数，$\mu=0.4$。

$$F_{纵摩}=9.8\mu Q=9.8\times0.4\times34\approx133.3(\text{kN})$$

$$F_{横摩}=\mu(9.8Q-Q_{垂})=0.4\times(9.8\times34-133.2)\approx80(\text{kN})$$

②需要加固装置承受的力。

鞍座凹口深度足以保证货物不会发生横向滚动，仅需要防止货物发生纵向移动和带着鞍座横向移动。需要加固装置承受的纵向和横向水平力为

$$\Delta T=T-F_{纵摩}=548.3-133.3=415(\text{kN})$$

$$\Delta N=1.25(N+W)-F_{横摩}=1.25\times(103.4+12.3)-80\approx64.6(\text{kN})$$

③加固方法及强度。

采用腰箍加固，腰箍两端拉直部分与纵向垂直平面之间的夹角 $\gamma=6.3°$；用 6 道腰箍，每道腰箍需具备的抗拉力为

$$P_{腰}=\frac{\max\{\Delta T,\Delta N\}}{2n_{腰}\mu\cos\gamma}=\frac{415}{2\times6\times0.4\times\cos6.3°}\approx87.0(\mathrm{kN})$$

用扁钢带作腰箍，扁钢带的截面积：

$$F\geqslant\frac{10P_{腰}}{[\sigma]}=\frac{10\times87.0}{140}=6.21(\mathrm{cm}^2)$$

用钢丝绳作腰箍时，其破断抗拉力不得小于 87.0×2=174.0(kN)。

装载加固方案如图 4-3-4 所示。

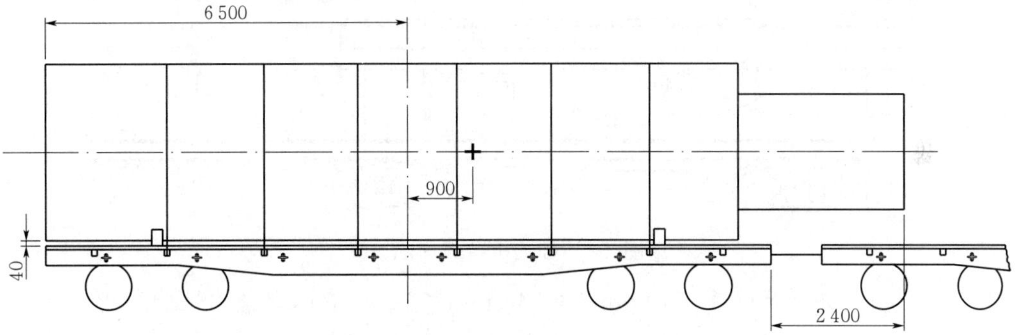

图 4-3-4　例 4-3-3 装载加固方案(单位：mm)

四、货物装载加固的应急处置

1. 抢险、救灾、事故救援等特殊情况运输

需在抢险、救灾、事故救援等特殊情况下运输时，装车单位可现场参照货物装载加固基本技术要求，确定安全快捷的加固方法，保证快速运输和运输安全。

2. 列车运行途中发现问题的处理

(1)应立即停车处理。

列车运行途中，发现卧装卷钢发生滚动；货物活动部件发生旋转、开放，会刮打行车设备或影响邻线机车车辆；以及存在直接危及行车安全的其他情形，应立即停车处理。

(2)应在前方站停车处理。

列车运行途中，发现焦炭围挡倒塌或存在危及行车安全的其他情形，应在前方站停车处理。

(3)应在货检站停车处理。

列车运行途中，发现加固材料松动，但不会发生货物活动部件旋转、开放，或存在行车安全隐患的其他情形，若途经货检站，应在货检站停车处理，否则，应在前方停车站处理。

相关规范、规程与标准

1.《铁路货物装载加固规则》(铁总运〔2015〕296 号)。

2.《铁路货物装载加固技术要求》(TB/T 30004—2021)。

实作问答

1. 客户发送抽油机一件，货物尺寸 13 540 mm×2 545 mm×3 100 mm，货重 28.2 t；货物重心高度 1 770 mm，重心距离货物一端 5 520 mm，距离货物另一端 8 020 mm。试编制抽油机装载加固方案。

【解】 编制抽油机装载加固方案(题图 4-1)如下：

抽　油　机

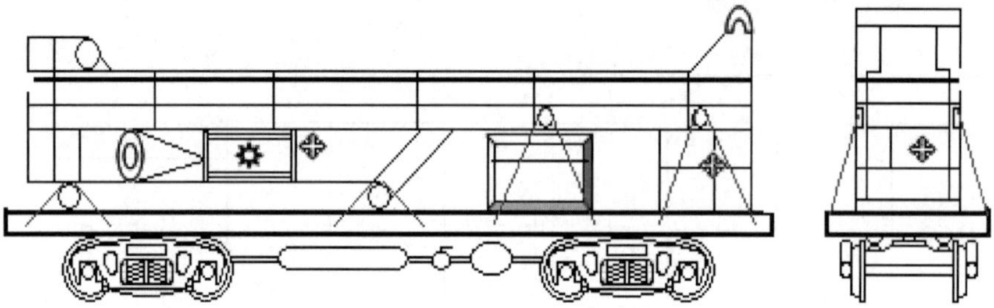

题图 4-1　抽油机装载加固方案

(1)货物规格：外形尺寸 13 540 mm×2 545 mm×3 100 mm，件重 28.2 t。货物重心高度 1 770 mm，距离一端 5 520 mm，距离另一端 8 020 mm。

(2)准用货车：长 15.4 m 木地板平车。

(3)加固材料：ϕ15.5 mm 钢丝绳(最小破断拉力 126.6 kN)及钢丝绳夹、防磨垫、扒锔钉或钢钉。

(4)装载方法：每车顺装 1 件，距离货物重心较远一端与车辆端部平齐，装后货物重心偏离车辆横中心线 320 mm，货物重心投影落在车辆纵中心线上。

(5)加固方法：

①使用 ϕ15.5 mm 钢丝绳(双股)，在货件每侧分别拉牵四个八字形，拴结在车侧丁字铁或支柱槽上。

②使用扒锔钉或钢钉，在货件底部四周分别对称钉固 2～4 枚。

(6)其他要求：

①加固线与货件及车辆棱角接触处采取防磨措施。

②装后使用轮重测定仪检测。

2. 客户发送 118 t 变压器一件，货物尺寸 11 605 mm×3 310 mm×3 545 mm，重量 118 t，重心高度 1 510 mm，支重面长 8 270 mm，支重面宽 2 210 mm。试编制 118 t 变压器装载加固方案。

【解】 编制 118 t 变压器装载加固方案(题图 4-2)如下：

(1)货物规格：外形尺寸 11 605 mm×3 310 mm×3 545 mm，重量 118 t，重心高度 1 510 mm，支重面长 8 270 mm，支重面宽 2 210 mm。

(2)准用货车：DA_{21} 型凹底平车。

(3)加固材料：ϕ18 mm 钢丝绳(破断拉力不小于 166 kN)，配套钢丝绳夹，20 号槽钢，厚 10 mm 橡胶垫。

118 t 变压器

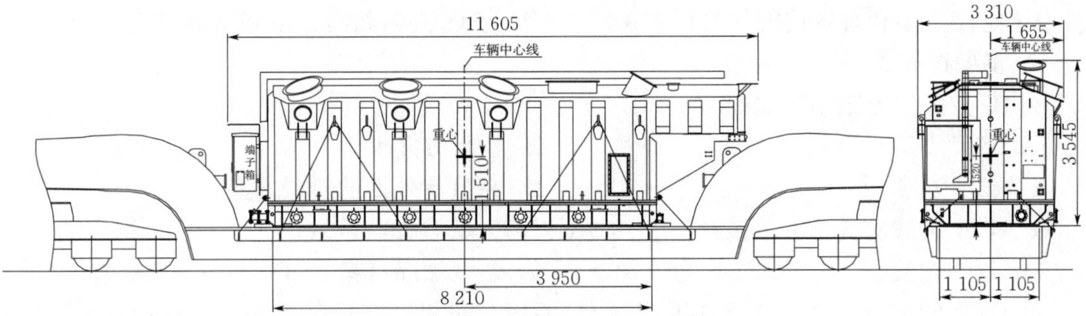

题图 4-2　118 t 变压器装载加固方案(单位:mm)

(4)装载方法:每车顺装 1 件,装载后货物重心投影纵向偏离车辆横中心线不大于 100 mm,横向落在车辆纵中心线上。

(5)加固方法:

①货物底部均匀铺垫四块橡胶垫(规格 2 210 mm×1 000 mm×10 mm)。

②通过货物每侧上部拴结点使用 18 号钢丝绳双股拉牵 2 个八字形,捆绑在车侧绳拴上。

③通过货物每端下部拴结点使用 18 号钢丝绳双股拉牵 1 个八字形,捆绑在车侧绳拴上。

④货物每侧使用 2 块 20 号槽钢挡固,并将槽钢与车地板焊为一体(焊缝高度不小于 8 mm),每块槽钢与车地板间焊缝长度不小于 40 cm。

⑤货物每端使用 2 块 20 号槽钢挡固,并将槽钢与车地板焊为一体(焊缝高度不小于 8 mm),每块槽钢与车地板间焊缝长度不小于 80 cm。

(6)其他要求:

①加固线与货物及车辆棱角接触处采取防磨措施。

②该货物为超限货物,按有关规定办理。

课后作业

1. 单项选择题

(1)卷钢暂行方案应由(　　)审批。

A. 国铁集团　　B. 国家铁路局　　C. 铁路局集团公司　　D. 货运中心

(2)两根钢丝绳搭接时,并列绳头应拉紧,用不少于(　　)钢丝绳夹正反扣装并紧固。

A. 6 个　　B. 5 个　　C. 4 个　　D. 3 个

(3)(　　)可以做装载加固材料。

A. 水泥　　B. 菱苦土　　C. 木材　　D. 篷布绳网

(4)绞棍的直径一般为(　　),长度为 600 mm。

A. 30 mm　　B. 40 mm　　C. 50 mm　　D. 60 mm

(5)下列拉牵加固材料可用于腰箍下压式加固的是(　　)。

A. 镀锌铁线　　B. 盘条　　C. 钢丝绳　　D. 固定捆绑铁索

(6)与(　　)中货物规格相近、装载加固方法相同并且使用相同车辆装载的货物,托运人装车站申请方案比照，经发送铁路局集团公司审查批准后方可实施。

A. 定型方案　　B. 暂行方案和试运方案

C. 定型方案和有效期内的暂行方案　　D. 定型方案、暂行方案和试运方案

2. 多项选择题

(1)(　　)方案不得比照。

A. 定型方案　　B. 暂行方案

C. 试运方案　　D. 超过有效期的暂行方案

(2)货车装载的货物重量包括(　　)不得超过其容许载重量。

A. 货物包装　　B. 防护物　　C. 装载加固材料　　D. 装载加固装置

(3)货物的装载(　　)，除超限货物外，不得超过机车车辆限界基本轮廓和特定区段装载限制。

A. 高度　　B. 长度　　C. 宽度　　D. 计算宽度

(4)木材可以使用(　　)装载。

A. 棚车　　B. 敞车　　C. 底开门车　　D. 共用车

(5)常用加固方法有(　　)等。

A. 拉牵加固　　B. 围挡加固　　C. 八字形加固　　D. 整体捆绑

(6)圆柱形货物可选用适当规格和材质的(　　)等材料和装置，并采取腰箍下压等方式进行加固。

A. 方木　　B. 凹木　　C. 三角挡　　D. 座架

(7)卷钢可(　　)。

A. 立装　　B. 卧装　　C. 集束立装　　D. 站装

(8)铁路货物装载加固方案分为(　　)。

A. 补充方案　　B. 定型方案　　C. 暂行方案　　D. 试运方案

(9)螺旋式紧线器又称花兰螺栓，主要分(　　)。

A. OO 型　　B. OC 型　　C. CC 型　　D. OU 型

3. 计算题

(1)一件铸钢质均重货物重 15 t，货物长 6 m，宽 1.6 m，高 3.5 m，货物重心高度 2.5 m，使用标重 60 t 的 NX_{17A} 型平车(车辆自重 23 t，销距 9 m，车地板长 13 m)直接顺装，货物重心位于货车中央，请检验货物的稳定性。

(2)圆柱体化工设备一件，重 28 t，长 18 m，直径 3.5 m，铺高度为 150 mm，切口深为 8 mm 的凹垫木，使用标重 60 t 的 NX_{17B} 型平车(车辆自重 22.4 t，销距 10.92 m，车地板长 15.4 m)直接顺装，请计算该货物的稳定性。

(3)某站运输汽车两台，单件重 10 t，长 6 m，宽 2.5 m，高 3 m，轮径 1 m，重心高度 1 m，距车头一端 2.5 m，使用 NX_{17AT} 型木地板平车(车辆自重 22.5 t，销距 9 m，车地板长 13 m)一辆两汽车头相对均衡装载，两车头部距车辆横中心线均为 300 mm，试计算每辆车受到的力值，并检验稳定性。

(4)某托运人托运汽车一辆，规格 7 900 mm×2 500 mm×3 300 mm，轴距 4 500 mm，4 轴，轮径 1 109 mm，自重 24 t，重心高度 1 300 mm，使用 N_{17AT} 型车(车辆载重 60 t，自重 20.2 t，车长 13 000 mm，车宽 2 980 mm，车地板面至轨面高 1 211 mm)装运。

请确定:①是否超限。②是否集重。③需使用掩挡的高度及数量。

(5)一件长 9.5 m,直径 3 300 mm,重 27 t 的均重货物,拟使用 N_{17} 型平车一辆均衡装载。计划采用单股钢丝绳 4 道,腰箍下压式加固(自带坐架凹部高度 300 mm,货下加垫橡胶垫,$\cos\gamma=1$),试确定装载加固方案。

(6)一件钢质货物重 52 t,货物长 12.2 m,货物重心距货物一端为 4.9 m,宽 3 m,高 2.9 m,货物重心高度 1.5 m,如题图 4-3 所示,使用 N_{17AK} 型平车(车辆自重 20.2 t,销距 9 m,车地板长 13 m)装运,请确定装载加固方案,并画出装载加固示意图。

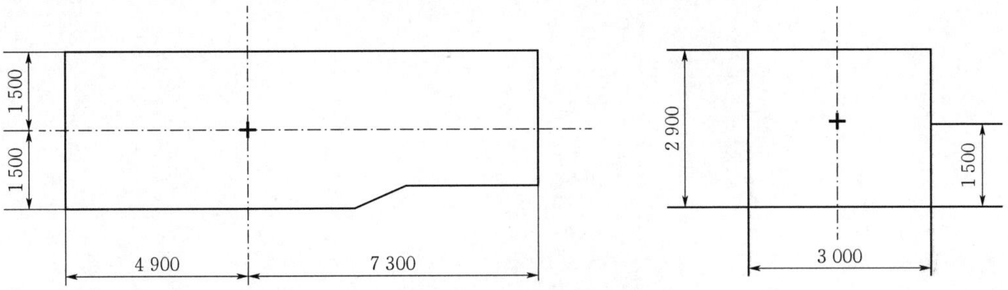

题图 4-3　钢质货物(单位:mm)

(7)钢梁一件,外形尺寸 17 950 mm×3 100 mm×2 650 mm,件重 19 t,重心高度 1 300 mm。使用 60 t NX_{17AK} 型木地板平车(载重 60 t,车长 13 000 mm,车宽 2 980 mm,车地板高 1 250 mm,转向架中心距 9 000 mm,固定轴距 1 125 mm)一车负重装载,一端突出车端 200 mm,另一端突出使用同车型游车一辆,货物纵中心线与负重车纵中心线重合。货物突出端挠度为 0。使用的横垫木的尺寸为 3 000 mm×310 mm×270 mm。使用直径 20 mm 的钢丝绳、钢丝绳夹加固,加固方法为在每个横垫木两侧各横向下压捆绑两道,在货物两侧重心高度的位置各呈八字形拉牵 3 处。

要求:

①画出此货物装载加固简单示意图。

②检验此方案是否合理。

③计算该货物的超限等级。

模块2
危险货物运输

项目5　危险货物判定

典型工作任务1　危险货物基本认知

学习目标

1. 能力目标

能正确按规章办理危险货物运输业务与作业。

2. 知识目标

掌握危险货物的定义、危险货物的分类及判断方法。

3. 素质目标

深刻认识危险货物运输对公共安全和环境的重大影响，牢固树立"安全无小事"的职业理念，主动强化安全责任意识，将保障运输安全作为首要职责，贯穿于运输全过程。

安全案例

石脑油罐车超装泄漏事故

(1)事故概况：A站发1车石脑油，装运该货物的罐车车号6240×××。某日，编挂该罐车的货物列车运行至B途中站时，发现从罐口处喷溢出液体，该车站立即扣车，就近送至××市的石油公司专用线卸车处理。

(2)原因分析：石脑油(别名溶剂油，铁危编号31104，一级易燃液体)呈无色或淡黄色液体，闪点−2 ℃，易挥发，其蒸汽易燃易爆，危险很大。易燃液体的特性均具有易燃性，挥发性、流动性和扩散性。另外，易燃液体的蒸气压会不断增大，可导致容器的破裂或爆炸，为此《铁路危险货物运输管理规则》(以下简称《危规》)规定运输该介质限使用自备钢制罐车，装运时严禁超装。

该罐车的装车单位为追求经济效益而不顾当时天气炎热的情况，在罐车中超量装运石脑油，致使石脑油体积膨胀，饱和蒸气压增大，导致液体从罐口喷泻而出。

相关知识

危险货物涉及石油化工、军事国防、航天航空、建材、医药、科研教育等多个领域，与国民经济的快速、稳定发展息息相关。随着社会经济的发展、化工产品的不断开发和企业生产经营规模和范围的扩大，新的危险化学品不断出现，各行业对危险物品的需求逐年增加，因此，危险货物运输的品种和数量也逐年增多。在铁路运输中，危险货物具有与一般货物不同的特性，在搬运、储存、包装、运输等方面都有着特殊的要求。任何一个细节上的失误或疏忽，都可能酿成严重的运输事故，对人身、财产及环境将造成不可挽回的损害，因此必须加强对危险货物运输的安全管理。

一、危险货物的定义

铁路危险货物，是指具有爆炸、易燃、毒害、感染、腐蚀、放射性等危险特性，在铁路运输、装卸和储存保管过程中，容易造成人身伤亡、财产毁损或者环境污染而需要特别防护的物质和物品。

一种货物是否属于危险货物，主要从三个方面来判断：一是具有爆炸、易燃、毒害、感染、腐蚀、放射性等危险特性，二是容易造成人身伤亡、财产毁损或者环境污染，三是需要特别防护。危险货物的危险性主要取决于其本身的理化性质，但是与外界的环境条件也密切相关。只有严格按章办事，以科学的态度掌握危险货物的性质和变化规律，认真做好危险货物的运输、搬运、装卸、保管、防护等各项工作，控制可能导致危险货物发生事故的外界条件，才能实现危险货物的安全运输。

二、危险货物的判定

危险货物的运输条件比普通货物要求更严格、更复杂。如果把危险货物误认为普通货物，就会降低危险货物的运输条件。如不采取特殊防护，就有可能酿成事故。如果把普通货物误认为危险货物，在运输过程中就会增加不必要的防护措施，延误货物的运送，影响货物运输效率。

危险货物的具体判定方法如下：

(1)在《铁路危险货物品名表》(以下简称《品名表》,)中列载的品名，均属危险货物，均按危险货物运输条件运输。特殊规定可按普通货物运输条件运输的品名(包括不作为危险货物，以及不作为危险货物运输的)除外。

(2)在《品名表》中未列载的产品且货物性质不明确的，应进行性质技术鉴定，按《危规》中新品名的有关条件办理运输。

三、铁路危险货物的分类及品名编号

1. 危险货物的分类

经由铁路运输的危险货物品类繁多、性质复杂，要求运输条件各异。根据《危险货物分类和品名编号》(GB 6944—2025)和《危险货物品名表》(GB 12268—2025)，结合铁路运输实际情况，铁路危险货物按其具有的危险性或主要危险性划分为爆炸品，气体，易燃液体，易燃固体、易于自燃的物质、遇水放出易燃气体的物质，氧化性物质和有机过氧化物，毒性物质和感染性物质，放射性物质(物品)，腐蚀性物质，杂项危险物质和物品 9 类；有些类别再分成项别。

不属于上述 9 类危险货物，在铁路运输过程中易引起燃烧，需采取防火措施的货物，属易燃普通货物，见《危规》附件 1“易燃普通货物品名表”(表 5-1-1)。

表 5-1-1 易燃普通货物品名表

顺号	品名
1	《品名表》规定之外的籽棉，皮棉，黄棉花，废棉，飞花，破籽花
2	《品名表》规定之外的各种麻类和麻屑
3	麻袋(包括废、破麻袋)，各种破布，碎布，线屑，乱线，化学纤维
4	牧草，谷草，油草，蒲草，羊草，芦苇，荻苇，玉米棒(去掉玉米的)，玉蜀黍秸，豆秸，秫秸，麦秸，蒲叶，烟秸，甘蔗渣，蒲棒，蒲棒绒，芒杆，亚麻草，烤烟叶，晒烟叶，棕叶以及其他草秸类
5	葵扇(芭蕉扇)，蒲扇，草扇，棕扇，草帽辫，草席，草帘，草包，草袋，蒲包，草绳，芦席，芦苇帘子，笤帚以及其他芦苇、草秸的制品
6	干树皮，干树枝，干树条，树枝(经脱叶加工)，带叶的竹枝，薪柴(劈柴除外)，松明子，腐朽木材(喷涂化学防火涂料的除外)
7	刨花，木屑，锯末
8	纸屑，废纸，纸浆，柏油纸，油毡纸
9	炭黑，煤粉
10	粮谷壳，花生壳，笋壳
11	羊毛，驼毛，马毛，羽毛，猪鬃以及其他禽兽毛绒
12	麻黄，甘草

注：1. 用敞、平、砂石车装运易燃普通货物时，应用篷布苫盖严密，在调车或编入列车时，应进行隔离。但对干树皮，干树枝，干树条和带叶的竹枝，由于干湿程度、带叶多少不同应否苫盖篷布由发站根据气温和运输距离在确保运输安全的原则下负责确定。

2. 腐朽木材喷防火涂料或采取其他防火措施后，可不苫盖篷布。

3. 本表未列的品名，是否也属于易燃普通货物，由发站报铁路局集团公司确定。

4. 以易燃材料作包装、捆扎、填塞物，以竹席、芦席、棉被等苫盖的非易燃货物，以及用木箱、木桶、铁桶包装的易燃普通货物，均按普通货物运输。以敞车装运时，是否应苫盖篷布，由托运人根据货物的运输安全情况负责确定。并在货物运单托运人记事栏内注明。

2. 危险货物的品名编号

危险货物不仅品种多，而且许多危险货物，由于种种原因，不能够做到一物一名，有的危险货物有多达四五个，甚至更多的名称，例如 1-氯丁烷，又被称为正丁基氯、氯代正丁基、氯正丁烷、氯丁烷或氯化丁基等。为使我国危险货物命名规范化，制定《危险货物命名原则》(GB/T 7694—2008)，将一种危险货物规定了一个正式名称，其他名称皆列为别名；此外还规定了危险货物品名的附加条件，使得危险货物的品名更加合理。

为了管理方便，将危险货物进行了编号。危险货物的品名编号采用联合国编号，铁路危险货物还采用铁路危险货物品名编号(以下简称铁危编号)，例如 1-氯丁烷的联合国编号为 1127，铁危编号为 31133。不同危险货物对应不同铁危编号和联合国编号，但对性质基本相同，运输、存储条件和灭火、急救、处置方法相同的危险货物，也可使用同一编号。

铁危编号由 5 位阿拉伯数字及 1 位英文大写字母组成。第 1 位数字表示该危险货物的类别；第 2 位数字表示该危险货物的项别；后 3 位数字表示该危险货物品名的顺序号。顺序号范围在 001～500 的为一级危险货物,顺序号范围在 501～999 的为二级危险货物(第三类二级危险货物除外)。如硫黄的铁危编号为 41501,则表示该货物为第四类、第一项、顺序号为 501 的二级危险货物,即二级易燃固体。

铁路危险货物运输使用铁危编号,可以很容易地从编号识别其类项划分和货物的危险等级,便于安全管理。性质基本相同,运输条件和消防、急救等相同的多种危险货物使用同一铁危编号,例如镁粉、镁合金粉、铈镁合金粉及镁铝粉四种危险货物,皆为遇水放出易燃气体的物质,皆使用铁危编号 43012。

同一铁危编号具有不同运输条件时,在数字编号后用英文大写字母(A、B、C 等)表示。如 11041A、11041B 分别表示同一铁危编号具有不同运输条件的危险货物,即环三次甲基三硝胺[湿的,按质量含水≥15%]、环三次甲基三硝胺[减敏的]。同一品名,不同状态的危险货物不能比照运输。

典型工作任务 2　各类危险货物特性认知

学习目标

1. 能力目标

具备从多种途径了解危险货物性质的能力。

2. 知识目标

了解各类危险货物的性质及其对人体、环境的危害。

3. 素质目标

增强安全意识和应对能力。

安全案例

1. 匿报品名导致泄漏

(1)事故概况:某日,A 站发 1 车氰化钠,托运人将剧毒品氰化钠溶液匿报品名"氢化钠"(铁危编号 43017,一级遇水易燃物品),并且用无任何标记的 200 L 的旧铁桶作运输包装,装入敞车运输。到站卸车时发现,该货物在运输途中漏损竟达 2 000 kg 之多,该剧毒品的泄露带来一些难以预料的后果。

(2)原因分析:氰化钠(铁危编号 61001,一级毒性物质)为白色粉末结晶,易溶于水,有剧毒,吸入或皮肤接触可引起急性中毒。本品不燃,但遇潮湿空气或与酸类接触,会产生剧毒、易燃的氰化氢气体;与硝酸盐及亚硝酸盐反应强烈,有发生爆炸的危险。

造成这起事故的主要原因是托运人将氰化钠匿报为氢化钠,违规使用无任何标记的破旧铁桶作运输包装,导致氰化钠泄漏。

2. 强酸溢出致人烧伤

(1)事故概况:某站发硝酸一车,在到达铁路枢纽的 B 编组站正常编组作业时,硝酸溢出,烧伤正在邻线检查的待发货物列车车长。

(2)原因分析:硝酸(铁危编号 81002)、硫酸(铁危编号 81007),一级酸性腐蚀品。硝酸为无色透明液体,有强腐蚀性,其蒸汽能引起眼、上呼吸道刺激感,咽喉疼痛,头晕胸闷,与皮肤接触能严重灼伤。硫酸为无色或棕色油状液体,有强腐蚀性,溅及皮肤立即灼伤,轻者出现红斑,重者溃疡,溅入眼内可灼伤角膜,造成穿孔,甚至失明。为此《危规》规定,硝酸及硫酸分别使用铝制和钢制的自备罐车装运,装运罐车不准超装,确保罐口严密不漏。造成这起事故的主要原因是罐车超装且罐盖关闭不严。

相关知识

一、爆炸品

爆炸品系指受到高热、摩擦、撞击、震动或其他外界作用,能迅速发生剧烈化学反应,瞬间产生大量气体和热量,形成巨大的压力,发生爆炸,对周围环境造成破坏的物质和物品。本类货物包括爆炸性物质、爆炸性物品,以及为产生爆炸或烟火实际效果而制造的爆炸性物质和物品中未提及的物质和物品。如硝铵炸药(11084)、硝酸铵(11082)、火炮发射药(11098)、三硝基甲苯(梯恩梯,11035)、点燃导火索(14007)、铵油炸药(15003)等。但过分敏感或反应性很强以致可能产生自发反应的爆炸性物质禁止运输。如叠氮铵、无水雷汞、高氯酸(>72%)、高锰酸铵、4-亚硝基苯酚等。

1. 基本特性

爆炸是一种迅速的物理、化学变化过程,此变化极其迅速,可在十万分之一秒或更短的时间完成,在瞬间放出大量的能量,从而产生巨大的推动力或破坏力,并能产生巨大的声响。铁路运输爆炸品一般要重点关注以下六种危险特性:爆炸敏感性、自燃危险性、遇热(火焰)爆炸危险性、机械作用危险性、带静电危险性、爆炸的破坏危险性。

通常爆炸品是以敏感度、爆发点及爆速来确定其爆炸性能的。

(1)敏感度。

敏感度是指炸药在外界能量作用下发生爆炸变化的难易程度。热能、电能或机械能等各种形式的能量都可以引起炸药的爆炸变化,列于危险货物中的爆炸品,一般地说,都是对摩擦、撞击、热或火焰等敏感度较高的物品,即在运输过程中受到摩擦、撞击或火焰等外界作用,会引起爆炸的物品。不同的炸药对外界的作用敏感度是不同的。例如,黑火药对火焰的敏感度较高,而黑索金(环三亚甲基三硝胺)对撞击的敏感度较高。炸药的敏感度受多种因素影响,主要有:

①化学结构。例如硝基($-NO_2$)的含量对爆炸性有决定作用。

②温度。温度升高,爆炸品的敏感度会迅速提高。

③杂质。硬的杂质会提高敏感度,而软的杂质将降低敏感度。

(2)爆发点。

爆发点是指一定量的炸药在规定的试验条件下发生爆炸时加热介质的温度。

(3)爆速。

爆速是指炸药被引发爆炸后,爆轰波沿着炸药传播的速度。爆速有多种测量方法,使用爆速测定仪来测定爆速,可得到较为准确的结果。爆速不仅是炸药的一个重要指标,而且还是炸药的主要性能之一。在一定条件下，爆速也是衡量单质炸药爆破能力大小的重要指标。

一般来说，危险货物爆炸品通常都是敏感度较高，爆发点较低和爆速较大的物品，部分炸药的性质见表5-2-1。

表5-2-1 部分炸药的撞击敏感度、爆发点和爆速

炸药名称	撞击敏感度/%	爆发点/℃	爆速/($m\cdot s^{-1}$)
梯恩梯	4～8	300	6 990
特屈儿(2,4,6-三硝基苯甲硝胺)	44～52	180	7 740
黑索金	75～80	230	8 380
硝化甘油	100	200	8 400

2. 类项划分

爆炸品的认可、危险性分项及试验方法按《危险品 爆炸品的认可和分项程序及配装要求》(GB 14371—2024)及《危险品 爆炸品的认可和分项试验方法》(GB/T 14372—2024)进行。

爆炸品划分为6项：

(1)有整体爆炸危险的物质和物品。

列于此项的有火药、水雷、地雷、硝铵炸药、硝酸铵等。

(2)有迸射危险，但无整体爆炸危险的物质和物品。

列于此项的有弹药用雷管、点火器、起爆引信、火炮发射药、穿甲弹、烟火制品等。

(3)有燃烧危险并有局部爆炸危险或局部迸射危险或兼有这两种危险，但无整体爆炸危险的物质和物品。包括可产生大量辐射热的物质和物品，或相继燃烧产生局部爆炸或迸射效应或两种效应兼而有之的物质和物品。

列于此项的有无烟火药、火箭发动机、信号弹药筒及地面照明弹等。

(4)无重大危险的爆炸性物质和物品。包括运输中意外点燃或引爆时仅出现较小危险的物质和物品；其影响主要限于包件自身，并预计射出的碎片不大、射程也不远，外部火烧不会引起包件内全部内装物的瞬间爆炸。

列于此项的有爆破用电雷管、点燃导火索、烟花、爆竹、鞭炮、点火绳及燃烧棒等。

(5)有整体爆炸危险但非常不敏感的物质。该物质在正常运输条件下，引爆或燃烧转爆轰的可能性很小。

列于此项的有铵油炸药、铵沥蜡炸药等。

(6)含有极不敏感物质，没有整体爆炸危险或意外引爆和传播的概率可忽略不计的物品。本项物品的危险仅限于单个物品的爆炸。

3. 包装要求

(1)不得使用Ⅰ级包装的金属容器。

(2)塑料容器不得容易产生或积累足够的静电。

(3)不能使用对爆炸危险性有影响的包装材料(如对金属敏感的爆炸物质不能用金属类包装)。

(4)包装必须严密不漏、耐压、防震、衬垫妥实,并有良好的隔热作用。

4. 作业要求

(1)搬运和装卸作业时不准穿铁钉鞋。

(2)使用铁轮、铁铲头推车和叉车,应有防火花措施。

(3)开关车门、车窗不得使用铁撬棍、铁钩等铁质工具。

(4)禁止使用可能发生火花的机具设备,照明应使用防爆灯具。

5. 存放要求

(1)爆炸品必须存放于专库内。

(2)库房应有避雷装置、防爆灯及低压防爆开关。

(3)库内应保持清洁。

(4)库内应隔绝热源与火源,温度达 40 ℃以上时,要采取通风和降温措施。

(5)爆炸品的堆垛间及堆垛与库墙间应有 0.5 m 以上的距离,应避免日光直晒。

二、气体

危险货物中的气体系指符合下述两种情况之一的物质,即在 50 ℃时其饱和蒸气压大于 300 kPa 的物质,或在 20 ℃及 101.3 kPa 条件下为气态的物质。

气体是可以被压缩或液化的,在运输过程中为了提高容器的单位体积容量,多以较高的压力将其压缩或液化后盛装于容器内进行运输。由于容器承受了较高的力,在运输过程中一旦受到热、撞击或强烈震动等外界作用时,易引起容器的破裂爆炸或气体泄漏,从而酿成火灾或中毒等事故,因此气体被列为危险货物。

1. 基本特性

气体按其运输时的状态可分为压缩气体、液化气体、加压溶解于溶剂的气体及深冷液化气体。在运输中须重点关注的危险特性有易燃易爆性、扩散性、可缩性和膨胀性、带电性、腐蚀性毒害性和窒息性、氧化性。

(1)压缩气体。

压缩气体系指在运输中,于 20 ℃时气体经加压后,于容器内完全是气态的物质,即将气体以高压压缩后盛装于压力容器内。通常这些物质的临界温度较低,在常温时以气态形式存在于容器内,故被称为压缩气体。由于此类货物多是以数十或上百个大气压将气态物质压缩于钢瓶内,以增加气瓶的单位体积容量。故一旦容器受到外力作用出现破损时,将发生爆炸或喷射危险,所以在运输中应当特别注意。常见的压缩气体有压缩氧气、压缩氢气、压缩空气及一氧化碳气等。

(2)液化气体。

液化气体系指在运输中,于 20 ℃时气体经加压液化后盛装于压力容器内的物质,通常临界温度较高,由于这些物质在运输时部分以液态形式存在于压力容器内,故被称为液化气体。液化气体容器一旦受到外力作用出现破损或泄漏时,被液化的物质会立即气化,充斥于货物四周,可能造成毒害、燃烧、爆炸或窒息。常见的液化气体有液氯、液氨及液化石油气等。

(3)加压溶解于溶剂的气体。

加压溶解于溶剂的气体系将一些气态物质,加压后溶解于盛有溶剂的压力容器内以进行运输的物质。由于一些气态物质的化学性质很不稳定,易燃易爆,单纯以加大压力来增加气瓶的单位体积容量,其易燃易爆的危险性将更大。如果这些气态物质在某种溶剂中有着较大的溶解度,则采用将气体加压溶解于该溶剂的办法来增加气瓶的单位体积容量,以保证运输安全。此类货物中较有代表性的是乙炔,乙炔的性质不稳定,易于聚合和分解,在压力超过 152 kPa 时,不需明火也能够引起爆炸,如果采用液化或压缩的方法充装,是极不安全的,利用乙炔可溶解在丙酮中的特性,将乙炔钢瓶内装入吸有丙酮的硅藻土等多孔物质,然后再加压将乙炔充装于内,使乙炔溶解于丙酮中,保证了运输安全。

(4)深冷液化气体。

深冷液化气体系指在一定的条件下,将气体冷冻至液态后进行运输的物质,此类货物必须使用特定的保温容器或附有制冷装置,才能保证在运输中始终为液体状态。常见的深冷液化气体有液化天然气、液氧、液氮或液氨等。

2. 类项划分

气体根据其在运输中的主要危险性划分为 3 个类项:

(1)易燃气体。

易燃气体指在 20 ℃和 101.3 kPa 条件下符合下述两种情况之一的物质:

①与空气混合,体积含量小于或等于 13%可被引燃的气体。

②与空气混合,燃烧的上限与下限的差大于或等于 12%的气体。

易燃气体与空气的混合物,当其浓度太低或浓度太高时,皆不能被明火引燃,只有浓度在一定的范围内才能够被明火引燃。可点燃的最低浓度,称为燃烧下限;可点燃的最高浓度,称为燃烧上限;该下限与上限间的差值,称为可燃烧范围。一种气体的燃烧下限越低,可燃烧范围越宽,其易燃的危险性越大。易燃气体危险货物通常都是些燃烧下限较低,可燃烧范围较宽的易燃气体。

列于此项的物品有氢气、压缩甲烷、乙烷、乙烯、甲乙醚及液化石油气等。

(2)非易燃无毒气体。

非易燃无毒气体指在 20 ℃压力不低于 280 kPa 条件下运输或以冷冻液体状态运输的气体。

该项气体系指不属于易燃气体及毒性气体范围的其他气体,有的气体具有窒息性,有的气体具有氧化性,且此项气体虽然不属易燃或有毒类气体货物,但并不表示它们完全没有可燃或毒害性,只是表明其可燃及毒害性未达到易燃气体或有毒气体的程度,因此仍应引起注意,例如,三氯一氟甲烷高温时能够燃烧,三氯化硼、无水碘化氢及冷冻液态氯化氢等皆具有一定的毒性。

列于此项的物品有压缩氧、压缩空气、压缩氮、二氧化碳[压缩的]及各种惰性气体等。

(3)毒性气体。

毒性气体指在 50 ℃时,蒸气压大于 300 kPa 或在 20 ℃及 101.3 kPa 标准压力下完全是气态,符合下述两种情况之一的物质:

①已知对人类具有的毒性或腐蚀性强度达到对健康造成危害的气体。

②半数致死浓度 LC_{50} 小于或等于 5 000 mL/m^3,因而推定对人类具有毒性或腐蚀性的气

体。半数致死浓度是指可使试验动物吸入 1 h 后，在 14 d 内死亡一半(50%)的气体浓度，用 LC_{50}(lethal concentration 50%)表示。

列于此项的物品有液氯、液氨、磷化氢、光气、一氧化氮及煤气等。

具有两个项别以上危险性的气体和气体混合物，其危险性的先后顺序为毒性气体优先于所有其他项，易燃气体优先于非易燃无毒气体。

3. 作业要求

(1)作业时，应使用抬架或搬运车，防止撞击、拖拉、摔落、滚动。

(2)防止气瓶安全帽脱落及损坏瓶嘴。

(3)装卸机械工具应有防止产生火花的措施。

(4)气瓶装车时应平卧横放。装卸搬运时，气瓶阀不要对准人身。

(5)装卸搬运工具、工作服及手套不得沾有油脂。

(6)装卸有毒气体时，应配备防护用品，必要时使用供氧式防毒面具。

4. 存放要求

(1)应存放于阴凉通风场所，防止日晒、油污，隔绝热源与火种(包括电火花)，当库内温度超过 40 ℃时，应采取通风降温措施。

(2)气瓶平卧放置时，堆垛不得超过 5 层，瓶头要朝向同一方，瓶身要填塞妥实，防止滚动；立放时要放置稳固，防止倒塌。

三、易燃液体

此类货物主要包括易燃液体和液态退敏爆炸品。

易燃液体系指闭杯闪点不高于 60 ℃，或开杯闪点不高于 65.6 ℃时放出易燃蒸汽的液体或液体混合物，或在液体及悬浮液中含有固体的液体，如油漆、清漆、真漆等，但不包括由于其他主要危险性已另列入其他类别中的物质。

符合易燃液体的定义，但闪点(闭杯)高于 35 ℃而且不持续燃烧的液体不视为易燃液体。

液态退敏爆炸品是溶解或悬浮在水或其他液态物质中形成一种均匀的液态混合物以抑制其爆炸性质的爆炸性物质。

除易燃液体和液态退敏爆炸品外，此类货物还包括在温度大于或等于其闪点的条件下提交运输的液体，和以液态在高温条件下运输或提交运输，并且在温度小于或等于最高运输温度下放出易燃蒸气的物质。

1. 基本特性

通常易燃液体是以闪点及爆炸极限等量值来确定其易燃危险性的。

闪点是在闪点测定仪中测定的指在盛有易燃液体的容器中，易燃液体的蒸气与空气的混合气与火焰接触初次发生蓝色闪火时的温度。闪点测定仪有闭杯闪点测定仪和开杯闪点测定仪两种，故闪点也分为闭杯闪点和开杯闪点。闪点表示了易燃液体能被火焰引燃的最低温度，即代表了易燃液体的主要危险性。

爆炸极限是指一种可燃气体或可燃液体的蒸气，与空气的混合物遇火花或火焰能被引燃而爆炸的浓度范围，通常用该可燃气体或可燃液体的蒸气在混合物中的体积百分数来表示。能被引爆的最高浓度称为爆炸上限，能被引爆的最低浓度称为爆炸下限，爆炸极限则为爆炸上限与爆炸下限所限定的浓度范围。显然，一种可燃气体或可燃液体的蒸气爆炸极限范围越宽，且爆炸下限值越低，则越易于被引爆，即其易燃及易爆的危险性越大。

易燃液体有很高的挥发性。如汽油、乙醚、酒精和苯等，只要容器稍不严密，其蒸气就会泄漏出来，充斥于周围的空气中，从而易于引起燃烧、爆炸或中毒事故。

铁路运输易燃液体时，一般要重点关注以下危险特性：易燃性、蒸气易燃性、受热膨胀性、流动性、带电性（在运输过程中极易产生静电积聚而引起放电起火）和毒害性。

2. 类项划分

易燃液体按其闪点的高低被划分为2个类项：

（1）一级易燃液体：指闪点（闭杯）低于23 ℃的液体。

此项液体具有很高的易燃危险性，即使在较低的温度下，也易于被火花或火焰引燃，属于一级易燃液体。

列于此项的物品有戊烷、已烷、乙醛、丙酮、乙醚、苯、甲苯、甲醇、乙醇、乙酸乙酯及丁胺等。

（2）二级易燃液体：指闪点（闭杯）23～60 ℃的液体。

此项液体具有相对低一些的易燃危险性，有些液体在常温条件下甚至不易被火花引燃，但是在受热或遇明火时也易于引燃，且引燃后其燃烧相当剧烈，属于二级易燃液体。

列于此项的物品有煤油、壬烷及其异构体、二甲苯异构体、丁醇异构体、樟脑油、松节油及松香水等。

3. 作业要求

（1）装卸前应先通风，开关车门、车窗时不要使用铁制工具猛力敲打，必须使用时应采取防止产生火花的防护措施。

（2）作业人员不准穿铁钉鞋。

（3）装卸搬运中，不能撞击、摩擦、拖拉、翻滚。

（4）装卸机具应有防止产生火花的措施。装载钢桶包装的易燃液体，要采取防磨措施，不得倒放和卧放。

4. 存放要求

（1）存放于阴凉通风场所，避免日晒，隔绝热源和火种。

（2）堆放要稳固，严禁倒置。库内温度超过40 ℃时，应采取通风降温措施。

（3）容器受热膨胀时，应浇洒冷水冷却，必要时应移至安全通风处放气处理。

四、易燃固体、易于自燃的物质和遇水放出易燃气体的物质

本类货物包括了具有易燃危险性的固体货物、具有易于自燃危险性的货物和具有遇水放出易燃气体危险性的货物三种不同货物。由于本类物品包括的三种货物性质相差较大，其危险性各不相同，所以本类货物没有统一的划定指标。

和其他类危险货物相比，该类货物运量较小。但须注意，易燃固体中的金属粉末燃烧时温度高，与空气混合达到爆炸极限时，容易引起粉尘爆炸；易于自燃的物质，特别是黄磷，易发生自燃着火事故；遇水放出易燃气体的物质，在受潮、雨淋或与水接触过程中会带来燃烧甚至爆炸。此类货物和一般货物的性质有根本的区别，所以应该引起足够的重视。

1. 类项划分

(1)易燃固体。

易燃固体指燃点低，对热、撞击、摩擦敏感，易被外部火源点燃，燃烧迅速，并可能散发出有毒烟雾或有毒气体的固体物质，但不包括已列入爆炸品的物质。

易燃固体按其危险性的大小划分为一级易燃固体及二级易燃固体。一级易燃固体物品有红磷、氢化钛、硝基胍[含水≥20%]、火柴[任何地方可擦燃的]等。二级易燃固体物品有硫黄、铝粉[有涂层的]、萘、硝基萘、硝化纤维塑料及安全火柴等。

易燃固体的危险特性主要包括易燃性，遇酸、氧化剂易燃易爆，可分散性(粉尘爆炸)，热分解性和毒害性。

(2)易于自燃的物质。

易于自燃的物质是指自燃点低(一般低于 200 ℃)，在空气中易于被氧化并放出热量而自行着火燃烧的物质。即在正常的运输条件下，这些物质也能够自行分解放热，或与空气接触反应放热，而易于导致自行着火燃烧。

易于自燃的物质按其危险性的大小分为一级自燃物品和二级自燃物品。一级自燃物品有黄磷、金属钙粉、钡合金、三甲基铝、二甲基镁、甲醇钠及硝化纤维片基等。二级自燃物品有金属锆[干的，碎屑]、含油金属屑、硝化纤维塑料碎屑、潮湿棉花等。

易于自燃的物质的危险特性主要表现为不需受热和明火，会自行燃烧；自燃点较低；受潮后，会增加自燃的危险性；接触氧化剂会立即发生爆炸。

(3)遇水放出易燃气体的物质。

本项物质在接触水或受潮后，会发生剧烈化学反应，迅速释放大量易燃气体并伴随热量产生。这些物质释放的易燃气体(如氢气、磷化氢等)与空气混合后，极易形成爆炸性混合物，遇明火、高温或静电火花等，瞬间就会被引燃，引发剧烈的燃烧或爆炸，产生的冲击波与火焰将对人员安全和生态环境造成严重威胁。部分物质甚至不需要外部火源，仅靠反应自身产生的热量就能引发自燃。本项物质与酸溶液接触时，反应的剧烈程度会进一步升级，不仅会在极短时间内释放更多的易燃气体和热量，还会显著提升燃烧、爆炸的风险。另外，本项物质与水反应后的产物，往往是具有毒性或强腐蚀性的物质，如金属钾、钠，或氢化钾、氢化钠等，其与水反应后生成具有强腐蚀性的强碱；再如磷化锌、磷化铝等磷化物，则会产生剧毒的磷化氢气体，吸入少量即可对人体造成严重伤害。

遇水放出易燃气体的物质按其危险性的大小划分为一级遇水易燃物品和二级遇水易燃物品。一级遇水易燃物品有金属钠、金属钾、钾钠合金、镁粉、铝粉[未涂层的]、氢化锂、氢化钠、碳化钙及磷化锌等。二级遇水易燃物品有锌灰、镁粒[有涂层的，粒度≥149 μm]、硅钙、氢化钡及钙锰硅合金等。

遇水放出易燃气体的物质的危险特性有遇水易燃易爆、遇氧化剂和酸着火爆炸、自燃、毒害性和腐蚀性。

2. 包装要求

(1)盛装遇空气或潮气能引起反应的物质，其容器须气密封口。

(2)对缓慢氧化能自燃的物质，包装应易于通风散热。

(3)对化学性质特别敏感的钠、钾等金属，须浸没在煤油或密封于石蜡中。

3. 作业要求

(1)不得摔碰、撞击、拖拉、翻滚,防止容器破损。特别注意勿使黄磷脱水,引起自燃。

(2)装卸搬运机具,应有防止产生火花的措施。

(3)雨雪天无防雨设备时,不能装卸遇水易燃物品。

4. 存放要求

(1)存放于阴凉、通风、干燥场所,防止日晒,隔绝热源和火种,与酸类、氧化剂必须隔离存放。

(2)严禁露天存放遇水易燃物品。

五、氧化性物质和有机过氧化物

氧化性物质和有机过氧化物在工农业生产中常常用到,这一类物质化学性质比较活泼,具有强氧化性,易引起燃烧、爆炸。不少人错误地认为其危险性较爆炸品要小,所以在作业过程中往往未能引起注意,反而使其成为危险货物中最容易发生事故的一类货物。

(1)氧化性物质。

氧化性物质本身未必燃烧,但通常会放出氧气与热量引起或促使其他物质燃烧。与粉末状的可燃物混合后,能够组成具有爆炸性的混合物,对热、震动或摩擦皆较为敏感,极易燃烧或爆炸。

本项货物按其危险性划分为一级氧化性物质和二级氧化性物质。一级氧化性物质有过氧化钾、超氧化钾、高氯酸钠、氯酸钾、高锰酸钾、硝酸钾、硝酸胍、亚硝酸铵及四硝基甲烷等。二级氧化性物质有过氧化氢[8%<含量<20%]、过氧化铅、过硫酸钾、溴酸钠、碘酸钠、重铬酸钾、硝酸镁及亚硝酸钠等。

(2)有机过氧化物。

有机过氧化物指分子组成中含有过氧基(-O-O-)的有机物质,属于热不稳定物质,可能发生放热自加速分解等,主要有以下几种特性:可能发生爆炸性分解、迅速燃烧、对碰撞或摩擦敏感、与其他物质起危险反应、损害眼睛。

有机过氧化物有过氧化氢二叔丁基异丙苯、过氧化氢蒎烷[工业纯]、过氧化二乙酰[在溶液中含量≤27%]、过氧化二苯甲酰[含水量不少于30%]及叔丁基过苯二甲酸等。

六、毒性物质和感染性物质

该类物质不但是化工生产的重要原料与产品,而且在农业生产中也不可缺少,如农药等。毒性物质在危险货物品名中所占比例较大,也是铁路运输中造成人畜中毒的主要物质,以及车辆污染的主要污染源。

1. 类项划分

(1)毒性物质。

毒性物质在吞食、吸入或与皮肤接触后可能损害人类健康、造成严重损伤甚至死亡。

毒性物质主要是以半数致死量来确定其毒害危险性的。半数致死量又称致死中量或中间致命剂量,用符号 LD_{50}(lethal dose 50%)表示。

该项货物则按其毒性的高低分为一级毒性物质和二级毒性物质。毒性物质的分级见表 5-2-2。

表 5-2-2　毒性物质分级

分　　级	口服毒性 $LD_{50}/(mg\cdot kg^{-1})$	皮肤接触毒性 $LD_{50}/(mg\cdot kg^{-1})$	吸入粉尘或烟雾毒性 $LC_{50}/(mg\cdot L^{-1})$
一级毒性物质(剧毒品)	$\leqslant 50$	$\leqslant 200$	$\leqslant 2$
二级毒性物质(有毒品)	$50<LD_{50}\leqslant 300$	$200<LD_{50}\leqslant 1000$	$2.0<LC_{50}\leqslant 4.0$

一级毒性物质有氰化钾、氰化亚铜、三氧化二砷(砒霜)、铊化合物、铍化合物、硝酸汞、硝基苯、二氯化苄、硫酸二甲酯及磷化铝农药等。

二级毒性物质有硫氰酸钙、氧化钡、锑粉、氟化钾、氧化汞、二氯甲烷、苯甲腈、二氯苯及苯肼等。

(2)感染性物质。

感染性物质能够引起人或动物病态,甚至致死。感染性物质是已知或有理由认为含有病原体的物质。病原体是指会造成人类或动物感染疾病的微生物(细菌、病毒、立克次氏剂、寄生虫、真菌)和其他媒介(病毒蛋白)。

2. 包装要求

(1)毒性物质(包括农药)在确定包装类别时,必须考虑到人类意外中毒事故的经验,以及个别物质具有的特殊性质。

(2)在缺乏人类经验时,必须以动物试验所得的数据为依据划定包装类别。

(3)对易挥发的液态毒性物质容器应气密封口,其他的应液密封口,固态的应严密封口。

3. 作业要求

(1)装车前应先行通风。装卸搬运时严禁肩扛、背负,要轻拿轻放,不得撞击、摔碰、翻滚,防止包装破损。

(2)装卸易燃毒害品时,机具应有防止发生火花的措施。

(3)作业时必须穿戴防护用品,严防皮肤破损处接触毒物。

(4)作业完毕及时清洁身体后方可进食和吸烟。

(5)毒性物质限使用毒品专用车,毒品专用车不足时,经铁路局集团公司批准可使用铁底棚车装运(剧毒品除外)。

(6)自备危货箱可以装运毒性物质。

七、放射性物质(物品)

货物之中,任何含有放射性核素,并且其活度和比活度均高于国家规定的豁免值者属于放射性物质(物品)。

随着国家城市化建设的推进和国防军备投入的增加,以及核电建设速度加快和城市放射性废料处理力度加大,此类货物的运输量逐年增加。

1. 基本特性

在危险货物运输中,此类物质能自发地、不断地放出 α、β、γ 射线或中子流,具有不同的穿透能力。这些射线不为人的感官所觉察，过量的射线照射可能引起机体损伤。

α射线是带正电的粒子流，穿透能力很弱，用一张纸、一件衣服或几十厘米的空气就能阻挡住，但因其电离能力强，一旦进入人体会引起较大的伤害。

β射线是高速运动的电子流，它的速度快，能量也较大，穿透能力较强，但可被几毫米厚的铝片、塑料板阻挡。β射线的电离能力较弱。

γ射线是一种波长较短的电磁波(即光子流)，不带电，以光速在空间传播。γ射线穿透能力很强，而电离能力很弱。

中子流是不带电的中性粒子束。在自然界里，中子并不单独存在，只有在原子核分裂时才能从原子核里释放出来。中子流的穿透能力很强，容易被含有很多氢原子的物质和碳氢化合物所吸收，如水、石蜡、水泥等，相反却能通过很重的物质，如铁、铅等。

除了射线的危害效应外，有些放射性物质还具有易燃、易爆、腐蚀和毒害等危险性。如，超铀元素镅-241的化学毒性就很大(属极毒性物质)，因此在出现可能有放射性内容物外逸的情况时，必须特别注意其化学毒性一面。以上特性决定了放射性物质安全运输中应配备必要的射线探测仪器才能发现其危害因素的状况，确保运输安全。

常见放射性物质(物品)有金属钍(自燃的)、金属铀(自燃的)、硝酸铀酰(固体的)，以及含有放射元素(钍、铀、镭)的一类化合物等。

2. 放射性物质(物品)分类

按照《放射性物品运输安全管理条例》的规定，根据放射性物品的特性及其对人体健康和环境的潜在危害程度，将放射性物品分为一类、二类和三类。

一类放射性物品，是指Ⅰ类放射源、高水平放射性废物、乏燃料等释放到环境后对人体健康和环境产生重大辐射影响的放射性物品。

二类放射性物品，是指Ⅱ类和Ⅲ类放射源、中等水平放射性废物等释放到环境后对人体健康和环境产生一般辐射影响的放射性物品。

三类放射性物品，是指Ⅳ类和Ⅴ类放射源、低水平放射性废物、放射性药品等释放到环境后对人体健康和环境产生较小辐射影响的放射性物品。

3. 运输等级

为了便于放射性货物运输的组织管理和安全防护，同时也为了实际运输操作的方便，放射性包装件按其外表面任意一点的最大辐射水平和距包装件外表面1 m处任意一点的最大辐射水平(即运输指数TI)这两个指标，分为三个运输等级，见表5-2-3。

表5-2-3 放射性物质包装件运输等级的划分

运输等级 (标志颜色)	包装件外表面任意一点的 最大辐射水平 $H/(mSv \cdot h^{-1})$	运输指数TI
Ⅰ级(白色)	$H \leqslant 0.005$	TI=0(注)
Ⅱ级(黄色)	$0.005 < H \leqslant 0.5$	0<TI≤1
Ⅲ级(黄色)	$0.5 < H \leqslant 2$	1<TI≤10
Ⅲ级(黄色)	$2 < H \leqslant 10$	TI>10

注：对于TI≤0.05的包装件均认为TI=0，其他情况TI都应取一位小数，计算TI时只进位不舍位。

如果一个包装件的运输指数满足某一级的条件，而表面辐射水平满足另一级别的条件，则按两级中较高的一级来确定该包装件的运输等级。

表 5-2-4 中，标志颜色反映对应等级包装件标志牌的背景颜色。Ⅰ级包装件，装车时件数不受限制，包装数目不必计数；Ⅱ级包装件可装 50 件；Ⅲ级包装件仅可装 5 件。

《放射性物品安全运输规程》(GB 11806—2019)中列出，表面任意一点的最大辐射水平超过 2 mSv/h 或运输指数大于 10 的Ⅲ级包装件必须采用专载形式运输，专载运输的工具可能是一辆车、一个货舱、一架飞机，或者长度在 6 m 以上的大型集装箱等。

4. 包装要求

放射性物质(物品)运输包装容器应符合《放射性物品运输安全管理条例》《放射性物质安全运输规程》的相关规定。压力容器应当符合国家特种设备安全监督管理部门制定并公布的《移动式压力容器安全技术监察规程》《气瓶安全技术监察规程》等有关安全技术规范要求，并在经核准的检验机构出具的压力容器安全检验合格有效期内。

放射性物质(物品)的包装还应满足下列要求：

(1)包装件应有足够的强度，保证内容物不泄漏和散失。内、外容器应封严、盖紧，能有效地减弱放射线强度至允许水平并使放射性物品处于次临界状态。

(2)便于搬运、装卸和堆码，重量在 5 kg 以上的包装件应有提手；袋装矿石、矿砂袋口两角应扎结抓手；重量在 30 kg 以上的包装件应有提环、挂钩；重量在 50 kg 以上的包装件应清晰耐久地标明总重。

(3)应在包装件两侧分别粘贴、喷涂或拴挂放射性货物包装标志。

5. 作业要求

(1)装卸车前应先行通风，尽可能采用机械化操作，尽量避免与放射性包装件接触，严禁肩扛、背负、撞击、翻滚。

(2)应该熟练操作放射性物质的装卸作业，减少在辐射场的停留时间。作业人员与放射性物品最小安全距离应符合表 5-2-4 要求。每人每天装卸放射性货物的时间不得超过容许作业时间(表 5-2-5)的限值。

表 5-2-4　作业人员与放射性物品最小安全距离

包装件的运输指数 TI	照射时间					
	1 h	2 h	4 h	10 h	24 h[1 d]	48 h[2 d]
0.2	0.5 m	0.5 m	0.5 m	0.5 m	1.0 m	1.0 m
0.5	0.5 m	0.5 m	0.5 m	1.0 m	1.5 m	1.5 m
1.0	0.5 m	0.5 m	1.0 m	1.5 m	2.5 m	2.5 m
2.0	0.5 m	1.0 m	1.5 m	2.0 m	4.0 m	4.0 m
4.0	0.5 m	1.0 m	2.0 m	3.0 m	5.0 m	5.0 m
8.0	1.0 m	2.0 m	2.5 m	4.0 m	7.0 m	7.0 m
10.0	1.5 m	2.5 m	3.0 m	5.0 m	8.0 m	8.0 m

表 5-2-5 装卸放射性物品容许作业时间

包装件运输等级	包装件表面辐射水平/($mSv \cdot h^{-1}$)	运输指数TI	徒手作业	简单工具(距包装件表面约0.5 m)	半机械化操作(距包件表面1 m)	机械化操作(距包件表面1.5 m)
Ⅰ级	≤0.005	0(注1)	6 h	—(注2)	—	—
Ⅱ级	0.01	0	4 h	6 h	—	—
	0.05	0	1.5 h	6 h	—	—
	0.1	0.1	40 min	3 h	—	—
	0.2	0.3	20 min	2 h	6 h	—
	0.3	0.6	15 min	1.5 h	6 h	—
	0.4	0.8	10 min	1 h	5 h	—
	0.5	1.0	7 min	40 min	5 h	—
Ⅲ级	0.6	1.5	×(注3)	40 min	5 h	—
	0.8	2.0	×	25 min	3.5 h	6 h
	1.0	3.0	×	20 min	2.5 h	4 h
	1.2	4.0	×	15 min	1.7 h	3 h
	1.4	5.0	×	12 min	1.5 h	2 h
	1.8	7.0	×	10 min	1 h	1.5 h
	2.0	10.0	×	8 min	30 min	1 h

注:1. 对于 TI≤0.05(即 0.000 5 mSv/h)的货包,其运输指数均认为 0。
2."—"表示不必限制。
3."×"表示不容许。

(3)放射性包装件装车时,运输包装等级小的包装件应摆放在运输包装等级大的包装件周围。

(4)装卸、搬运放射性矿石、矿砂时,作业场所应喷水防止飞尘,作业人员应穿戴工作服、工作鞋,戴口罩和手套,作业完毕应全身清洗。

(5)配备射线报警仪。

6. 存放要求

放射性物质(物品)的存放必须专库专用,仓库应通风良好、干燥、地面平坦,应有专人管理,按规定码放。

八、腐蚀性物质

腐蚀性物质是通过化学作用在接触生物组织时会造成损伤,以及在渗漏时会严重损害甚至毁坏其他货物或运输工具的物质。

腐蚀性物质是按其对试验动物皮肤或金属表面的腐蚀程度划定的,即动物皮肤接触试验中,在 4 h 内可引起组织明显坏死的物质;或金属浸泡试验中,在 55 ℃时对钢或铝的腐蚀率大于 6.25 mm/年的物质。

1. 基本特性

腐蚀性物质一般为具有较强化学活性的物质，其中许多是具有强酸性或强碱性的物质，此类物质与许多物质皆能够发生激烈的化学反应，因而接触人体、金属或纤维等物品时可造成较强烈的损害，如硫酸、硝酸，烧碱或氢氧化钾等；还有些腐蚀性物质能够挥发出刺激性的蒸气，对眼睛、黏膜会造成伤害，吸入后将对呼吸道造成严重损害，如发烟硫酸、发烟硝酸，氢氟酸等；有些腐蚀性物质具有一定的毒害危险性，不仅可造成作业人员化学灼伤，而且还会引起中毒事故，如氢氟酸、氧氯化磷等；一些有机腐蚀性物质还具有易燃危险性，如甲酸、乙酸等。可见，腐蚀性物质除腐蚀性外，还有一些次要的危险性，在运输过程中须引起注意。

2. 类项划分

腐蚀性物质按其性质划分为 3 项，每项又按其腐蚀性的强弱分为一级腐蚀性物质和二级腐蚀性物质。

(1)酸性腐蚀性物质。

本项划分为一级酸性腐蚀性物质和二级酸性腐蚀性物质。例如硫酸、硝酸、盐酸、溴等属于一级酸性腐蚀性物质；磷酸、醋酸(冰醋酸)、氯乙酸等属于二级酸性腐蚀性物质。

(2)碱性腐蚀性物质。

本项划分为一级碱性腐蚀性物质和二级碱性腐蚀性物质。例如氢氧化钠、氢氧化钾、氧化钠、氧化钾等属于一级碱性腐蚀性物质；钠石灰、氨水(10%～35%)、生石灰等属于二级碱性腐蚀性物质。

(3)其他腐蚀性物质。

本项划分为一级其他腐蚀性物质和二级其他腐蚀性物质。例如二氯乙醛、甲醛溶液等属于一级其他腐蚀性物质；氯化铜、汞等属于二级其他腐蚀性物质。

3. 包装要求

各类包装应选择耐腐蚀的包装物或容器，按所装物质的性质、状态采用气密封口、液密封口或严密封口，防止泄漏、潮解或撒漏。

4. 作业要求

(1)作业前应穿戴耐腐蚀的防护用品，对易散发有毒蒸气或烟雾的腐蚀性物质，必须通风作业，并使用防毒面具。

(2)货物堆码必须平稳牢固，严禁肩扛、背负、撞击、拖拉、翻滚。

(3)装车前卸车后必须清扫车辆，不得留有稻草、木屑、煤炭、油脂、纸屑、碎布等可燃物。

5. 存放要求

(1)应存放在清洁、通风、阴凉、干燥场所，防止日晒、雨淋。

(2)堆码应整齐稳固，不得与可燃物、氧化剂等混存。

九、杂项危险物质和物品

本类物质和物品系指危险货物中第 1 类至第 8 类未包括的物质和物品，主要包括 3 项：

(1)危害环境的物质。

危害环境的物质如石棉、二氧化碳(固态)、锂电池组等。石棉微粒是对大气和室内空气非常有害的物质，吸入体内积累后危害极大，具有强致癌作用。二氧化碳是联合国环境规划署列为全球最有害的化学品之一。锂电池组对水质的污染非常严重，会对环境造成很大的破坏。

(2)高温物质。

高温物质如运输或要求运输的物质液态温度达到或超过 100 ℃，或固态温度达到或超过 240 ℃的物质。

高温物质出事故后，会直接伤害人体和各种生物体，直接影响周围环境。如改质的煤焦沥青，原来煤焦沥青中的有害成分已改变，软化点在 100 ℃以上，经鉴定不属于前 8 类危险货物，超过 100 ℃运输时，按第 9 类危险货物办理。

(3)经过基因修改的微生物或组织。

此项物质不属感染性物质，但可以非正常地天然繁殖结果的方式改变动物、植物或微生物物质。

典型工作任务3　危险货物运输设备设施认知

学习目标

1. 能力目标

能够正确合理地利用设备，确保危险货物运输安全。

2. 知识目标

(1)掌握危险货物办理站及办理限制。

(2)了解办理站、专用线(专用铁路)货运安全设备设施。

3. 素质目标

培养认真负责的工作态度，树立安全意识。

安全案例

设备不良导致丁烯泄漏

(1)事故概况：7 月 17 日 A 站发丁烯 6 车，7 月 23 日 5:58，编挂该 6 车丁烯的 100××次货物列车到达 B 站待避，计划于 6:30 开行。助理值班员在货物列车开行前检查发现罐车上部有烟雾。当时该站地区正降中雨，押运人未按要求穿着押运防护服，致使车站未找到押运人，无法确认是否泄露。经核实，该罐车所装为丁烯后，迅速上报上级。调度员果断取消该列车的开行计划，命令上下行客货列车禁行，隔离、扣留该车查找原因，该车站组织人员携带消防车到达现场。7:15，押运人使用专用工具除冰检查泄漏点，于 9:00 止住泄露。9:40，消防队使用专业检测仪器对空气中易燃气体的浓度进行检测，确认已经安全达标，押运人签认泄漏点已修复完毕，于 10:00 该车站上下行列车恢复运行。进一步观察无异状，11:48，放行该货物列车继运到站。

(2)原因分析：丁烯(铁危编号 21019，易燃气体)，无色气体，闪点－80 ℃，易燃，与空气混合能形成爆炸性混合物，爆炸极限 1.6%～10%，遇热源和明火有燃烧爆炸的危险，比空气重，能够较低扩散到比较远的地方，遇明火回燃。《危规》规定，使用罐车运输时，限使用耐压液化气企业自备罐车装运。

①罐车检修质量存在严重问题，罐车气相阀底部法兰盘与罐体连接处未紧密拧固，丝扣松动造成丁烯的泄露。

②未认真执行《危规》规定危险货物押运管理工作实行区段签认负责制，押运人未按要求穿防护服，致使泄漏后车站未找到押运人，致使处置不力，打乱运输秩序。

相关知识

铁路危险货物运输设备设施，是办理站(含专用线、专用铁路)办理危险货物运输、装卸、储存的基本条件，设备设施是否完整、齐全，是否符合国家相关规定，对于保证铁路危险货物的运输安全具有重要意义。

一、危险货物办理站

1. 办理站的分类

危险货物办理站(以下简称办理站)是站内或接轨的专用线(含专用铁路，下同)办理危险货物发送(含换装，下同)、到达业务的车站，分为三种：

(1)站内办理站：仅在站内办理危险货物业务的车站。

(2)专用线接轨站：仅在接轨的专用线办理危险货物业务的车站。

(3)兼办站：在站内和接轨的专用线均办理危险货物业务的车站。

2. 办理站的设置

危险货物办理站应根据铁路危险货物运输需求和铁路运力资源配置情况，统一规划，合理布局。办理站的设置应满足危险货物近远期运量的需要，并充分利用铁路运力资源。

危险货物办理站的设置，应远离市区和人口稠密的区域，合理地布置建筑物等有关设施，其安全距离符合国家有关规定，防止危险化学品对周围环境的影响，同时合理组织货流，保持运输的安全畅通。

3. 办理站的设备与设施

(1)货场：货物承运、保管、装卸和交付作业并与其他运输方式相衔接的场所，由场库、配线、道路，以及办理相应货运营业所需要的货运设施组成。

(2)场库：堆放和保管货物的场所，由仓库、货物站台、雨棚、堆场和货场道路等组成。

①仓库：为存放危险货物而修建的封闭式建筑物。

②雨棚：为存放危险货物而修建的带有顶棚的非封闭式建筑物。

③货物站台：为便于装卸作业而修建的建筑物，一般分为高出轨面且高度不超过 1.1 m 的站台和超过 1.1 m 的高站台两种。

④堆场：用以存放散堆装货物、粗杂品、集装箱、笨重货物和阔大货物的场地，常修建成硬化的平货位或低货位。

⑤货场道路：货场内进出货场搬运车辆的走行通道及其车辆装卸作业的停靠场地。

(3)配线:专门办理货物运输作业的线路,由装卸线、存车线和轨道衡线等组成。

①装卸线:办理各类货物装运和接卸作业用的线路。

②存车线:暂时存放或选分车组用的线路。

③轨道衡线:装有轨道衡器设备,专门衡量重、空车重量的专用线路。

(4)装卸机具:危险货物装卸搬运作业常用的机具,非罐装货物有起重机、叉车、手推车等;罐装货物装卸设备有栈桥、鹤管、作业泵、输送管线、流量计等。

4. 办理站现代化管理设备

危险货物办理站现代化管理设备包括视频监视系统和危险货物运输安全监控系统。

(1)视频监视系统。

危险货物办理站视频监视系统指由在危险货物办理站仓库、站台、运输作业现场等部位设置的高清晰度彩色摄像设备、计算机服务器、监控/浏览终端等设备构成的,用于危险货物办理站远距离监视危险库场的主要设施、各种危险货物包装的状态及作业情况的图像通信系统。

(2)危险货物运输安全监控系统。

由于危险货物的品名繁多,性质复杂,危险性大,而从事运输的有关人员不可能全部掌握这些物品的性质、防护方法及相关的管理规则,这就给危险货物运输安全管理造成很大困难。因此,在国铁集团、铁路局集团公司、站段建立三级"铁路危险货物运输安全监控系统",对危险货物运输办理的源头信息采集和对不同岗位作业特点的危险货物办理过程进行信息化审核,对危险货物运输过程进行全面追踪和监控管理,对各类相关规章、文电、基础数据和台账等内容实现信息化、网络化管理,最终达到危险货物受理、承运、装车、在途、卸车、交付等全过程安全监控,确保危险货物运输安全。该系统包括以下功能:

①受理审核。对危险货物承运过程中采集的受理数据进行自动审核;实现按照基于危险货物品名、装运方式、装卸车地点的控制及货运人押运人的管理;实现全程监控中的源头卡控。

②签认卡控。针对各类标准"作业签认单",按照不同品类和岗位进行信息录入、信息传输和自动审核,实现全程监控中的过程卡控。

③货物追踪。

④应急救援。主要包括根据基础数据,针对危险货物运输事故提供救援信息管理;实现对路网各处救援能力和救援电话的快速查询;辅助制订事故救援方案;提供预警信息。

⑤决策支持与统计分析。

⑥试运管理。实现对未列危险货物以及包装、运载工具方面试运工作的信息化管理。

⑦电子台账。实现与危险货物运输密切相关的重点台账电子化管理。

⑧法规文电。应对与危险货物运输相关的各类法律、法规、规章、文件、电报、汇编等进行综合管理。

⑨辅助工具与基础数据维护。针对铁路危险货物运输过程中的各岗位,提供一系列功能独立、简便实用的信息化查询工具。对《危规》《铁路危险货物运输办理站(专用线、专用铁路)办理规定》《品名表》等危险货物运输专用基础数据,进行维护、数据更新等,与铁路运输管理信息系统(TMIS)同步完成货运相关基础数据维护功能。

5. 办理站办理危险货物运输的要求

危险货物办理站应当满足以下要求：

(1)危险货物办理站的储运仓库、作业站台、专用雨棚等专用设施、设备要与所办理危险货物的品类和运量相适应。耐火等级、防火、防爆、防雷、防静电、污水排放和污物处理等应符合国家有关规定和技术标准。

(2)铁路危险货物集装箱办理站应设置专用场地，并按货物性质和类项划分区域。危险货物集装箱的堆码存放应符合“铁路危险货物配放表”中的有关规定。严禁在站内办理危险货物集装箱的装箱、掏箱作业。

(3)危险货物办理地点、场所应具备消防、报警和避雷等必要的安全设施，配备有关检测设备和报警装置；作业人员应配备相应的防护用品；装卸设备应具有防爆、防静电功能；装卸能力、计量方式、消防设施、安全作业防护应符合规定要求。

(4)货运人员、技术管理人员、装卸及驾驶人员应经过铁路危险货物运输业务知识培训，熟悉本岗位的相关危险货物知识，掌握铁路危险货物运输规定。

(5)建立健全危险货物受理、承运、装卸、储存保管、消防、劳动安全防护等安全作业规程及管理制度。

(6)有铁路危险货物运输事故应急预案，配备应急救援人员和必要的救援器材和设备。高原铁路办理站应根据高原铁路运输危险货物的类项，制订专项应急预案和环保处理预案，所有有人值守的车站均应配备应急救援器材和安全防护设备。

(7)办理站内危险货物仓库、站台、雨棚、堆场的结构、面积、安全距离要求、防火间距等内容参见《铁路危险货物办理站、专用线(专用铁路)货运安全设备设施暂行技术条件》。

(8)危险货物办理站应建立危险货物运输管理和技术档案，对相关单位证照文书复印件、协议、报告等存档，具体掌握危险货物的运量、品类、理化特性、包装、运输方式、装卸作业设备、计量方法、消防设施等情况。适时掌握危险货物运输发展动态，相应调整管理措施和内容。

二、专用线与专用铁路

目前我国铁路运输的大宗物资大多数在铁路专用线装车，危险货物运输中约有85%的运量在危险货物专用线(专用铁路)进行装卸。有的铁路专用线还开展共用，吸引铁路专用线周围的运量，既起到货物集散的作用，也起到了货物“蓄水池”的作用，既利于铁路，也利于企事业单位。

1. 定义

专用线是指由企业或者其他单位管理的与国家铁路或者其他铁路线路接轨的岔线。

专用铁路是指由企业或其他单位管理，具有相应的运输组织管理系统，以自备机车动力办理车辆取送作业的专用线。

专用线和专用铁路是厂矿、企事业单位的专有线路，但它们间有较大的差异：专用铁路一般都自备动力，自备运输工具，在内部形成运输生产的一套系统的运输组织；铁路专用线则仅仅是一条线，其长度一般不超过30 km，其运输动力使用的是与其相接轨的铁路的动力。

2. 办理危险货物运输的技术条件

(1)专用线(专用铁路)应与设计时办理危险货物运输内容一致，装运和接卸危险货物运输品类，要有专门的仓库、雨棚、栈桥、鹤管、输送管线、储罐等附属设施和安全防护设备。

(2)专用线(专用铁路)办理危险货物作业场所的消防、防雷、防静电、安全检测、防护、装卸、充装等安全设施、设备应符合国家有关规定。储存仓库的耐火等级、防火间距应符合《建筑设计防火规范》《铁路危险货物办理站、专用线(专用铁路)货运安全设备设施暂行技术条件》等有关国家标准和行业管理要求。

(3)装运气体类危险货物的，应按国家规定安装轨道衡等安全计量设备。

(4)相关专业技术人员、装卸人员、运输经办人员和押运人员应经过铁路危险货物运输业务知识培训，熟悉本岗位的相关危险货物知识，掌握铁路危险货物运输规定。

(5)制订有完善的铁路危险货物运输安全管理制度和操作规程，有铁路危险货物运输事故处理应急救援预案，配备应急救援人员和必要的救援器材及设备。

三、办理站、专用线(专用铁路)货运安全设备设施

1. 铁路装卸线

铁路装卸线是铁路车辆停放并进行装卸作业的场所，线路应满足车辆停放、货物装卸送车作业的需要，线路长度、坡度、曲线半径及与周围建筑的安全距离等应符合国家和行业有关规定。

2. 装卸设施

(1)罐式危险货物装卸设备设施。

罐装危险货物装卸设备设施包括栈桥、鹤管、泵房(棚)和压缩机房等。

①栈桥。

栈桥是罐装货物装卸操作的场所，栈桥上设有液体、气体货物装卸鹤管，如图 5-3-1 所示。栈桥及其附属物应使用耐火、不渗透水的材料建造，其耐火等级不低于三级。台面、台柱可采用酮结构或钢筋混凝土结构。栈桥的长度应满足罐装货物运量及一次装卸车作业的需要。

图 5-3-1　栈桥

②鹤管。

鹤管是液体罐装运输作业的主要装卸设备，布置于栈桥上。选用鹤管的材质应与所装卸物料的性质相容，其安装位置必须符合铁路建筑限界的要求。鹤管下部接卸铁路油罐车的卸油系统，应采用密闭管道系统。从上部向铁路油罐车灌装甲、乙、丙 A 类易燃体时，应采用插到油罐车底部的鹤管。鹤管内的易燃液体流速，不应大于 4.5 m/s。

③泵房(棚)和压缩机房。

易燃、可燃液体泵站宜采用地上式，其建筑形式应根据输送介质的特点、运行条件及当地气象条件等综合考虑确定，可采用房间式(泵房)、棚式(泵棚)，亦可采用露天式。铁路油品装卸区不设集中油泵站时，油泵可设置于铁路装卸栈桥或汽车油罐车装卸站台之下，油泵四周应是开敞的，且基础顶面不应低于周围地坪。

(2)非罐式危险货物装卸设备设施。

非罐装危险货物装卸设备设施主要包括仓库、站台、装卸机具等。

①仓库。

危险货物仓库宜为单层仓库,应满足防雨、防潮、防热、防爆、防辐射的要求。爆炸品和放射性物质须单独建库隔离储存。储存爆炸品和放射性物品以外的危险货物,根据所运输的危险货物的性质、种类、数量,按“铁路危险货物配放表”的规定,分类分区堆放。

②站台。

站台是非罐装货物装卸作业的操作场地,仓库等储存设施往往建在站台上面。货物站各货区的货位和搬运车辆停留场地,应进行硬化处理。危险货物装卸站台应采用不产生火花的材料铺砌,地面应耐酸碱腐蚀并便于洗刷。货物站台应满足货物搬运和叉车等装卸机具作业的需要。

③装卸机具。

危险货物装卸方式有人工装卸搬运、机械装卸搬运,主要装卸作业设备有用于人工搬运的推车、货仓车,成件危险货物装卸所使用的叉车,吊装集装箱所使用的门式起重机等。

装卸机具应符合国家有关部门的标准和相关劳动安全、卫生、环保标准。

装卸机具的安全性能、装卸方式、起重能力、装卸速度应能满足所装卸货物的需要。

装卸、搬运危险货物的机具,应具有防爆性能,并能防止由于装卸作业摩擦、碰撞产生火花。进入甲、乙类物品库房的电瓶车、叉车必须是防爆型的。

人工装卸、搬运危险货物需穿戴防护服、防护帽等防护用品。

3. 消防设施

危险货物作业区应根据所装卸货物的性质、消防方法配备相适应的消防设施,常用的消防设施有灭火器、消防给水系统、消防车道、砂池、灭火毯等。

危险货物作业场所应配置灭火器,常用的灭火器按充装灭火物分类有干粉灭火器、泡沫灭火器、二氧化碳灭火器。

4. 防雷、防静电、防爆设施

(1)防雷设施。

雷电产生的巨大电磁、热、机械效应和静电作用,具有很大的破坏力,往往会引起火灾,为避免雷电造成事故,应装设防雷设施。

防雷设施主要有接闪器(避雷针、避雷线、避雷网或避雷带)、引下线、接地装置。

危险货物仓库、储罐、管道、泵房、电力设施等应做防雷接地,各类防雷建筑物应采取防直击雷和防雷电波侵入的措施。

建筑物投入使用后的防雷装置实行定期检测制度。防雷装置检测应当每年一次,对有爆炸危险的环境场所的防雷装置应当每半年检测一次。

(2)防静电设施。

静电主要是由于电解质相互间或电解质与金属间摩擦而产生的,如液体、气体、粉尘沿管道流动的摩擦或紧压都可产生静电,若没有良好地接地,当静电荷积累到一定程度时,就会放电,产生电火花,引起易燃物、可燃物燃烧甚至爆炸。

因此,对危险货物库内、装卸作业区可能产生静电的设备与管道,可燃液体、液化烃类物质的装卸站台、设备、建筑物的金属构件与铁路线路等会因静电引起爆炸危险场所的边界,均应采取静电接地措施。

静电危险场所的工作人员，外露穿着物(包括鞋、衣物)应具防静电或导电功能，各部分穿着物应存在电气连续性，地面应配用导电地面。

禁止在静电危险场所使用手机、平板电脑等电子设备。

(3)防爆设施。

危险货物装卸作业使用的照明设备及装卸机具必须具有防爆性能，并能防止由于装卸作业摩擦、碰撞产生火花。

装卸、搬运危险货物应使用防爆叉车并随车配备性能良好的灭火器。其他装卸工具也应采取防火花措施。

仓库内照明设备的开关、配电盘必须安装在库外，禁止使用不合格的保险装置。仓库内敷设的配电线路，应穿套金属管保护。

存放危险货物和易燃货物的仓库内不准安装使用移动照明灯具，应使用专用的防爆型库房灯具。装卸作业时，货车内使用的移动式照明灯具应采用安全电压，其变压器、开关、电源插座不准安装在库内。

拓展阅读

劳动安全防护

1. 安全检测设备

(1)可燃气体检测报警仪和有毒气体检测报警仪。

在甲类气体或甲类、乙A类液体的储运场所，应设置可燃气体检测报警仪。在有毒气体或能散发有毒气体的液体储运场所，应设置有毒气体检测报警仪。

可燃气体检测报警仪和有毒气体检测报警仪设置要求如下：

①若某种气体同时属于可燃气体和有毒气体，仅设置有毒气体检测报警仪即可。

②当场所中同时存在可燃气体和有毒气体时，必须同时设置可燃气体检测报警仪和有毒气体检测报警仪，以实现双重风险监测。

③检测器宜布置在可燃气体或有毒气体释放源的最小频率风向的上风侧。

④可燃气体检测器的有效覆盖水平平面半径，室内宜为7.5 m；室外宜为15 m。在有效覆盖面积内，可设一台检测器。

有毒气体检测器与释放源的距离，室外不宜大于2 m，室内不宜大于1 m。

⑤应设置可燃气体或有毒气体检测报警仪的场所，宜采用固定式，当不具备设置固定式的条件时，应配置便携式检测报警仪。

⑥小鹤管铁路装卸栈桥，在地面上每隔一个车位宜设一台检测器，且检测器与装卸车口的水平距离不应大于15 m。大鹤管铁路装卸栈桥，宜设一台检测器。

⑦易于积聚甲类气体、有毒气体的“死角”，宜设检测器。

⑧检测比空气重的可燃气体或有毒气体的检测器，其安装高度应距地坪0.3～0.6 m。检测比空气轻的可燃气体或有毒气体的检测器，其安装高度宜高出释放源0.5～2 m。

(2)火灾探测装置和自动报警系统。

储存具有甲、乙类火灾危险性的危险货物仓库、雨棚等场所应设火灾探测装置和自动报警系统。

(3)监测仪器。

储运放射物质的场所应配备辐射水平监测仪、表面放射性污染水平监测仪和个人剂量监测仪等监测仪器。

(4)计量安全检测设备。

办理20英尺及其以上大型集装箱的车站,应配置80 t汽车衡或相适应的衡器。

罐装作业装卸泵的装卸管线上宜安装计量仪器。

2. 安全防护用品

应根据危险货物的品类、运量等情况,配备相应的劳动防护用品。防护用品的种类,可参照下列规定选用。对于有次要危险性的货物,尚应配备相对应危险性的安全防护用品。

(1)爆炸品:防静电工作服、手套、鞋,防护镜,防毒面具,防爆型照明灯等。

(2)气体:过滤式防毒面具,空气呼吸器,防护镜,防静电服、手套、鞋,防寒服,防爆型照明灯等。

(3)易燃液体:过滤式防毒面具,正压自给式呼吸器,防护镜,防静电服、手套、鞋,防毒物渗透工作服,耐油橡胶手套,防爆型照明灯等。

(4)易燃固体、易于自燃的物质、遇水放出易燃气体的物质:自吸过滤式防毒面具,防尘口罩,防护镜,防静电服、手套、鞋,橡胶手套,隔绝式防毒服,防爆型照明灯等。

(5)氧化性物质和有机过氧化物:过滤式防毒面具,过滤式防尘呼吸器,防尘口罩,防护镜,防静电服、手套、鞋,隔绝式防毒服,橡胶手套,耐酸、碱鞋,防爆型照明灯等。

(6)毒性物质:自吸过滤式防尘口罩,过滤式防毒面具,空气呼吸器,防护镜,防毒物渗透工作服,透气型防毒服,防毒物渗透手套,防静电服、手套、鞋,防爆型照明灯等。

(7)放射性物质:防射线服、手套,防射线护目镜,防尘口罩等。

(8)腐蚀性物质:自吸过滤式防毒面具,空气呼吸器,防护镜,防酸碱工作服、手套、鞋,防爆型照明灯等。

3. 通信设备

(1)危险货物储存、装卸作业区的值班室内,应设事故报警电话。

(2)装卸栈桥应设防爆型报警电话。

(3)火灾危险场所应设置手动火灾报警装置。当使用手动火灾报警按钮的报警装置时,其按钮间距不应大于30 m。

4. 事故应急救援器材

(1)具有火灾爆炸、毒尘危害和人身危害的作业区及消防泵房等处必须设置事故照明,其连续供电时间不应少于30 min。

(2)根据危险货物的品类,应配备的救援器材如下:

①防火(护)服。

②空气呼吸器。

③防护镜。

④防毒面具。

⑤应急药品,如灼伤急救用药,中毒急救用药(参见《危规》附录9),止血类急救用药等。

⑥急救器材,包括急救箱、担架、止血带、止血棉、听诊器、血压计、体温计、叩诊锤、压舌板、

镊子、针灸针、备用氧气瓶或氧气袋、一次性输液器、人工呼吸器、一次性注射器(带针头)等。

(3)放射性货物应配备的物品如下:

①热释光剂量计12只。热释光剂量计须存放在5 cm以上厚的铅室里,用时一定要有两只作对照。

②应急包两只。应急包应含专用工作服一套,工作帽一顶,口罩(12层以上的纱布)1只,乳胶手套两副,吸水性能良好的吸水纸或脱脂棉250 g,质地牢靠的塑料袋两只,50 cm以上的长柄镊子两把。

③长筒胶鞋两双。

5. 其他

(1)危险货物装卸作业线应配备遇碰撞、摩擦不产生火花的防溜装置。

(2)爆炸品、剧毒品仓库应设火灾报警专用电话和防盗报警系统。

(3)毒性物质、腐蚀性物质的储存、装卸场所,应设必要的淋洗器、洗眼器等卫生防护设施,其服务半径小于15 m。

(4)应设有沐浴室、洗衣房、休息室、更衣室等设施。

(5)酸、碱装卸作业区应设事故中和池。

(6)仓库应有通风、降温设施;危险货物的储存场所应设温度计和湿度计。

相关规范、规程与标准

1.《铁路危险货物运输管理规则》(铁总运〔2017〕164号)。

2.《铁路危险货物品名表》(TB/T 30006—2022)。

3.《铁路危险货物运输安全监督管理规定》(交通运输部令〔2022〕24号)。

4.《危险货物品名表》(GB 12268—2025)。

5.《铁路危险货物运输技术要求》(TB/T 30008—2023)。

实作问答

某日,A站承运2个20英尺集装箱,托运人:××物流有限公司,到站:B,票记品名:重钙。该批货物到站后,B站会同收货人开箱确认,货物实际品名为氟硅酸钠,属二级毒性物质(铁危编号61514)。经进一步查实,该批货物与收货人向到站提供的购置货物的增值税发票记载品名一致。

按照现行法律规章的规定,试分析托运人、发站存在哪些违法、违章行为?

【解】(1)托运人受利益驱动,为逃避铁路危险货物托运人登记和安全监管,在熟悉货物品名和危险性的情况下,向不具备要求的到站和收货人匿报品名发送危险货物,属恶意匿报品名运输危险货物,直接违反《铁路安全管理条例》第六十七条等规定,属于严重违法行为。《铁路安全管理条例》第六十七条规定,铁路运输托运人托运货物、行李、包裹,不得匿报、谎报货物品名、性质、重量;不得在普通货物中夹带危险货物,或者在危险货物中夹带禁止配装的货物。

(2)发站作为具有危险货物的办理站,在对承运货物的安全监管上存在严重漏洞,安全检查工作不深入不彻底，对匿报危险货物品名查堵工作缺乏严格的措施，致使危险货物在无任何防护措施的情况下，以匿报品名的形式进入铁路运输。

课后作业

1. 单项选择题

(1)具有易燃易爆性质的危险货物装卸作业使用的照明设备和装卸机具必须具有(　　)性能，并能防止由于装卸作业摩擦、碰撞产生火花。

A. 防腐蚀　　B. 防爆　　C. 防物料渗透　　D. 防尘

(2)危险货物限使用(　　)装运(铁路危险货物品名表第12栏有特殊规定的除外)。

A. 平车　　B. 敞车　　C. 企业自备罐车　　D. 棚车

(3)铁路产权罐车不能装运(　　)。

A. 汽油　　B. 溶剂油　　C. 乙醇　　D. 柴油

(4)铁路危险货物运输安全管理方针是(　　)。

A. 安全第一　　B. 以人为本

C. 齐抓共管　　D. 安全第一、预防为主、综合治理

(5)(　　)负责铁路危险货物运输安全监督管理工作。

A. 铁路监管部门　　B. 国铁集团

C. 国家安全监督管理局　　D. 各铁路局集团公司

(6)《铁路危险货物运输管理暂行规定》适用范围为(　　)。

A. 国铁集团及所属铁路局集团公司　　B. 地方铁路

C. 国际联运国外段危险货物运输　　D. 军事运输

2. 判断题

(1)办理危险货物罐式箱运输时，可以使用集装箱专用平车(含两用平车)或敞车运输。(　　)

(2)可燃气体与有毒气体同时存在的场所，应同时设置可燃气体和有毒气体检测报警仪。(　　)

(3)危险货物包装表面应保持清洁，不得黏附所装物质和其他有害物质。(　　)

(4)经铁路局集团公司批准，可按普通货物运输的危险货物，要求使用棚车或集装箱装运，装车后货物距车顶部须留有适当空间，防止积热。(　　)

(5)存放剧毒品的仓库须加双锁，做到双人收发、双人保管。(　　)

(6)专用线(专用铁路)装运和接卸需用罐车运输的危险货物时，可以使用移动装卸设备进行装卸作业并采取好安全防护措施。(　　)

(7)《危规》所称危险货物，是指具有爆炸、易燃、毒害、感染、腐蚀、放射性等危险特性，在铁路运输、装卸和储存保管过程中，容易造成人身伤亡、财产毁损或者环境污染而需要特别防护的物质和物品。(　　)

(8)危险货物罐车装卸作业可在货场内办理。(　　)

3. 简答题

(1)什么是危险货物？

(2)危险货物分为哪几类?

(3)车站受理货物运输时,如何判定该货物是否属于危险货物?对名称复杂或难以判别的化学品,如何确定货物性质?

(4)简述危险办理站的分类。

(5)什么是专用线与专用铁路?简述专用线与专用铁路的区别。

项目6　危险货物运输组织

典型工作任务1　危险货物运输组织管理

学习目标

1. 能力目标

了解危险货物从托运到交付整个运输环节的工作要求，能正确组织危险货物运输。

2. 知识目标

(1)了解铁路危险货物运输的管理规章。

(2)了解危险货物办理限制管理。

(3)掌握危险货物运输方式。

(4)掌握铁路危险货物载运工具的种类及使用要求。

(5)了解危险货物运输包装要求。

3. 素质目标

(1)养成善于合作的团队精神。

(2)树立按章办事的观念，增强法律意识、安全意识。

(3)具有执着专注、精益求精、一丝不苟、追求卓越的工匠精神。

安全案例

车站编组站作业中汽油罐车发生火灾

(1)事故概况：A站调车组正在进行20××次货物列车的解体作业，当从驼峰上溜放的一组13辆车进入16道时，车站制动员发现前部第2位罐车走行部冒烟，火从罐车底部迅速窜至顶部，蔡某立即用对讲机呼救，车站3位职工登上车顶扑救。正在此时，驼峰上又溜下11辆车，与着火的车组相撞，致使罐车上3位职工从车顶摔落，跌入火中，其中一位因伤势过重，抢救无效死亡。经公安消防部门和车站奋力抢救，2 h后将火灾扑灭。

(2)原因分析：铁路公安消防部门勘察着火的汽油罐车时发现，罐车顶部的人孔盖的盖板施封完整，但是由于汽油罐车的罐盖螺栓松动，密封橡胶垫圈老化，罐口封闭不严，致使汽油从罐车盖口处溢出所致。

编组作业中，车组溜放超速及连挂速度超过了规定的2 km/h，车组溜放速度过快，在减速器作用下，罐车内汽油急剧晃动，汽油从罐车盖口处溢出，外溢的汽油布满罐体，又因为车辆的手闸制动器未松开，制动闸瓦摩擦车轮产生的火花接触外溢汽油引起火灾。

车站虽能及时组织人力奋力扑救，但各部门配合不协调，抢救过程中，驼峰作业仍在继续，后续溜放的车组和着火的罐车发生碰撞，造成救火人员伤亡，扩大了事故。

相关知识

铁路危险货物运输管理应贯彻落实国家颁布的法律、法规和相关标准，加强和规范铁路危险货物运输管理，确保铁路危险货物运输安全，以适应国民经济的快速发展。

一、铁路危险货物运输的管理规章

与铁路危险货物运输相关的法律法规有《中华人民共和国安全生产法》《中华人民共和国行政许可法》《中华人民共和国铁路法》《中华人民共和国环境保护法》《危险化学品安全管理条例》等。

有关危险品的国际规章很多，被我国采用和接受的主要是联合国和有关国际组织所制定的，这些规章具有权威性，普遍被世界各国采用，中国作为联合国和有关国际组织的成员国，有权利也有义务执行这些规章，使危险品的管理、运输和使用尽量按照一个统一的、规范的原则进行。主要包括：

(1)联合国危险货物运输专家委员会编写的《关于危险货物运输的建议书·规章范本》(以下简称橘皮书)。橘皮书是全球危险货物运输管理的基准文件。

(2)国际海事组织(IMO)制定的《国际海运危险货物规则》。

(3)国际民用航空组织(ICAO)制定的《危险物品安全航空运输技术细则》；国际航空运输协会(IATA)制定的《危险品规则》。

(4)国际铁路运输政府间组织(OTIF)制定的《国际铁路危险货物运输规则》。

(5)联合国欧洲经济委员会(UNECE)制定的《国际公路运输危险货物协定》。

(6)联合国制定的《国际内河运输危险货物协定》。

长期以来，我国铁路危险货物运输管理的主要依据是《危规》。经多年管理实践，结合国家法律、法规和标准体系的建设，铁路危险货物运输安全管理规章的内容不断进行充实、细化和完善，形成了一套完整的铁路危险货物运输安全管理规章体系，对保障铁路危险货物的安全、规范和高效运输发挥着重要作用。

我国的国家标准《危险货物分类和品名编号》(GB 6944)和《危险货物品名表》(GB 12268)，主要参考橘皮书而制定。铁路由于其自身的运输技术条件，在考虑和国际接轨并尽可能与国家标准保持一致的同时，结合中国铁路运输的实际，制定了《品名表》。

此外，为解决危险货物办理站、专用线(专用铁路)货运安全设备设施安全管理技术标准不统一、不完善等问题，必须遵守《铁路危险货物办理站、专用线(专用铁路)货运安全设备设施暂行技术条件》、《铁路办理站危险货物办理限制》(以下简称《办理限制》)等规章。

二、铁路危险货物运输管理

铁路危险货物运输管理，坚持安全第一、预防为主、综合治理的方针。铁路危险货物运输各相关单位(部门)应依法加强管理，促进铁路危险货物运输法治化、规范化、信息化、科学化。

1. 管理机构

国铁集团货运部归口管理国家铁路危险货物运输工作。

铁路局集团公司是管内铁路危险货物运输管理的责任主体,各相关单位(部门)应落实领导负责制、专业负责制、岗位负责制、逐级负责制,确保铁路危险货物运输安全。

2. 危险货物办理限制管理

(1)危险货物办理限制。

铁路局集团公司应根据危险货物运输需求和铁路运力资源配置等情况,对办理站统一规划,科学合理布局。办理站除应执行铁路货场、专用线一般规定外,还应符合铁路危险货物办理站、专用线货运安全设备设施有关技术条件等相关规定,以及有关法律、法规、规章对危险货物运输安全管理、安全作业、安全培训和应急处置等要求。

铁路局集团公司应根据相关规定和要求,确认批准《办理限制》中管内增加或修改内容,并报国铁集团公布。新增爆炸品、剧毒品、放射性物质(物品)和气体类危险货物办理限制时,由铁路局集团公司确认后将安全评估报告等相关材料报国铁集团批准公布。

站内办理时,办理限制包括办理站名称,发送、到达品名及相应的装运方式。接轨的专用线办理时,办理限制包括接轨站、专用线名称,发送、到达品名及相应的装运方式;专用线共用时,还应包括共用单位名称。

铁路局集团公司确认办理限制前,应组织对危险货物办理条件进行安全评估,并形成安全评估报告或安全评估意见,不符合安全要求的不得批准。

(2)危险货物运输安全协议、危险货物专用线共用协议。

在专用线办理危险货物运输时,产权单位应与办理站签订专用线运输协议和危险货物运输安全协议。危险货物运输需要共用专用线时,应由产权单位、共用单位、办理站(货运中心)签订危险货物专用线共用协议。

危险货物运输安全协议、危险货物专用线共用协议每年签订一次。首次签订协议应在《办理限制》公布之后、正式运输前进行;《办理限制》内容发生变化时,应在其公布之后、运输实施前重新签订协议。

危险货物运输安全协议、危险货物专用线共用协议有效期到期前1个月,办理站应通知相关单位按规定签订新协议。

逾期未签订新协议的单位,由办理站、铁路局集团公司逐级上报国铁集团在办理限制中取消。

三、危险货物运输方式

目前危险货物的运输方式有整车运输和集装箱(罐)运输两种。由于危险货物以液态运输为多,因此罐车运输成为铁路危险货物运输的主要装运方式,少部分液体危险货物以罐式集装箱的方式运输。固体危险货物则以棚车和集装箱运输为最主要的装运方式。

1. 整车运输

现有铁路产权罐车4万多辆、企业自备罐车4万多辆,主要用于运输液态危险货物。其他危险货物限使用棚车装运(毒性物质限使用毒品专用车,现有毒品专用车2千多辆),共有10万余辆危险货物运输车辆。

近年来，由于汽车、飞机、内燃机车对油类燃料需求量日益加大、精细化工行业的兴起、现代农业的发展、现代生活日益增加的需求，以及自然灾害的防范和处理等，我国铁路运输危险货物品类中，第 2 类(气体)、第 3 类(易燃液体)、第 6 类(毒性物质和感染性物质)和第 8 类(腐蚀性物质)运量较大，这些品类的货物主要是由企业危险货物自备货车或铁路产权车辆装运，主要通过棚车、罐车等载运工具运输。

2. 集装箱(罐)运输

集装箱运输是一种适用于一种或多种运输方式运送货物的运输形式。但由于在危险货物运输过程中现有铁路通用集装箱的隔热性、防腐蚀性，以及在密闭容器中危险货物本身的特性，使得铁路集装箱在危险货物运输领域还未得到充分的发展。

目前，我国铁路危险货物集装箱运输重点发展以下四种：

(1)危险货物通用集装箱。

危险货物通用集装箱适用于大多数危险货物装运，与普通集装箱在设计和结构上大体相同，但是对箱体的隔热性、防雨水渗透性、撒漏清洗的方便性等方面有较高的要求，采用耐酸碱的内壁防护条件。此类集装箱承运大多数性质相对稳定，且不易造成集装箱污染的危险货物。

(2)危险货物专用集装箱。

危险货物专用集装箱适用于装运某几类危险货物的集装箱，其在箱体设计和结构上要求更加严格，如爆炸品专用集装箱。此外其箱体或箱门处还应涂刷明显的专用标志。

(3)危险货物特种集装箱。

危险货物特种集装箱是为适应少数危险货物安全运输需求而特别设计的集装箱，如针对需要控温运输货物而设计的控温特种集装箱。此类集装箱大多为自备箱。

(4)罐式集装箱。

罐式集装箱是为专用于装运醇类、油品类及其他液体货物而设计的集装箱，目前有黄磷罐式集装箱等。

四、铁路危险货物载运工具的种类

危险货物主要通过棚车、罐车、集装箱(罐)等运载工具运输，少部分危险货物在一定条件下可采用敞车运输。其中货车按产权划分为危险货物自备货车和铁路产权货车。

1. 棚车装运的危险货物

危险货物限使用棚车装运(《品名表》第 12 栏内有特殊规定除外)。装运时，限同一品名、同一铁危编号。使用的棚车绝大部分是铁路产权的路用车辆。

竹底棚车或木底棚车可装运爆炸品、硝酸铵、氯酸钠、氯酸钾、黄磷和钢桶包装的一级易燃液体。使用时须对门口处金属磨耗板，端、侧墙的金属部分采用非破坏性措施进行衬垫隔离处理。如使用铁底棚车，须经铁路局集团公司批准。

毒品专用车用来运输毒性物质，如毒品专用车不足时，经铁路局集团公司批准可使用铁底棚车装运(剧毒品除外)。

2. 罐车装运的危险货物

(1)各类罐车装运范围。

铁路产权罐车只用来装运原油、汽油、煤油、航空煤油、柴油、石脑油、溶剂油、轻质燃料油及非危险货物的重油、润滑油等。

其他品类的液体危险货物主要靠企业自备罐车(少数由罐式集装箱)装运。

可使用带压的自备罐车装运液氨、液氯、二氧化硫、丙烷、液化石油气等,使用铝制的自备罐车装运硝酸、冰醋酸等,使用钢制的自备罐车装运苯类、醇类、原油、焦油、煤焦油、轻油类及部分腐蚀性物质如液碱、硫酸、盐酸等。

(2)铁路罐车运输特点。

铁路罐车运输相较于其他方式的运输有以下优点:罐车运输装卸方便,能起到包装容器的作用;罐车运输能力大;罐车的罐体较一般运输包装要更牢固和严密,货物运输有较高的安全保障。

虽然采用罐车运输具有上述优点,但是罐装危险货物流动性强,运输过程中受到各种各样外界因素的影响,一旦出现意外情况,罐内数十吨的危险货物发生泄漏或颠覆等时,往往会造成重大事故。而由此带来的经济损失、环境危害和社会影响则更为严重。因而采用罐车运输也必须有许多严格的特殊要求,如绝对不能超装,计量要准确,罐体要具有良好的密封性和足够的强度等。

3. 集装箱装运的危险货物

铁路危险货物集装箱同一车限装同一品名、同一铁危编号的危险货物。运输时只允许办理一站直达,并须符合《办理限制》的要求。

铁路通用箱限办理《品名表》中的二级易燃固体、二级氧化性物质和腐蚀性物质中的二级酸性腐蚀性物质、二级碱性腐蚀性物质、二级其他腐蚀性物质。

自备危货箱办理品名范围除铁路通用箱可办理的品名之外,还可办理二级毒性物质。

五、危险货物运输包装

危险货物运输包装不但能保护货物质量不发生变化、数量完整,而且是防止运输过程中发生燃烧、爆炸、腐蚀、毒害、放射射线污染等事故的重要条件之一,是安全运输的基础。

1. 危险货物包装类别

保证危险货物包装完整、安全的措施是多方面的。包装的强度是所有安全措施的基础。包装的强度与制造容器的材质、材料的规格、容器的结构、制造工艺和使用期限等因素有关。

根据包装容器内所装物品的危险程度、运输条件和运输环境,将包装类别划分为三个等级:

(1)Ⅰ类包装:盛装具有较大危险性的货物。

(2)Ⅱ类包装:盛装具有中等危险性的货物。

(3)Ⅲ类包装:盛装具有较小危险性的货物。

易燃液体包装类别划分见表 6-1-1。

表 6-1-1　易燃液体包装类别划分

包装类别	闪点(闭杯)	初沸点
Ⅰ类包装	—	≤35 ℃
Ⅱ类包装	<23 ℃	>35 ℃
Ⅲ类包装	23 ℃≤闪点≤60 ℃	>35 ℃

注:危险货物运输包装类别划分具体可参见国家标准《危险货物运输包装类别划分方法》(GB/T 15098)。

2. 危险货物运输包装的基本要求

包装和内包装应按《品名表》及"铁路危险货物包装表"的规定确定,同时还应符合下列要求:

(1)包装材料材质、规格和包装结构应与所装危险货物性质和重量相适应。包装材料不得与所装物产生危险反应或削弱包装强度。

(2)充装液态货物的包装容器内至少留有5%的余量(罐车及罐式集装箱装运的液体危险货物应符合有关要求)。

(3)包装封口应根据内装物性质采用严密封口、液密封口或气密封口。装有通气孔的容器,其设计和安装应能防止货物流出和杂质、水分进入。

(4)包装应坚固完好,能抗御运输、储存和装卸过程中正常的冲击、振动和挤压,并便于装卸和搬运。

(5)包装的衬垫物不得与所装货物发生反应而降低安全性,应能防止内装物移动和起到减震及吸收作用。

(6)包装表面应保持清洁干燥,不得黏附所装物质和其他有害物质。

3. 危险货物包装标记代号

(1)危险货物包装类别标记代号。

包装类别的标记代号,用下列小写英文字母表示:

x——符合Ⅰ、Ⅱ、Ⅲ类包装要求;y——符合Ⅱ、Ⅲ类包装要求;z——符合Ⅲ类包装要求。

(2)危险货物包装容器标记代号。

包装容器标记代号,用下列阿拉伯数字表示:

1——桶;2——木琵琶桶;3——罐;4——箱、盒;5——袋、软管;6——复合包装;7——压力容器;8——筐、篓;9——瓶、坛。

(3)危险货物包装容器材质标记代号。

包装容器的材质标记代号,用下列大写英文字母表示:

A——钢;B——铝;C——天然木;D——胶合板;F——再生木板(锯木板);G——硬质纤维板、硬纸板、瓦楞纸板、钙塑板;H——塑料材料;L——编织材料;M——多层纸;N——金属(钢、铝除外);P——玻璃、陶瓷;K——柳条、荆条、藤条及竹篾。

4. 危险货物包装标志

经由铁路、水路、公路和航空储运的危险货物运输包装,应按照国家标准《危险货物包装标志》(GB 190)粘贴或涂打货物包装标志。标志分为标记和标签,其中标记4个(表6-1-2)、标签26个(表6-1-3),其图形分别标示了9类危险货物的主要特性。危险货物包装标志使用不同颜色和符号分别表示货物的危险性,以提醒如何进行安全运输、储存、防护和消防等。

表 6-1-2　危险货物包装标记

序　号	1	2		3
标记名称	危害环境物质和物品标记	方向标记		高温运输标记
标记图形	 （符号：黑色，底色：白色）	 （符号：黑色或正红色，底色：白色）	 （符号：黑色或正红色，底色：白色）	 （符号：正红色，底色：白色）

表 6-1-3　危险货物包装标签

序号	标签名称	标签图形	对应的危险货物类项号	序号	标签名称	标签图形	对应的危险货物类项号
1	爆炸性物质或物品	 （符号：黑色，底色：橙红色）	1.1 1.2 1.3	2	易燃气体	 （符号：黑色，底色：正红色）	2.1
		 （符号：黑色，底色：橙红色）	1.4			 （符号：白色，底色：正红色）	
		 （符号：黑色，底色：橙红色）	1.5		非易燃无毒气体	 （符号：黑色，底色：绿色）	2.2
		 （符号：黑色，底色：橙红色） * * 项号的位置——如果爆炸性是次要危险性，留空白 * 配装组字母的位置——如果爆炸性是次要危险性，留空白	1.6			 （符号：白色，底色：绿色）	

续上表

序号	标签名称	标签图形	对应的危险货物类项号
2	有毒气体	 （符号：黑色，底色：白色）	2.3
3	易燃液体	 （符号：黑色，底色：正红色）  （符号：黑色，底色：正红色）	3
4	易燃固体	 （符号：黑色，底色：白色红条）	4.1
	易于自然的物质	 （符号：黑色，底色：上白下红）	4.2
	遇水放出易燃气体的物质	 （符号：黑色，底色：蓝色）  （符号：白色，底色：蓝色）	4.3

序号	标签名称	标签图形	对应的危险货物类项号
5	氧化性物质	 （符号：黑色，底色：柠檬黄色）	5.1
	有机过氧化物	 （符号：黑色，底色：红色和柠檬黄色）  （符号：白色，底色：红色和柠檬黄色）	5.2
6	毒性物质	 （符号：黑色，底色：白色）	6.1
	感染性物质	 （符号：黑色，底色：白色）	6.2
7	一级放射性物质	 （符号：黑色，底色：白色，附一条红竖条） 黑色文字，在标签下半部分写上：	7A

续上表

序号	标签名称	标签图形	对应的危险货物类项号
7	一级放射性物质	“放射性” “内装物________” “放射性强度________” 在“放射性”字样之后应有一条红竖条	7A
7	二级放射性物质	 （符号：黑色，底色：上黄下白，附两条红竖条） 黑色文字，在标签下半部分写上： “放射性” “内装物________” “放射性强度________” 在一个黑边框格内写上：“运输指数” 在“放射性”字样之后应有两条红竖条	7B
7	三级放射性物质	 （符号：黑色，底色：上黄下白，附三条红竖条） 黑色文字，在标签下半部分写上： “放射性” “内装物________” “放射性强度________” 在一个黑边框格内写上：“运输指数” 在“放射性”字样之后应有三条红竖条	7C
7	裂变性物质	 （符号：黑色，底色：白色） 黑色文字 在标签下半部分写上：“易裂变” 在标签下半部分的一个黑边框格内写上：“临界安全指数”	7E
8	腐蚀性物质	 （符号：黑色，底色：上白下黑）	8
9	杂项危险物质和物品	 （符号：黑色，底色：白色）	9

六、危险货物试运管理

《品名表》中未列载的产品且货物性质不明确的，托运人办理运输时应委托国家安全生产监督管理部门认定的检测鉴定机构对货物性质进行技术鉴定，出具鉴定报告；属于危险货物时，应办理危险货物新品名试运手续。鉴定机构对鉴定结果负责。

危险货物新品名、新包装试运应符合铁路危险货物品名表"特殊规定"栏的特殊规定，由铁路局集团公司批准，并报国铁集团集团公司备案。经批准后，发站、铁路局集团公司、托运人各留存一份"技术说明书"和"新运输包装申请表"。

试运应在指定的时间和区段内进行。跨铁路局集团公司试运时，由批准单位以电报形式通知有关铁路局集团公司。试运前办理站、托运人双方应签订试运安全运输协议。

试运时间2年。试运结束时，托运人应会同办理站将试运结果报主管铁路局集团公司。铁路局集团公司对试运结果进行研究后，提出试运报告、新品名铁路运输条件或新包装技术条件建议报国铁集团。新品名铁路运输条件建议应包括事故应急预案和环保应急处理预案。国铁集团组织专家进行技术审查，通过技术审查后公布新品名铁路运输条件或新包装技术条件，纳入正式运输。

典型工作任务2　危险货物运输组织流程的确定

学习目标

1. 能力目标

了解危险货物从托运到交付整个运输环节的工作要求，能组织各类危险货物运输。

2. 知识目标

(1)掌握危险货物运单填制与审核要点。

(2)了解危险货物装卸、保管特点与交付工作。

(3)掌握并运用铁路禁止溜放和限速连挂的车辆表、车辆编组隔离表、危险货物配放表。

3. 素质目标

(1)养成善于合作的团队精神。

(2)树立按章办事的观念，增强法律意识、安全意识。

(3)具有敬业、专注、创新的精神。

安全案例

承运性质不明货物导致火灾

(1)事故概况：6月18日，A站承运1车人造棉(外包装名称为有光型粘胶短纤维)，按易燃普通货物办理运输。货物运单、货票均加盖易燃普通货物戳记。该货物使用棚车装运，票记货物162件，重40 t。货物价值70余万元，保险21万元。该车由托运人在专用线自装、自施封。6月26日23:58，编挂该棚车的货物列车在中途B站停车，该货物列车进站时接车值班员发现列车机后第27位棚车(P623339××)自门窗向外冒烟，当即向车站汇报，车站立即启动火灾应急预案，组织人员进行施救，并电话通知火警119，经与消防人员一起全力抢救，于27日5:30将火情控制，车辆和货物均有不同程度的受损。

(2)原因分析：

①造成这起事故的直接原因是所承运人造棉含水率达17.2%，超过国家规定的含水率，人造棉蓄热自燃。

②承运该批货物的A站违反《危规》规定，即"易燃普通货物品名表"内未列品名的易燃普通货物，承运前要上报铁路局集团公司，由铁路局集团公司确认其性质和批准运输条件后方可上路运输。但该站在该批货物未进行任何检测的情况下擅自决定在运单、货票上加盖易燃普通货物戳记，按普通货物办理运输，是引起这起事故的另一重要原因。

相关知识

一、危险货物的托运

危险货物的运输条件可分为禁止运输、有条件运输、按普通货物条件运输和按危险货物运输四类。

1. 禁止运输的危险货物

禁止运输的危险货物主要包括国家禁止生产的危险物品、过度敏感或能自发反应而引起危险的物品。如叠氮铵、无水雷汞等，还有铁路危险货物品名表"特殊规定"栏中规定禁止运输的。

2. 有条件运输的危险货物

有条件运输的危险货物主要包括性质不稳定或由于聚合、分解在运输中能引起剧烈反应的危险货物，托运人应采用加入稳定剂或抑制剂等方法保证运输安全。如乙烯基甲醚、丙烯酸、甲基丙烯酸甲酯等，并在货物运单托运人记事栏内填写"已加入稳定剂或抑制剂"字样。

3. 按普通货物条件运输的危险货物

铁路危险货物品名表"特殊规定"栏规定符合按普通货物运输条件的，可按普通货物条件运输。运输时，经铁路局集团公司批准后可在非危险货物办理站(专用线)发运。托运人应在货物运单"托运人记事"栏内注明"×××(铁危编号)，可按普通货物运输"。

4. 按危险货物运输的危险货物

按危险货物运输时，托运人托运危险货物应如实表明收货人名称、货物的名称、性质、重量、数量等，不得匿报、谎报品名、性质、重量。

应在货物运单"货物名称"栏内填写危险货物品名和铁危编号，在货物运单的右上角用红色戳记标明类项名称，并在货物运单"托运人记事"栏内填写经办人身份证号码，对派有押运员的还需填写押运员姓名、身份证号码。

托运爆炸品或烟花爆竹时，托运人须相应出具运达地县级人民政府公安部门核发的"民用爆炸物品运输许可证"或"烟花爆竹道路运输许可证"，均应在货物运单"托运人记事"栏内注明许可证名称和号码，并在货物运单右上角用红色戳记相应标明"爆炸品"或"烟花爆竹"字样。

货物运单包装栏应按"铁路危险货物包装表"的规定填写相应的外包装和内包装名称。

二、危险货物的受理

办理站受理危险货物时，应符合下列规定：

(1)托运人名称与危险货物托运人名称表相统一。

(2)国家对生产、经营、储存、使用等实行许可管理的危险货物，发站还应查验收货人提供的相关证明材料并留存备查；必要时，到站应进行复查。

(3)经办人身份证与货物运单记载相统一。

(4)货物运单记载的品名、类项、编号等内容与《品名表》的规定相统一，并核查铁路危险货物品名表“特殊规定”栏有无铁路危险货物运输特殊规定。

(5)发到站、办理品名、装运方式与办理限制相统一。

(6)货物品名、重量、件数与货物运单记载相统一。

(7)经办人具有培训合格证明。

(8)托运人具有包装检验合格证明文件。

(9)货物运单右上角用红色戳记标明编组隔离、禁止溜放或限速连挂等警示标记。

(10)其他有关规定。

三、装卸车作业

危险货物装卸作业前，应对车辆和仓库进行必要的通风和检查，向装卸工组说明货物品名、性质、作业安全事项并准备好消防器材和安全防护用品。对车辆采取防溜、防护措施。作业时要轻拿轻放，堆码整齐稳固，防止倒塌，严禁倒放、卧装(钢瓶等特殊容器除外)。具有易燃易爆性质的危险货物装卸作业使用的照明设备及装卸机具应具有防爆性能，并能防止由于装卸作业摩擦、碰撞产生火花。

1. 装车作业

(1)检查车辆。检查车种车型与规定装运货物是否相符，查看门窗状态、进行透光检查，确认车辆状况良好。

(2)检查货物。检查货物品名、包装、件数与货物运单填写是否一致，以及货物包装是否符合规定。

(3)装车作业。传达安全注意事项及装载方案，检查消防器材和安全防护用品。装载货物不得超过车辆标记载重量及罐车允许充装量，严禁增载和超装、超载。

(4)装车后工作。检查堆码及装载状态，查验门窗是否关闭良好，做好施封加锁工作等。

2. 卸车作业

(1)检查车辆。进行车辆状态及施封检查，核对票据与现车，确定卸车及堆码方法。

(2)卸车作业。传达安全作业注意事项及卸车方案，检查消防器材和安全防护用品。

(3)卸车后工作。在收货人清理车辆残存废弃物后，对受到污染的车辆，及时回送洗刷所洗刷除污。清理车辆残存废弃物，交由收货人负责处理。因污染、腐蚀造成车辆损坏的，按规定索赔。

3. 货物存放、保管和交付

危险货物应按其性质和要求存放在指定的仓库、雨棚等场地。遇潮或受阳光照射容易燃烧或产生易燃、易爆、有毒气体的危险货物不得在雨棚或露天存放。危险货物存放时要求按类、项区别专库专用，如不同类项的危险货物确需同库混合存放，应符合“铁路危险货物配放表”(表6-2-1)的规定。编号不同的爆炸品不得同库存放。

表6-2-1 铁路

危险货物的种类和品名				品名编号	配放号						
危险货物	气体	易燃气体		21001～21061，21063～21064	1	1					
危险货物	气体	非易燃无毒气体	氧、空气、一氧化二氮（氧及氧气空钢瓶不得与油脂在同库配放）	22001，22003，22017	2	△	2				
危险货物	气体	非易燃无毒气体	其他非易燃无毒气体	22005～22016，22019～22055	3			3			
危险货物	气体	有毒气体（液氯及液氨不得在同库配放）		23001～23061	4				4		
危险货物	易燃液体			31001～31055，31058，31101～31302，31319，32001～32150，32152	5		×		×	5	
危险货物	易燃固体、易于自燃的物质、遇水放出易燃气体的物质	易燃固体（发孔剂H不得与酸性腐蚀性物质及有毒或易燃酯类危险物品配放）		41001～41062,41501～41554	6		×		×		6
危险货物	易燃固体、易于自燃的物质、遇水放出易燃气体的物质	易于自燃的物质	一级易于自燃的物质	42001～42040	7	×	×		×	×	×
危险货物	易燃固体、易于自燃的物质、遇水放出易燃气体的物质	易于自燃的物质	二级易于自燃的物质	42501～42526	8	△	△		×	△	
危险货物	易燃固体、易于自燃的物质、遇水放出易燃气体的物质	遇水放出易燃气体的物质（不得与含水液体货物在同库配放）		43001～43051，43501～43510	9	△	△		△		
危险货物	氧化性物质和有机过氧化物	氧化性物质	过氧化氢	51001，51501	10					×	
危险货物	氧化性物质和有机过氧化物	氧化性物质	亚硝酸盐、亚氯酸盐、次（亚）氯酸盐(注2)(注5)	51043～51046，51071～51074，51087，51509，51525	11	△			×	×	△
危险货物	氧化性物质和有机过氧化物	氧化性物质	其他氧化性物质(配放号13所列品名除外)	51002～51042 51047～51067，51069 51080～51083，51502～51508，51510～51524，51526，51527	12	△			×	×	△
危险货物	氧化性物质和有机过氧化物	硝酸胍、高氯酸醋酐溶液、过氧化氢尿素、二氯异氰尿酸、三氯异氰尿酸、四硝基甲烷等有机过氧化物		51068，51075～51079，52001～52103	13	×			×	×	×
危险货物	毒性物质	氰化物		61001～61005	14						
危险货物	毒性物质	其他毒性物质（注6）		61006～61205，61501～61520，61551～61941	15						
危险货物	腐蚀性物质	酸性腐蚀性物质	溴	81021	16	△				△	
危险货物	腐蚀性物质	酸性腐蚀性物质	发烟硝酸、硝酸、硝化酸混合物、废硝酸、废硝化混合酸、发烟硫酸、硫酸、含铬硫酸、废硫酸、淤渣硫酸、氯磺酸	81001～81004，81006～81009，81023	17	×	△	△	×	△	△
危险货物	腐蚀性物质	酸性腐蚀性物质	其他酸性腐蚀性物质	81005，81010～81020，81022，81024～81135，81501～81647	18	△			△		
危险货物	腐蚀性物质	碱性腐蚀性物质（水合肼、氨水不得与氧化性物质和有机过氧化物配放） 其他腐蚀性物质		82001～82041，82501～82526 83001～83030，83501～83514	19						
普通货物	易燃普通货物				20	×			×		
普通货物	饮食品、粮食、饲料、药品、药材类、食用油脂(注3)(注4)				21	△			×	△	△
普通货物	非食用油脂				22						
普通货物	活动物(注3)				23	×			×	△	△
普通货物	其他(注3)(注4)				24						
配放号						1	2	3	4	5	6

危险货物配放表

	7	8	9	10	11	12	13	14	15	16	17	18	19
7													
8													
9	×												
10	△	△	×										
11	△		△										
12	△		△		×								
13	×		△	△	×	×							
14				×									
15				△									
16	×	△	△				×	×	△				
17	×	×	△	△	×	注1	×	×	△	△			
18	△		△	△	△	△	△	×	△		△		
19			△								×		
20				△			△			△	×		
21	×		×	△				×	×	×	×	×	△
22				△						×	×		
23	×		×	×	△	△	△	×	×	×	×	×	×
24													

说明：

一、配放符号

1. 无配放符号表示可以配放；
2. △表示可以配放，堆放时至少隔离2 m；
3. ×表示不可以配放；
4. 有“注1”“注2”……注释时按注释规定办理。

二、注释

1. 除硝酸盐（如硝酸钠、硝酸钾或硝酸铵等）与硝酸、发烟硝酸可以混存外，其他情况皆不得混存；
2. 氧化性物质不得与松软的粉状可燃物（如煤粉、焦粉、炭黑、糖、淀粉、锯末等）混存；
3. 饮食品、粮食、饲料、药品、药材类、食用油脂及活动物不得与贴有毒性气体、毒性物质、感染性物质包装标志的物品，及有恶臭能使货物污染异味的物品，以及畜禽产品中的生皮张、生毛皮（包括碎皮）、畜禽毛、骨、蹄、角、鬃等物品混存；
4. 饮食品、粮食、饲料、药材类、食用油脂与按普通货物运输的化工原料、化学试剂、香精、香料应隔离1 m以上；
5. 漂白粉与过氧化氢、易燃物品、非食用油脂应隔离2 m以上；与饮食品、粮食、饲料、药品、药材类、食用油脂、活动物不得混存；
6. 贴有易燃液体包装标志的液态农药不得与氧化性物质和有机过氧化物混存。

堆放危险货物的仓库、雨棚等场地应清洁干燥、通风良好，配备充足有效的消防设施。货场应设置明显的安全警示标志，应建立健全值班巡守制度。仓库作业完毕后应及时锁闭，剧毒品、爆炸品及储存数量构成重大危险源的危险货物应加双锁，做到双人收发、双人保管。

对到达的货物要及时通知收货人，做到及时交付货物、及时取送车辆。货位清空后，需及时清扫、洗刷干净。对撒漏的危险货物及废弃物，应及时通知收货人进行处理。对危险性大、撒漏严重的，要会同安监、卫生防疫、环保、消防等部门共同处理。

由于运输爆炸品（烟花爆竹除外）、硝酸铵、剧毒品（铁路危险货物品名表“特殊规定”栏有第67条特殊规定的）、罐车装运气体类危险货物通过铁路运输存在严重的安全风险，发生事故会造成巨大的人员伤亡和财产损毁，因此，要通过实行全程押运、途中货检站对车辆装载及押运情况进行检查签认，以确保这些危险货物在铁路运输过程中处于有效的监控中，防范安全风险。

四、铁路危险货物车辆编挂要求

调车作业是运输过程中的重要环节。调车连挂时速度高低、冲击大小，与货物的安全有密切关系。根据危险货物特殊性质，在调车作业和运输编组隔离、车辆技术检查、整备、检修等技术作业中需采取特殊防护事项，要有明确规定，并应书面通知有关单位和人员。铁路车辆禁止溜放和限速连挂表见表6-2-2，铁路车辆编组隔离表见表6-2-3。

表6-2-2　铁路车辆禁止溜放和限速连挂表

顺号	种　类	禁　止　溜　放 （调动这些车辆时禁止溜放和由驼峰上解体）	限　速　连　挂 （溜放或由驼峰上解体调车，车辆连挂速度不得超过2 km/h）
1	爆炸品	有整体爆炸危险的物质和物品；有迸射危险，但无整体爆炸危险的物质和物品；有燃烧危险并有局部爆炸危险或局部迸射危险或这两种危险都有，但无整体爆炸危险的物质和物品	不呈现重大危险的物质和物品；有整体爆炸危险的非常不敏感物质；无整体爆炸危险的极端不敏感物品
2	气体	罐车（含空罐车）和钢质气瓶装载的易燃气体、毒性气体	①非易燃无毒气体 ②钢质气瓶以外其他包装装载的气体类危险货物
3	易燃液体	乙醚，二硫化碳，石油醚，苯，丙酮，甲醇，乙醇，甲苯	①除禁止溜放栏内规定以外的装入玻璃或陶瓷容器的易燃液体 ②汽油
4	易燃固体、易于自燃的物质、遇水放出易燃气体的物质	硝化纤维素，黄磷，硝化纤维胶片	三硝基苯酚[含水≥30%]，六硝基二苯胺[含水>75%]，三乙基铝，浸没在煤油或密封于石蜡中的金属钠、钾、铯、锂、铷、硼氢化物

续上表

顺号	种　类	禁　止　溜　放 （调动这些车辆时禁止溜放和由驼峰上解体）	限　速　连　挂 （溜放或由驼峰上解体调车，车辆连挂速度不得超过 2 km/h）
5	氧化性物质和有机过氧化物	过氧化氢，过氧化钠，过氧化钾，氯酸钠，氯酸钾，氯酸铵，高氯酸钠、高氯酸钾、高氯酸铵，硝酸胍，漂粉精和有机过氧化物	除禁止溜放栏内规定以外的装入玻璃容器的氧化性物质和有机过氧化物
6	毒性物质和感染性物质	玻璃瓶装的氯化苦、硫酸二甲酯、四乙基铅（包括溶液）、一级（剧毒）有机磷液态农药、一级（剧毒）有机锡类、磷酸三甲苯酯、硫代膦酰氯	①禁止溜放栏内的货物装入铁桶包装时 ②除禁止溜放栏内规定以外的装入玻璃或陶瓷容器的毒害性物质
7	放射性物质（物品）	二、三级运输包装或气体的放射性货物	—
8	腐蚀性物质	罐车装载以及玻璃或陶瓷容器盛装的发烟硝酸、硝酸、发烟硫酸、硫酸、三氧化硫、氯磺酸、氯化亚砜、三氯化磷、五氯化磷、氧氯化磷、氢氟酸、氯化硫酰、高氯酸、氢溴酸、溴	除禁止溜放栏内规定以外的装入玻璃或陶瓷容器的腐蚀性物质
9	特种车辆	非工作机车，轨道起重机，机械冷藏车，大型的凹型和落下孔车，空客车及特种用途车（发电车、无线电车、轨道检查车、钢轨探伤车、电务试验车、通信车），检衡车	—
10	其他车辆	搭乘旅客的车辆，国铁集团临时指定的货物车辆	乘有押运人员的货车
11	贵重、精密货物	由发站和托运人共同确定的贵重的以及高级的精密机械、仪器仪表	电子管、收音机、电视机以及装有电子管的机械
12	易碎货物	易碎的历史文物，易碎的展览品，外贸出口的易碎工艺美术品，易碎的涉外物质（指各国驻华使、领馆公用或个人用物品，外交用品，国际礼品，展品，外侨及归国华侨的搬家货物）	鲜蛋类，生铁制品，陶瓷制品，缸砂制品，玻璃制品以及用玻璃、陶瓷、缸砂容器盛装的液体货物

注：除顺号1、2、9、10“禁止溜放”外，其他“禁止溜放”的货物车辆可向空线溜放。

装运需停止制动作用的货车时，车站应书面通知所在地货车车辆段，由货车车辆段派就近的列检作业场人员到场检查确认后关闭截断塞门并施封，封上应有“停止制动”字样，同时在货运票据上注明“停止制动”。

施封后，所在地货车车辆段应认真做好记录，并将“停止制动”施封车辆的车种、车型、车号和到站及时通知到站所在地货车车辆段。

表 6-2-3　铁路车辆编组隔离表

货物种类(品名编号)		隔离标记	最少隔离辆数						备注
			距牵引的内燃、电力机车,推进运行或后部补机及使用火炉的车辆	距乘坐旅客的车辆	距装载雷管及导爆索(11001,11002,11007,11008)的车辆△7	距装载除雷管及导爆索以外爆炸品的车辆△8	距装载易燃普通货物的敞车、平车	距装载高出车帮易窜动货物的车辆	
气体(含空罐车)	易燃气体 非易燃无毒气体 毒性气体	△1	4	4	4	4	2	2	运输气体类危险货物重、空罐车时,每列编挂不得超过3组。每组间的隔离车不得少于10辆
一级易燃液体 一级易燃固体 一级易于自燃的物质 一级氧化性物质 有机过氧化物 一级毒性物质(剧毒品) 一级酸性腐蚀性物质 一级碱性腐蚀性物质 一级其他腐蚀性物质		△2	2	3	3	4	2	—	运输原油时,与机车及使用火炉的车辆可不隔离。运输硝酸铵时,与机车及使用火炉的车辆隔离不少于4辆
放射性物质(物品)(矿石、矿砂除外)		△3	2	4	×	×	2	1	×标记表示不能编入同一列车
七〇七	一　级	△4	4	4	4	4	4	2	一级与二级编入同一列车时,相互隔离2辆以上,停放车站时相互隔离10 m以上,严禁明火靠近
	二　级	△5	4	4	4	4	4	2	

续上表

货物种类(品名编号)		隔离标记	最少隔离辆数						备注
			距牵引的内燃、电力机车,推进运行或后部补机及使用火炉的车辆	距乘坐旅客的车辆	距装载雷管及导爆索(11001,11002,11007,11008)的车辆△7	距装载除雷管及导爆索以外爆炸品的车辆△8	距装载易燃普通货物的敞车、平车	距装载高出车帮易窜动货物的车辆	
敞车、平车装载的易燃普通货物及敞车装载的散装硫黄		△6	2	2	2	2	—	—	装载未涂防火剂的腐朽木材的车辆,运行在规定的区段和季节须与牵引机车隔离 10 辆,如隔离有困难时,各铁路局集团公司与相邻铁路局集团公司协商规定隔离办法
爆炸品	雷管及导爆索(11001,11002,11007,11008)	△7	4	4	—	4	2	2	—
	除雷管及导爆索以外的爆炸品	△8	4	4	4	—	2	2	

注:1. 小运转列车及调车隔离规定,由铁路局集团公司自行制定。

2. 有△全标记的车辆与装载蜜蜂的车辆运输时按有关规定办理。

3. 空罐车可不隔离(气体类危险货物除外)。

到站卸车后，车站应书面通知所在地货车车辆段，由货车车辆段派就近的列检作业场人员到场检查确认后拆封，开启截断塞门，并将该车辆的车种、车型、车号及时通知发站所在地货车车辆段予以销号。

危险货物应快装、快卸、快取、快送、优先编组、优先挂运。站内停放危险货物车辆时，应采取安全防护措施，对需要看护的重点危险货物，由车站派人员看守并报告铁路公安部门。

根据危险货物特殊性质，在调车作业和运输编组隔离、车辆技术检查、整备、检修等技术作业中需采取特殊防护事项，要有明确规定，并应书面通知有关单位和人员。

五、危险货物的押运管理

1. 押运人数

派有押运人的成组危险货物车辆，要求成组连挂，不得拆解；发站应在该组车辆每一张货物运单上注明“成组连挂，不得拆解”，并将该组票据单独装入封套(剧毒品除外)，封套上注明“成组连挂，不得拆解”。

气体类 6 辆重(空)罐车以内编为 1 组，每组押运人不得少于 2 人；每列编挂不得超过 3 组，每组间的隔离车不得少于 10 辆。

剧毒品(铁路危险货物品名表“特殊规定”栏有第 67 条特殊规定的)4 辆以内编为 1 组，每组 2 人押运；2 组以上押运人数由铁路局集团公司确定。

硝酸铵 4 辆以内编为 1 组，每组 2 人押运；2 组以上押运人数由铁路局集团公司确定。

爆炸品(烟花爆竹除外)每车 2 人押运。

上述车辆编组隔离还应符合《铁路技术管理规程(普速铁路部分)》关于铁路车辆编组隔离的规定。

派有押运人的车辆，成组挂运时，途中不得拆解。

2. 押运管理要求

押运人应当掌握所押运危险货物的性质、危害特性、包装容器、载运工具的使用特性和发生意外的应急措施。押运人应穿着印有红色“押运”字样的黄色马甲，押运时应携带培训合格证明，并按规定携带相关工具备品及证件，押运过程中遵守有关规定。

押运管理工作实行区段签认负责制。货检人员应与押运人在所押运的车辆前签认，签认内容见“全程押运签认登记表”。

运输时发现押运备品不符合要求，押运人身份与携带证件不符或押运人缺乘、漏乘时应及时甩车，做好登记，并通知发站或到站联系托运人、收货人补齐押运人或押运备品，编制普通记录后方可继运。

六、签认制度

爆炸品、硝酸铵、剧毒品(非罐装、铁路危险货物品名表“特殊规定”栏有第 67 条特殊规定的)、气体类和其他另有规定的危险货物运输作业实行签认制度。作业应按规定程序和作业标准进行并签认。

要对作业过程内容的完整性、真实性负责，严禁漏签、代签和补签。签认单保存期半年。

货检站未产生货检作业时，可不进行签认。

七、洗刷除污

铁路局集团公司应按照管内货车自局洗刷、减少空车长距离回送洗刷和环保达标的要求，新建或升级改造货车洗刷所。

装过危险货物的货车，卸后应清扫干净。

下列三种情况应进行洗刷除污：

(1)装过剧毒品的毒品车。

(2)发生过撒漏、受到污染(包括有刺激异味)的货车。

(3)回送检修运输过危险货物的货车。

未经洗刷除污合格的货车严禁使用或排空。

装过放射性物质(物品)的货车、苫盖的篷布及有关用具，卸后应由省级人民政府环境保护部门认定的有资质的辐射监测机构对α、β、γ射线发射体的污染水平进行监测，监测结果应低于规定的限值，达到要求后方可排空使用。

对装过性质特殊物质、缺乏有效洗刷除污手段的货车，洗刷所应通知卸车站，要求收货人提供有效的洗刷除污方法和药物，再次洗刷处理。

典型工作任务3 危险货物罐车运输组织

学习目标

1. 能力目标

能够组织危险货物罐车运输。

2. 知识目标

掌握危险货物罐车承运、装卸及充装量的确定。

3. 素质目标

(1)养成善于合作的团队精神。

(2)树立按章办事的观念，增强法律意识、安全意识。

(3)具有爱岗敬业、精益求精的精神。

安全案例

危险货物罐车人孔盖途中开启

(1)事故概况：某日6:08，编组为48辆空轻油罐车的30×××次列车到达A站，机后39、45位罐车发生人孔盖开启，该站进行整理后于12:45发出列车，途经五个车站后于14:32到达B站时，值班员发现机后21位罐车(G75K)人孔盖开启，经通知前方C站本站扣车整理，造成列车在该站停车1 h 44 min。

(2)原因分析：货运作业标准不落实，缺乏严、细、实的工作态度是造成事故的重要原因。途经有关站在进行列车交接检查时，未按区段负责制要求认真进行货检作业，明知是危险货物罐车，但却未对罐车人孔盖关闭情况进行检查，导致途中罐车人孔盖开启，影响列车运行安全。

相关知识

铁路罐车是铁路货车的重要组成部分，约占我国货车总数的15%，用来运输各种液体、液化气体和粉状货物。罐车目前运输的品类主要有汽油、煤油、柴油、液碱、浓硫酸、黄磷、醇类、苯类、和气体类等货物。随着国民经济的发展，特别是化工行业的发展，需要罐车运输的各种化工介质也日益增多，我国铁路罐车已发展成为品种最庞大的货车类别。

一、铁路罐车发展趋势

我国铁路罐车运输采用中速重载。现在我国新设计的罐车均为70 t级，设计和制造水平不断提高，结构合理完善。70 t级罐车的商业运行速度达到120 km/h，载重70 t，实现了高速和重载并举，有效提高了铁路货物运能，具有优良的技术性能和显著的经济效益与社会效益。为了进一步提高铁路货物运能，80 t级铁路罐车已开始研制，在符合国家和铁路相应标准的要求，并满足用户使用需求的前提下，运用先进的设计手段和技术，进一步提高车辆的载重。

二、铁路运输危险货物罐车的分类

1. 按所有权分

按所有权可分为铁路产权罐车与企业自备罐车。

运输危险货物通常是专车专用，即一辆罐车只用来装运一种货物。由于涉及品名众多，各企业安全管理水平各异，目前是运输安全管理的重点。

铁路产权罐车限装品名为原油、汽油、煤油、航空煤油、柴油、石脑油、溶剂油、轻质燃料油及非危险货物的重油、润滑油。对擅自涂改铁路产权罐车标记装运限定之外品名的，要立即扣车处理，同时追查有关责任单位、责任人的责任。厂、段修过期车辆不得装车运用。

2. 按罐体材质分

按罐体材质可分为钢罐车、铝或铝合金罐车、橡胶或特制塑料衬里的钢罐车。

3. 按使用压力分

按使用压力可分为常压罐车与压力罐车。

如轻油类、粘油类、酸碱类铁路罐车属于常压罐车，液化气体类铁路罐车为压力罐车。

4. 按保温功能或加温形式分

按保温功能或加温形式可分为有保温功能或带加温装置和普通罐车。有保温功能或带加温装置的罐车如G17型车、新制70 t级黄磷罐车等；普通罐车，如G60、G70型车等。

5. 按装卸方式分

按装卸方式可分为上装上卸式罐车和上装下卸式罐车。

上装上卸式罐车，即货物的装、卸车作业均在罐体顶部进行，如G60、G70型车等。

上装下卸式罐车，即货物从罐体顶部装车，从罐体底部卸车。采用这种罐车主要是为了装运一些黏度较大的货物，如沥青等，以方便卸车并加快卸车速度，但这种罐车在运输过程中底部卸车口经常发生滴漏现象，污染罐车、线路和环境，易造成事故隐患。此类罐车主要有G17、G17B型车等。

三、承运危险货物自备罐车的检查内容

1. 气体类危险货物

(1)托运人或收货人的罐车产权单位名称应与“自备铁路车辆经国家铁路过轨运输证”(以下简称过轨运输证)的单位名称相统一。

(2)货物品名、托运人、收货人、发到站、专用线等应与办理限制相统一。

(3)货物品名应与罐体标记品名相统一。

(4)托运人提供的“铁路液化气体罐车充装记录”一式两份，一份由发站留存，一份随货物运单至到站交收货人。

(5)罐车产权单位提供的移动式压力容器使用登记证。

(6)虽符合上述五项条件，但车辆检修时间过期、证件过期、车况不良、罐体密封不严、罐体标记文字不清等有碍安全运输的不予办理运输。

2. 非气体类液体危险货物

非气体类液体危险货物运输时比照气体类危险货物规定办理，不检查移动式压力容器使用登记证，应检查铁路罐车容积检定证书和铁路罐车罐体检测报告。

3. 其他类危险货物

其他类危险货物运输比照气体类危险货物和非气体类液体危险货物运输的相应规定办理。

自备货车返空时，车站不再查验“过轨运输证”，其返空到站按空车托运人要求办理。

四、罐车的充装量

1. 气体类危险货物充装量

气体类危险货物装车单位应具有轨道衡计量设备，装运气体类危险货物罐车标记容积在80 m^3 以上的应安装三台面轨道衡。

气体类危险货物在充装前应对空车进行检衡。充装后，需用轨道衡再对重车进行计量，严禁超装。充装量应按计算公式计算，但不得大于标记载重量；计算的充装量大于标记载重量时，充装量以标记载重量为准。

(1)允许充装量的确定方法如下：

$$W_{计算}=\Phi V_{标}$$

当 $W_{计算}\geqslant P_{标}$ 时，

$$W_{许装}=P_{标}$$

当 $W_{计算}<P_{标}$ 时，

$$W_{许装}=W_{计算}$$

式中 $W_{计算}$——根据重量充装系数确定的计算充装量，t；

$W_{许装}$——允许充装量，t；

$V_{标}$——罐车标记容积，m^3；

$P_{标}$——罐车标记载重量，t；

Φ——重量充装系数，t/m^3，常见介质的重量充装系数见表 6-3-1。

表 6-3-1　常见介质的重量充装系数

充装介质种类	重量充装系数 $\Phi/(t\cdot m^{-3})$	充装介质种类	重量充装系数 $\Phi/(t\cdot m^{-3})$
液氨	0.52	混合液化石油气	0.42
液氯	1.20	正丁烷	0.51
液态二氧化硫	1.20	异丁烷	0.49
丙烯	0.43	丁烯、异丁烯	0.50
丙烷	0.42	丁二烯	0.55

注：液化气体重量充装系数，按介质在 50 ℃时罐体内留有 6%～8%气相空间及该温度下的比重求得。

(2)检衡复核充装量公式如下：

$W_{空检} \geqslant W_{自重}$时，

$$W_{实装}=W_{总重}-W_{自重}$$

$W_{空检} < W_{自重}$时，

$$W_{实装}=W_{总重}-W_{空检}$$

要求 $W_{实装}$不得大于 $W_{许装}$，即 $W_{实装} \leqslant W_{许装}$。

式中　$W_{实装}$——实际充装量，t；

$W_{自重}$——罐车标记自重，t；

$W_{总重}$——重罐车检衡重量，t；

$W_{空检}$——罐车空车检衡重量，t。

【例 6-3-1】　用 GY45 装液氯，已知货物标准密度为 1 420 kg/m^3，重量充装系数为 1.20 t/m^3，车辆的标记载重量 54.8 t，标记容积为 45.7 m^3，标记自重为 24 t。空车检衡重量为 24.2 t，重车检衡重量为 78.7 t。问该车是否超装？

【解】　(1)计算该车的允许充装量。

$$W_{计算}=\Phi V_{标}=1.20\times45.7=54.84(t)$$

$W_{计算} > P_{标}$，则有 $W_{许装}=P_{标}=54.8$ t。

(2)充装量的检衡复核。

$W_{空检}=24.2$ t，$W_{自重}=24$ t，即 $W_{空检} > W_{自重}$。

$$W_{实装}=W_{总重}-W_{自重}=78.7-24.0=54.7(t)$$

即有 $W_{实装} < W_{许装}$，故该车未超装。

2. 非气体类危险货物充装量

充装非气体类液体危险货物时，应根据液体货物的密度、罐车标记载重量、标记容积确定充装量。充装量不得大于罐车标记载重量，同时要留有膨胀余量，充装量上限不得大于罐体标记容积的 95%，下限不得小于罐体标记容积的 83%，即允许充装量应同时符合以下重量和体积要求：

(1)允许充装体积:

$$0.83V_{标} \leqslant V_{许装} \leqslant 0.95V_{标}$$

(2)允许充装重量:

$$W=\rho V_{许装} \leqslant P_{标}$$

式中　ρ——充装介质密度,t/m^3;

$V_{许装}$——罐车允许充装体积,m^3。

装车单位要严格执行铁路罐车允许充装量的规定,防止超装超载。各铁路局集团公司要作出规划,加大计量安全检测设备投入,防止罐车装运的液体危险货物超装超载,确保运输安全。

【例6-3-2】 托运人使用标重60 t,有效容积42 m^3的罐车装运硝酸,货物密度1.5 t/m^3,请确定合理的充装重量范围。

【解】

$$W_{上限}=\rho V_{许装}=1.5\times0.95\times42=59.85(t)$$

$$W_{上限}<P_{标}$$

$$W_{下限}=\rho V_{许装}=1.5\times0.83\times42=52.29(t)$$

故充装重量范围是52.29~59.85 t。

【例6-3-3】 托运人使用G60型罐车装载一车汽油,已知该车标重52 t,有效容积60 m^3,该批货物密度0.71 t/m^3,请确定合理的充装重量范围。

【解】

$$W_{上限}=\rho V_{许装}=0.71\times0.95\times60=40.47(t)$$

$$W_{上限}<P_{标}$$

$$W_{下限}=\rho V_{许装}=0.71\times0.83\times60\approx35.36(t)$$

故充装重量范围是35.36~40.47 t。

在铁路货物运输中,罐车充装作业须严格遵循介质密度特性实施差异化管控。通用罐车在设计制造时,其重量与体积参数(容重比)以充装介质平均密度为基准;而专用罐车及企业自备罐车,则依据充装介质的标准密度进行针对性设计,确保罐车满载时恰好达到标记载重量。

基于货物密度差异,具体执行以下充装控制标准:当货物标准密度低于0.93 t/m^3时,以体积上限作为充装量控制依据;若货物标准密度超过0.93 t/m^3,则以标记载重量作为充装量控制准则。同时,所有罐车充装作业均需满足双重限制条件:其一,充装重量不得超过车辆标记载重量;其二,充装体积须严格控制在罐体标记容积的83%~95%区间范围内。

为保证充装合规性,可采用以下管控手段:一是通过轨道衡对罐车进行实时称重计量;二是对"罐车充装计量单"实施严格审查,核验充装数据的准确性;三是依据量尺高度,参照"铁路危险货物罐车允许充装重量及高度表",精准核定充装状态是否符合标准。

确定充装重量范围之后,现场装车时,通过铁路罐车计量软件进行计量。铁路罐车计量软件,是为计算铁路罐车装载液体产品的体积和质量而研制的应用软件,可以满足目前运行的主型铁路罐车和特型铁路罐车的计量要求,计算方法和结果符合相关技术法规规定。国家铁路罐车容积计量站负责发布新型铁路罐车容积表,负责动态更新计量软件。

五、危险货物罐车装运技术条件

(1)装运危险货物的罐车重车重心限制高度不得超过 2 200 mm。

(2)装车前,托运人应确认罐车是否良好,罐体外表应保持清洁,标记、文字应能清晰易辨。罐体有漏裂,阀、盖、垫及仪表等附件、配件不齐全或作用不良的罐车禁止使用。

(3)气体类危险货物充装前应有专人检查罐车,按规定对罐体外表面、罐体密封性能、罐体余压等进行检查,不具备充装条件的罐车严禁充装。罐车充装完毕后,充装单位应会同押运员复检充装量,检查各密封件和封车压力状况,认真详细填记"充装记录",符合规定时,方可申请办理托运手续。

(4)危险货物罐车装、卸车作业后,应及时关严罐车阀件,盖好人孔盖,拧紧螺栓,严禁混入杂质。

(5)气体类危险货物罐车卸后罐体内应留有不低于 0.05 MPa 的余压。

(6)气体类危险货物罐车运输不允许办理运输变更或重新托运,如遇特殊情况需要变更或重新托运时,需经铁路局集团公司批准。

六、罐体颜色及涂打标志

装运酸、碱类的罐车罐体为全黄色,罐体两侧纵向中部应涂装有一条宽 300 mm 黑色水平环形色带;装运煤焦油、焦油的罐体为全黑色,罐体两侧纵向中部应涂装有一条宽 300 mm 红色水平环形色带。装运黄磷的罐车罐体为银灰色,罐体中部无环形色带。

装运其他危险货物罐车罐体本底色应为银灰色,罐体两侧纵向中部应涂装有一条宽 300 mm 表示货物主要特性的水平环形色带:红色表示易燃性,绿色表示氧化性,黄色表示毒性,黑色表示腐蚀性。

环带上层 200 mm 宽涂蓝色,下层 100 mm 宽涂红色或黄色分别表示易燃气体或毒性气体。环带 300 mm 为全蓝色时表示非易燃无毒气体。

罐体两侧环形色带中部(有扶梯时在扶梯右侧)以分子、分母形式涂装有货物名称及其危险性,如苯:$\frac{\text{苯}}{\text{易燃、有毒}}$。对遇水会剧烈反应,事故处理严禁用水的货物,还应在分母内涂装有"禁水"二字,如硫酸:$\frac{\text{硫酸}}{\text{腐蚀、禁水}}$。在罐体两端头两侧环形色带下方标志涂装时应符合《危险货物包装标志》规定,规格为 400 mm×400 mm。

苯、粗苯、甲苯、乙苯、二甲苯可用罐体涂打"苯类"字样的自备罐车运输;汽油、煤油、航空煤油、柴油、石脑油、溶剂油、轻质燃料油可用罐体涂打"轻油类"字样的自备罐车运输。

七、危险货物罐车运输的应急处理

危险货物罐车运输途中发生泄漏、火灾及其他行车事故时,车站应立即启动应急预案,迅速向铁路有关部门、地方政府、公安消防及环保、卫生防疫部门报告,并速请熟悉货物性质及罐体构造的部门协助处置。要设立警戒区,组织人员向逆风方向疏散,防止危险货物流入水域。易燃、有毒液体发生泄漏时,应及时阻断火源。对标有"禁水"标记的罐车,严禁用水施救。对有毒气体施救时应站在上风方向,防止中毒事故发生。

典型工作任务4　危险货物剧毒品运输组织

学习目标

1. 能力目标

能够组织危险货物剧毒品运输。

2. 知识目标

(1)掌握剧毒品托运、承运、装卸车作业规定。

(2)了解剧毒品运输跟踪管理方式。

3. 素质目标

(1)养成善于合作的团队精神。

(2)树立按章办事的观念,增强法律意识、安全意识。

(3)培养认真负责、精益求精的工作态度。

安全案例

1. 剧毒品苯酚货物短少

(1)事故概况:6月21日,A站发苯酚1车(铁危编号61067A,一级毒害品),到站卸车时发现该货车一侧无封,车内货物短少一件。该站即电传上报领导,剧毒品苯酚被盗丢失。

(2)原因分析:

①托运人租用××厂的仓库办理剧毒品运输,由于该仓库管理混乱,装车只凭出库单而不清点件数,致使3月14日发往××省的225桶苯酚装了226桶,而6月21日发往B站的苯酚少装了1桶,造成到站卸车发现少了1桶,误认为被盗,因而上报铁路局集团公司剧毒品被盗丢失事故。

②发站货检员在企业运输员不在现场未交接的情况下接受剧毒品车,致使路企双方责任不清。未对车辆的施封状态进行检查,致使施封失效的货车上线运行。

2. 剧毒品氰化钠货物被盗

(1)事故概况:C站发一车氰化钠(铁危编号61001,剧毒品),在途中站5桶(每桶50 kg)氰化钠被盗。

(2)原因分析:到站卸车后,未按规定将货物存放在加锁的仓库内,而是存放在露天的货棚内,未苫盖篷布,且无人看守,从而给不法分子可乘之机。

相关知识

一、剧毒品的托运和承运

剧毒品系指《危险化学品目录》中注明的剧毒化学品。铁路危险货物品名表“特殊规定”栏有第 67 条特殊规定的，均实行铁路剧毒品运输跟踪管理，运输时采用剧毒品黄色专用运单，并在运单上印有骷髅图案。

未列入剧毒品跟踪管理范围的剧毒品不采用剧毒品黄色专用运单，但仍按剧毒品分类管理。

各铁路局集团公司要根据专用线办理剧毒品运输的情况，配齐专用线货运员。

二、装卸车作业

装车作业时，货运员要会同托运人确认品名、清点件数(罐车除外)，监督托运人进行施封，并检查施封是否有效。装有剧毒品的车辆应在车辆上门扣用加固锁加固并安装防盗报警装置。

到站卸车时，应与押运人、收货人共同确认封印状态，并及时与收货人办理交接手续。

三、货运检查

车站货检人员对剧毒品车辆应作重点检查，用数码相机或手持机两侧拍照(如车号、施封、门窗状况)，并存档保管至少 3 个月；运输过程中发现装有剧毒品的车辆或集装箱无封、封印无效及有异状时，应立即甩车，并报告铁路公安部门共同清点，按规定进行处理。如发生丢失被盗等问题，立即报告铁路局集团公司和国铁集团调度、货运部门及铁路公安部门。

各级货运、运输等部门，要把剧毒品日常运输纳入每日交班内容，严格掌握发运、途中和交付的情况。

四、计算机跟踪管理

铁路剧毒品运输追踪系统已在全路范围内进行了推广应用，全面实现了剧毒品发送、途中、到达的全程追踪管理。

剧毒品运输实行三级计算机跟踪管理。

(1)铁路剧毒品运输计算机跟踪管理应以办理站为基础，国铁集团、铁路局集团公司和车站，根据不同层次管理要求建立信息管理系统。

(2)计算机跟踪管理工作由国铁集团负责方案规划和监督指导，铁路局集团公司负责方案实施和日常管理，铁路信息技术部门负责软件维护、更新、完善等技术支持，保证系统正常运转。

(3)办理剧毒品运输的车站应与剧毒品计算机跟踪管理系统联网运行。需具备原始信息及时发送和接收能力，要求配备相应的传输、通信、打印等信息跟踪管理设备。

(4)装车站要将剧毒品货票所载信息，及时生成“剧毒品运输管理信息登记表”，实时报告剧毒品运输跟踪管理系统。内容包括剧毒品车的车号(集装箱类型、箱号及所装车号)、发到站、品名及编号、件数、重量和承运、装车日期等。

(5)挂有剧毒品车辆的列车，应在“列车编组顺序表”(运统一)记事栏中注明“D”字样，并将剧毒品车辆的车种车号、发到站、货物品名、挂运日期、挂运车次等信息及时报告给铁路局集团公司行车确报系统和剧毒品运输跟踪管理系统。

(6)中途站发现装有剧毒品的车辆或集装箱无封、封印无效以及有异状时，应立即甩车，报告所属铁路局集团公司和铁路公安部门，并共同清点。同时按规定及时以电报形式，向发到站及所属铁路局集团公司和国铁集团报告有关情况。继续运送时，按第④项装车站要求办理。

(7)剧毒品到站后和卸车交付完毕后，立即将车种车号(集装箱箱型、箱号及所装车号)、发到站、托运人、收货人、品名及编号、件数、重量、到达日期、到达车次、交付日期等信息上网报告剧毒品运输跟踪管理系统，并在2 h内通知发站。

五、剧毒品运输过程跟踪

1. 铁路局集团公司过程跟踪作业

铁路局集团公司调度应将剧毒品运输纳入日(班)计划并负责全程跟踪。

跨铁路局集团公司运输时，各铁路局集团公司间调度要互相进行预报，预报内容包括挂运车次、车种、车号、品名、发站、到站。各级调度部门要及时组织挂运，重点组织放行，成组运输的不得拆解，无特殊情况不得保留；挂有剧毒品的列车遇特殊情况，必须停车或保留时，要通知车站采取监护措施，同时报告铁路公安部门。

各级调度部门要掌握每天6:00和18:00装车、接入、交出、到达的剧毒品运输情况。

2. 车站过程跟踪作业

剧毒品运输安全要作为重点纳入车站日班计划、阶段计划。车站编制日班计划、阶段计划时要重点掌握，优先安排改编和挂运。车站要根据作业情况建立剧毒品车辆登记、检查、报告和交接制度，值班站长要按技术作业过程对剧毒品车辆进行跟踪监控。

(1)列车出发作业。

车号员要认真编制“列车编组顺序表”(运统一)，并在剧毒品车辆记事栏内标记“D”符号。发车前认真核对现车，确保出发列车编组、货运票据和列车编组顺序表内容一致。发车后，要及时发出列车确报。

车站调度员(车站值班员)于列车出发后，将剧毒品车辆的挂运车次、编挂位置等及时报告铁路局集团公司调度，并将信息登录到剧毒品运输信息跟踪系统。

(2)列车改编作业。

车站调度员(调车区长)要准确掌握剧毒品车辆信息，及时安排解编作业，正确编制调车作业计划，并在调车作业通知单上注明标记。严格执行剧毒品车辆禁止溜放和限速连挂规定。

调车指挥人员要按调车作业计划，将剧毒品车辆的作业方法、注意事项直接向司机和调车作业人员传达清楚，严格按要求进行调车作业。作业完毕，及时将剧毒品车辆有关信息向车站调度员(调车区长)报告。

(3)列车到达作业。

车号员严格执行核对现车制度，发现列车编组、货运票据和“列车编组顺序表”(运统一)内容不一致时，及时记录并向车站调度员(调车区长)汇报。对剧毒品车辆要进行标记。

货检人员对剧毒品车辆要重点进行检查。要认真检查剧毒品车辆等状态，没有押运员的应及时通知发站派人处理并采取监护措施，同时报告铁路公安部门。

完成上述工作后应将有关情况及时报告车站调度员(调车区长)。

典型工作任务5　易燃易爆危险货物运输案例学习

学习目标

1. 能力目标

能够进行易燃易爆危险货物运输组织作业。

2. 知识目标

掌握易燃易爆货物运输组织作业流程与相关规定。

3. 素质目标

(1)养成善于合作的团队精神。

(2)树立按章办事的观念,增强法律意识、安全意识。

(3)培养爱岗敬业、精益求精的工作态度。

安全案例

磷矿粉火灾事故

(1)事故概况:3月31日00:06,33××次货物列车进入A站6道待避。6:51,货运检查人员发现该货物列车机后第16位货车C62AK453××有烟冒出,立即向车站报告。车站随即启动应急预案,对6道接触网停电,组织调离事故车辆,建立安全隔离区,并通知当地公安、消防、急救、环保、技术监督等部门到现场共同商议对策,经对起火部位采用砂土覆盖及将未燃烧货物卸至安全区域等措施,10:40火势被控制住。由于施救及时,措施得当,火灾未对运输、环境及人员造成较大危害。火灾烧损两张铁路货车篷布及15 t货物,车辆部分受损。

(2)原因分析:该事故车由B站于3月23日承运,票记货物品名为磷矿粉,塑料编织袋包装,货物共2 565件计59 t。经查,该批磷矿粉含有磷、硫、锌、铝、铁等物质,属混合型矿石粉。磷按其化学性质分类,赤磷、红磷属易燃固体,黄磷、白磷属自燃物品;硫属易燃固体;锌属遇湿易燃物质。由于这些具有活泼性质的化学品聚合在一起,化学反应是复杂的。如黄磷自燃点很低,在空气中易氧化发热并能自行着火燃烧,而红磷是遇高温或明火能剧烈燃烧的强还原剂,硫与锌等反应会引起燃烧或爆炸。

经查,车站对性质不明的混合型矿石粉办理运输,在没有明确的安全运输条件的情况下,未按《危规》规定报铁路局集团公司批准,而自行决定按普通货物运输,将这些混合物使用塑料编织袋装在敞车中运输,致使该货物在一定的湿度、温度等条件下,产生复杂的化学反应引起火灾,是这起火灾事故的主要原因。

相关知识

一、电引爆雷管发送案例

货物品名:电引爆雷管(爆破用)

铁危编号：11001。

数量：一车。

雷管分为电引爆雷管和非电引爆雷管。电引爆雷管主要特性：纸、塑料或金属管，内装起爆药和烈性炸药，对明火、电火花，震动，撞击均很敏感，是极不安全的起爆器材，易爆炸。押运员须武装押运。

1. 计划受理

计划受理的重点内容为填记运单、标记，核查凭证文件，审查办理规定，确定装载方案。

(1)查“铁路危险货物托运人资质一览表”，确定托运人是否具有托运人资质。审核经办人员的身份证、培训合格证、委托书、押运员的培训合格证、到达地公安部门出具的民用爆炸品运输通行证证件内容。

(2)查《办理限制》，确定本次运输装车地点专用线办理电引爆雷管的发送。

(3)查《办理限制》，确定收货人可以在到站某专用线办理电引爆雷管到达。

(4)查《品名表》，确定电引爆雷管的铁危编号为11001。

(5)查《品名表》，确定电引爆雷管采用的包装：雷管用纸盒或塑料桶等盛装，塞紧，再放入木箱中塞紧，以雷管不发生摇动为准。木箱上、下部各有握柄。箱板厚度应为15 mm，托运人采用的包装应符合要求。

(6)审查货物运单填记及加盖特殊标记。

除按普通货物运单规定填写外，托运人在货物运单品名栏内填写“电引爆雷管，11001”，“托运人记事”栏内填写托运人资质证书、经办人员身份证、培训合格证，押运人(不少于2人)的姓名、证件及到达地公安部门出具的民用爆炸品运输通行证证件名称、号码。运单右上角用红色戳记标明“爆炸品”。

承运人在运单右上角用红色戳记标明“禁止溜放”“停止制动作用”字样及隔离标记“△”。

2. 装车作业

(1)车辆选择。电引爆雷管应选用木地板棚车或P64、P64A型车装运，确认车辆技术状态良好，定检不过期，车内清扫干净，不得留有酸、碱和有机物、粉状可燃物，对清扫的残留物要送检。

托运人使用P64A型棚车装运。

列检对所用车辆进行检查，确认技术状态良好后，关闭制动机，登记并做好记录。

(2)确认货物品名、包装和运单记载一致，包装标志符合规定，确认包装无破损。

(3)装车前，企业运输员应向装卸作业班组传达安全作业注意事项，部署装车方案，对车内进行覆盖，车门处使用橡胶垫覆盖。

(4)按方案装车，装载稳固、均匀，车内装载高度不得超过1.8m，装载数量不超过民用爆炸品通行证准用数量。车门固定。作业时严禁火花发生，装卸机具的负荷应适当降低，注意防滑。

装车后，企业运输员需填写货物装载加固质量签认卡。

3. 交接检查

(1)专用线货运员检查车内覆盖情况。

(2)专用线货运员检查货物的装载状态，装载是否稳妥，有无超高、超量情况。

(3)检查符合要求时,专用线货运员与企业运输员在交接线凭货车调送单办理货车交接。

4. 承运

(1)按照受理审查程序,审查办理规定。

(2)根据运单填记货票,核收运费,在货票右上角用红色戳记标明“爆炸品”“禁止溜放”“停止制动作用”和隔离标记“△7”。审核填记托运人资质证、经办人身份证、培训合格证,押运员培训合格证、身份证及民用爆炸品运输通行证证件名称和号码。

上述每项作业(受理、装车、承运、交接检查)审核无误后,均应在危险货物发送作业程序签认单上签字。

5. 挂运

(1)发站车站值班员及时报告列车调度员,由列车调度员掌握,以最近车次挂出。

(2)助理值班员检查押运员人数、着装,没有押运员,押运员不足或押运员未穿押运员防护服(黄色棉布马甲),不准挂运。

6. 特殊情况的处理

作业中和运输途中雷管发生撒漏时,应通知车站和公安或专用线有关部门及时处理。发生火灾和爆炸时,及时疏散人员,同时立即启动危险化学品事故应急预案。施救时可用水,禁用酸碱灭火器或沙土。

二、液化石油气、丙烯运输案例

1. 液化石油气

品名:液化石油气。

别名:石油气(液化的)。

信息化品名:液化石油气。

铁危编号:21503。

包装标志:见表 6-1-3 中类项 2.1(黑色符号)、类型 2.3。

(1)主要特性。

液化石油气为浅黄色易液化气体,有特殊臭味,气态质量是空气质量的 1.5～2 倍,比空气重,液态比水轻,不溶于水;主要成分为丙烷、丁烷、丙烯、丁烯,易燃、易爆,爆炸极限为 2.25%～9.65%,闪点 −74 ℃,与氟、氯等接触会发生剧烈的化学反应。

液化石油气是石油在提炼汽油、煤油、柴油、重油等油品过程中剩下的一种石油尾气,通过一定程序,对其加以回收利用,采取加压的措施,使其变成液体,装在受压容器内。它在气瓶内呈液态状,一旦流出会汽化成比原体积大 250 倍左右的可燃气体,极易扩散,遇明火燃烧或爆炸,具有麻醉作用。

(2)主要危险及危害性。

①极度易燃,受热、遇火或火花可引起燃烧。

②遇空气能形成爆炸性混合物。

③液化气的蒸气比空气重,可沿地面扩散,并在低洼处聚集,遇火源可引起回燃。

④容器受热可发生爆炸。

⑤液态溅到人的皮肤上,因在汽化过程中吸收大量热而造成冻伤。

⑥液化石油气燃烧时，火焰温度可高达 1 900～2 000 ℃，而且火焰传播速度很快，造成的危害极大。

2. 丙烯

品名：丙烯。

信息化品名：丙烯。

铁危编号：21018。

包装标志：见表 6-1-3 中类项 2.1（黑色符号）、类型 2.3。

主要特性：无色气体，具有烃类特有臭味，气体相对密度 1.45，液体相对密度 0.58，闪点 −47.4 ℃，溶于水；易燃烧爆炸，爆炸极限 2%～11%，麻醉性极强，易造成急性中毒，长期接触可引起头昏、乏力、全身不适、思维不集中；对环境有危害，对水体、土壤大气可造成污染。

3. 液化石油气和丙烯相同的运输要求

包装类别：Ⅱ类，铁路罐车为Ⅱ类压力容器，最大设计压强 2.2 MPa。

包装方法：限使用耐压液化气企业自备罐车装运，主要车型有 GY60、GY70、GY70S、GY95、GY95K、GY95S、GY95SK、GY95A、GY100S、GY100SK 型车。

运单填写要求：运单右上角用红色戳记标明“2.1 易燃气体”、“禁止溜放”、“成组连挂，不得拆解”及隔离标记“△1”。在“托运人记事”栏填写托运人资质证书、经办人身份证和培训合格证号码，押运员姓名、身份证号码、培训合格证及押运证号码有关信息，并注明“自备车”。

编组隔离要求：见铁路车辆编组隔离法（表 6-2-3）。

调车要求：禁止溜放。

洗刷除污编号：1；洗刷除污剂：水。

4. 其他运输要求

(1)施行全程随车押运。

(2)承运前应检查押运备品及罐车小修记录等。

(3)生活用液化气钢瓶禁止运输。

(4)灭火方法：

①液化石油气：雾状水（降温，打散聚集的气体）、泡沫、二氧化碳、干粉。

②丙烯：雾状水（降温，打散聚集的气体）、泡沫、二氧化碳。

5. 运输费用计费规定

(1)运输品类大类代码 15（化工品—压缩气体和液化气体），5 号运价率加成 50%计费。

(2)GY95S、GY95、GY40、GY95 型的液化气罐车按 65 t 计费。

(3)GY100S、GY100、GY100-Ⅰ（Ⅱ）型的液化气罐车按 70 t 计费。

(4)若使用自备货车，所装货物运价率减 20%计费，并核收自备车管理费。

6. 液化石油气的安全措施

(1)液化石油气在空气中着火，火势较大时，应用氮气、惰性气体（氦、氖、氩、氪、氙、氡）、沙子灭火，局部可用干粉和二氧化碳灭火器来灭火。不能使用水来灭火，因为液化石油气燃烧放出大量热量，其火焰温度能达到 1 900 ℃，而水在 800 ℃时能分解为氢、氧，形成合爆炸气体，是非常危险的；若火焰温度未达到水分解温度，因水比液化石油气重，会沉到液化石油气之下，难以起到灭火作用。

液化石油气泄漏时，尽可能切断气源，若不能切断气源，则不允许熄灭泄漏处的火焰；喷水冷却容器，可以的话将容器从火场移至空旷处；用工业覆盖层或吸附/吸收剂盖住泄漏点附近的下水道等地方，防止气体进入；合理通风，加速扩散；喷雾状水稀释、溶解；构筑围堤或挖坑收容产生的大量废水。

(2)静电对液化石油气充装、押运及罐体检修人员是不可忽视的问题。液化石油气是易燃易爆介质，在管道中流动时液层之间及液层与管壁之间的摩擦会产生静电，液化石油气流过滤网、运输中在罐中连续颠簸等也会产生静电。可采用专用装置消除静电。

穿着绝缘性较好的橡胶鞋底、塑料鞋底走动和工作时会产生静电，尤其穿化纤和尼龙布料衣服更会产生大量的静电。要求从事充装、押运及罐体检修人员穿纯棉布制作的工作服，禁穿混纺、化纤、尼龙服装；工作场所不准随便更衣，脱换工作服应在指定的更衣室。

三、汽油运输案例

1. 汽油的主要特性

汽油是从石油里分馏、裂解出来的具有挥发性、可燃性的烃类混合物液体，可用作燃料。外观为透明液体，可燃，馏程为 30～220 ℃，主要成分为 C5～C12 脂肪烃和环烷烃，以及一定量的芳香烃，汽油具有较高的辛烷值(抗爆震燃烧性能)，并按辛烷值的高低分为不同牌号。汽油的相对密度为 0.67～0.74，沸点 40～200 ℃，闪点－50 ℃，爆炸极限 1.3%～6.0%；有低毒，长时间吸入其蒸气会引起中毒。

2. 汽油的运输要求

品名：汽油[闪点≤23 ℃]，航空汽油。

别名：车用汽油。

信息化品名：汽油。

铁危编号：31001。

包装标志：见表 6-1-3 中类项 3。

包装类别：Ⅱ类。

包装方法：限使用钢制企业自备罐车装运，也可使用铁路产权罐车装运，主要车型有 G17D、G60、G70、GQ70 型等。

运单填写要求：运单右上角用红色戳记标明“3.1 一级易燃液体”“限速连挂”字样及隔离标记“△2”。在“托运人记事”栏内填写托运人资质证书、经办人身份证和培训合格证号码。使用自备罐车时应注明“自备车”。

编组隔离要求：见表 6-2-3。

调车要求：限速连挂。

灭火方法：沙土、1211 灭火剂、泡沫、干粉、二氧化碳，不宜用水。

泄露处理：泄漏时迅速组织人员撤离泄漏污染区至安全区，并进行隔离，严格限制出入。切断火源，尽可能切断泄漏源，防止进入下水道、排洪沟等限制性空间。

洗刷除污编号：3；洗刷除污剂：碱水(烧碱或纯碱用 50 倍水溶解)。

急救措施：将中毒者移至新鲜空气处，松解衣服，给予氧气。

3. 运费计算

(1)运输品类大类代码为 02(石油—汽油)，运价号 6 号运价计费(不加成)。

(2)若使用自备车，按运价率减成 20%，并核收自备车管理费。

相关规范、规程与标准

1.《铁路危险货物运输管理规则》(铁总运〔2017〕164 号)。

2.《铁路危险货物品名表》(TB/T 30006—2022)。

3.《铁路危险货物运输安全监督管理规定》(交通运输部令〔2022〕24 号)。

4.《危险货物品名表》(GB 12268—2025)。

5.《铁路危险货物运输技术要求》(TB/T 30008—2023)。

实作问答

1. A 站属于非危险货物办理站，站内共有雨棚货位 4 个。客户甲提出要发运 240 t 尿素(袋装化学肥料)，客户乙提出要发运 200 t 二芳基乙烷(化学新品名)。车站受理时应分别审核哪些内容？车站应如何安排进货计划？

【解】 (1)对客户甲，首先确认尿素(化肥)是否属于“实行铁路优惠运价的农用化肥品种名录”规定的品名范围；然后审查托运人提出的托运人和收货人营业执照复印件，审查是否经持证企业盖章确认，其中“经营范围”一栏是否有“化肥”或“复合肥”字样。

对客户乙，由于二芳基乙烷是化学品新品名，因此托运人须提交“铁路危险货物运输技术说明书”，经国铁集团认定的专业技术机构进行鉴定，若属于危险货物，则不能受理，若属于普通货物，则可以发运。

(2)A 站应首先安排 240 t 尿素进站上货。

原因在于，虽然两客户提报订单的时间相同，但尿素(化肥)属于直接用于农业生产的物资，应优先运输。

2. 某具备资质的专用线使用技术资料齐全有效的自备罐车 G60K088××装丁醇(编号 32052，密度为 825 kg/m^3)一车，该车货物装完后经轨道衡检测，货物重量为 48.1 t，计量尺复测装载高度实际是 2 812 mm。该车运输途中因人孔盖密封不严，货物发生溢漏。请指出发站存在的问题。(G60K 型车标重 52 t，标记容积 60 m^3。)

【解】 (1)计算该车货物充装量范围，以判别该车货物装载量是否符合规定。

①允许充装体积：

$$0.83V_{标} \leqslant V_{许装} \leqslant 0.95V_{标}$$

$$49.8\ m^3 \leqslant V_{许装} \leqslant 57\ m^3$$

②允许充装重量：

$$W_{下限} = \rho V_{许装} = 0.825 \times 49.8 \approx 41.09(t)$$

$$W_{上限} = \rho V_{许装} = 0.825 \times 57 \approx 47.03(t)$$

该车允许充装重量范围是 41.09 t$\leqslant W \leqslant$47.03 t，而该车实装重量为 48.1 t，大于充装上限 47.03 t，所以该车超装。

(2)发站存在的问题：

①车辆选用不符合规定，所选用车辆的人孔盖密封不严，违反《危规》第八十四条有关“罐

体有漏裂,阀、盖、垫及仪表等附件、配件不齐全或作用不良的罐车禁止使用”的规定。

②货物充装量超过了允许充装量上限数量,属于超装。

3. 某局集团公司某专用线准备增加煤焦油的发送作业,到站为本局集团公司管内另一专用线。煤焦油的密度为 1.13 t/m^3,收货人提供的车辆为 G17BK 型车,载重为 63 t,容积为 66.4 m^3,问:

(1)此车型可否使用?若要保证符合充装要求,应如何装车?

(2)正式实施运输前,还需进行哪些工作?

(3)正式开办运输后,使用自备罐车承运煤焦油时,办理站应查验自备车的哪些内容?

【解】 (1)G17BK 型车属于粘油罐车,装卸方式属于上装下卸式,适合装运煤焦油。

使用罐车运输需要遵守《铁路危险货物运输管理规则》第 82 条的规定,需要同时符合充装体积不得大于有效容积 95%,不得低于有效容积 83%和充装重量不得大于罐车标重的要求。

根据罐车容积确定充装体积的上限:$66.4\times95\%=63.08(m^3)$,取 63 m^3。

根据罐车容积确定充装体积的下限:$66.4\times83\%\approx55.11(m^3)$,取 55.5 m^3。

根据标重和密度确定的容许充装的煤焦油的体积:$63/1.13=55.75(m^3)$。

故符合规定的体积充装范围为 55.5～55.75 m^3。

$55.11\times1.13\approx62.3(t)$,故重量范围为 62.3～63 t。

(2)正式实施运输前,专用线企业和办理站需要重新签订专用线运输协议和危险货物运输安全协议。

(3)承运煤焦油自备罐车时车站应经检查的内容包括:

①托运人或收货人的罐车产权单位名称应与“过轨运输证”的单位名称相统一。

②货物品名、托运人、收货人、发到站、专用线等应与办理限制相统一。

③货物品名应与罐体标记品名相统一。

④托运人提供的充装计量单。

⑤应检查铁路罐车容积检定证书和铁路罐车罐体检测报告。

⑥虽符合上述条件,但证件过期、车况不良、罐体密封不严、罐体标记文字不清等有碍安全运输的不予办理运输。

课后作业

1. 单项选择题

(1)危险货物存放时要求按类、项区别专库专用,如不同类项的危险货物确需同库混合存放,须符合(　　)的规定。

A. 铁路危险货物配放表　　B. 铁路车辆编组隔离表

C. 企业储存实际　　D. 危险化学品安全管理条例

(2)卸车作业完成后,清理车辆残存废弃物交由(　　)负责处理。

A. 承运人　　B. 托运人　　C. 收货人　　D. 押运员

(3)具有易燃易爆性质的危险货物装卸作业使用的照明设备和装卸机具必须具有(　　)性能,并能防止由于装卸作业摩擦、碰撞产生火花。

A. 防腐蚀　　B. 防爆　　C. 防物料渗透　　D. 防尘

(4)根据内装物的危险程度,铁路危险货物包装分为(　　)。

A. 两种　　B. 三种　　C. 四种　　D. 五种

(5)运输爆炸品(烟花爆竹除外)、硝酸铵、剧毒品、罐车装运气体类(含空车)实行(　　)。

A. 随车押运　　B. 随货押运　　C. 全程押运　　D. 无须押运

(6)新造出厂的和洗罐站洗刷后送检修地点的气体类危险货物罐车(　　)押运。

A. 实行全程随货　　B. 不需　　C. 实行全程随车　　D. 必须

(7)铁路危险货物仅办理整车和(　　)运输。

A. 零担　　B. 批量零散　　C. 集装箱　　D. 一站直达

(8)危险货物自备货车过轨运输实行(　　)。

A. 许可制管理　　B. 行政审批管理　　C. 协议制管理　　D. 行政审查管理

(9)危险货物罐车装卸作业应在(　　)办理。

A. 货场内　　B. 专用线内

C. 货场和专用线内　　D. 车站、专用线共同商定地点

(10)危险货物罐车罐体两侧的环形色带用于表示货物主要特性,其中黄色色带表示(　　)。

A. 易燃性　　B. 氧化性　　C. 毒性　　D. 腐蚀性

(11)装运危险货物的罐车重车重心限制高度不得超过(　　)。

A. 2 000 mm　　B. 2 100 mm　　C. 2 200 mm　　D. 2 400 mm

(12)气体类危险货物罐车卸车后罐体内应留有不小于(　　)的余压。

A. 0.01 MPa　　B. 0.05 MPa　　C. 0.1 MPa　　D. 0.03 MPa

(13)运输过程中发现装有剧毒品的车辆无缝、封印无效时,应立即甩车,并报告(　　)共同清点,按规定进行处理。

A. 铁路检察院　　B. 地方部队　　C. 地方安监部门　　D. 铁路公安部门

2. 多项选择题

(1)铁路运输承运人承运货物禁止(　　)行为。

A. 在非危险货物办理站办理危险货物承运手续

B. 承运未接受安全检查的物品

C. 承运不符合安全规定、可能危害铁路运输安全的物品

D. 受理承运未取得托运人资质证书的货物

(2)在受理和承运危险货物时,必须核查(　　)与《办理限制》是否一致。

A. 发到站　　B. 包装方法　　C. 办理品名　　D. 运输方式

(3)受理、承运危险货物时,必须检查运单右上角是否用红色戳记标明(　　)或限速连挂等警示标记。

A. 爆炸品　　B. 禁止溜放　　C. 编组隔离　　D. 押运

(4)剧毒品到站卸车时,应与(　　)共同确认封印状态,并及时与收货人办理交接手续。

A. 托运人　　B. 收货人　　C. 装卸人员　　D. 押运人

(5)铁路危险货物包装和内包装应符合(　　)的规定。

A. 危险化学品经营管理条例　　B. 铁路运输安全保护条例

C.《品名表》　　D. 铁路危险货物包装表

(6)装运危险货物应快装、快卸、快取、快送、(　　)。

A. 优先计划　B. 优先编组　C. 优先挂运　D. 优先配车

(7)车站办理危货箱时,应对品名、包装、标记等进行核查,防止(　　)。

A. 混入杂质　B. 污染环境

C. 匿报、谎报危险货物　D. 在危货箱中夹带违禁物品

(8)装运(　　)的车辆途中停留时,铁路运输企业应当派人看守。

A. 剧毒品　B. 爆炸品　C. 放射性物质　D. 气体类危险货物

3. 判断题

(1)危险货物包装一律不得重复使用。(　　)

(2)危险货物罐车装、卸车作业后,应及时关严罐车阀件,盖好人孔盖,拧紧螺栓,严禁混入杂质。(　　)

(3)装运危险货物的罐车重车重心限制高度不得超过 2 000 mm。(　　)

(4)未经洗刷除污合格的货车严禁使用或排空。(　　)

(5)危险货物限使用棚车装运(铁路危险货物品名表“特殊规定”栏有特殊规定的除外)。(　　)

(6)根据特殊需求,铁路危险货物集装箱可以办理站内装箱、掏箱作业。(　　)

(7)铁路危险货物集装箱可以同一车限装同一品名但非同一铁危编号的危险货物。(　　)

(8)托运“短寿命”放射性物品时,应在货物运单“托运人记事”栏内注明货物运到期限。(　　)

(9)毒性物质限使用毒品专用车,如毒品专用车不足时,经国铁集团货运部批准可使用铁底棚车装运(剧毒品除外)。(　　)

(10)包装储运图示标志颜色一般为黑色,也可使用其他颜色,除非另有规定,一般应避免采用红色、橙色或黄色。(　　)

(11)押运员押运时应按规定穿着印有红色“押运”字样的黄色马甲。(　　)

(12)对于装运过剧毒品的毒品车,发生过撒漏,受到污染(包括有刺激异味)的货车,回送检修运输危险货物的货车,必须进行洗刷除污。(　　)

(13)罐车充装非气体类液体危险货物时,充装量下限不得小于罐体标记容积的 83%。(　　)

(14)在同一棚车里面装运的危险货物,仅限同一铁危编号,可以是不同的品名。(　　)

4. 计算题

(1)某站使用 G_{60K} 型罐车装运汽油,货物密度 0.83 t/m^3,车辆标重 53 t,容积 60 m^3,请计算该车容许充装体积及重量的范围是多少。

(2)某厂新购置 GQ_{70} 型自备罐车,准备用于装运汽油,汽油比重 0.71 t/m^3,试计算该种车型装运汽油准许的装载重量范围是多少。

(3)某专用线使用 G_{60} 型车装运汽油,货物密度 0.7 t/m^3,轨道衡空车过衡重量 19.2 t(未经洗罐),重车过衡重量 60 t,罐车自重 19 t,罐车标记容积 60 m^3,标记载重量 52 t。请判定罐车充装量是否符合规定。

(4)用 GY_{45} 型车装液氯(铁危编号 23002),已知货物的标准密度为 1 420 kg/m^3,重量充

装系数为 1.20 t/m^3，车辆的标记载重量 54.8 t，标记容积为 45.7 m^3，标记自重为 24.0 t。空车检衡重量为 24.2 t，重车检衡重量为 78.7 t。请问该车是否超装？

(5)某站使用 GN70 型罐车装载一车原油。已知该车的实际装载体积为 69.5 m^3，车辆的标记载重量为 70 t，标记容积为 73.7 m^3，该批原油的密度为 0.93 t/m^3。请问该车的装载量是否符合规定？

项目 7　危险货物施救与应急处理

典型工作任务 1　危险货物的撒漏处理与施救

学习目标

1. 能力目标

能够正确处理危险货物运输中的撒漏,进行施救。

2. 知识目标

掌握各类危险货物运输中的撒漏处理与施救作业要点。

3. 素质目标

(1)针对危险货物运输中可能遇到的各种情况,具有安全意识和应对能力。

(2)树立法治观念,增强法律意识。

安全案例

夹带、匿报导致集装箱爆炸

(1)事故概况:某日,A 站受理一批到某站的硅铁渣,使用三个集装箱装运,装箱后施封,并转到 9 号货物线集装箱货位堆放。23:35,其中一箱发生气相爆炸,造成箱体外涨变形,箱门开启。

(2)原因分析:三箱货物托运人填记品名均为硅铁渣,但实际上两箱为硅铁渣,一箱为硅钡渣。经冶金产品质量监督站检验,检定该硅钡渣集装箱的废渣中硅含量为 25.5%,钡含量为 39.2%。钡属于活泼金属,呈黄白色,易氧化,遇水或酸反应激烈,放出氢气和热,易引起燃烧爆炸。

这起爆炸事故中装运的货物虽不是金属钡,但经检验硅钡渣中金属钡含量很高,且外包装为编织袋,又堆放在集装箱内,货物在装箱过程中被雨淋湿,干湿混装,导致货物停留期间发生化学反应,发热并放出可燃气体。氢在箱体内与空气混合,聚热不散而发生气相爆炸。

托运的普通货物中夹带了化学危险品是造成这起爆炸事故的主要原因。

相关知识

一、爆炸品的撒漏处理与施救

对撒漏的爆炸品应及时用水润湿，撒以松软物后轻轻收集，并通知公安和消防人员处理。禁止将收集的撒漏物品装入原包件中。

有火灾危险时，应尽可能将爆炸品转移或隔离，不能转移或隔离时，要立即组织人员疏散。

扑救时，可用水或其他灭火器灭火，禁用砂土。施救人员应配备防毒面具。

二、气体的泄漏处理与施救

阀门松动漏气应立即拧紧，如无法关闭时，可将气瓶浸入冷水或石灰水中(氨气瓶只能浸入水中)；液化气体容器破裂时，应将裂口部位朝上。

气瓶着火时，应向钢瓶浇洒大量冷水，或将气瓶投入水中使之冷却，同时将周围气瓶和可燃物搬离现场。

扑救或处理有毒气体的泄漏时，应从上风处靠近现场，并要有足够的防毒措施。发现中毒人员，应立即移至空气流通处，并尽快送医诊治。

三、易燃液体的撒漏处理与施救

易燃液体容器渗漏时，应及时移至安全通风处更换包装。渗出的液体可用干砂土等物覆盖后扫除干净。

灭火时，一般不宜用水，对比重大于水或能溶于水的易燃液体，可用雾状水或开花水灭火，但应注意避免液体被冲散而扩大着火范围。扑救有毒性液体的火灾，应戴防毒面具或站在上风处。发现中毒人员，应立即移至空气流通处，并送医诊治。

四、易燃固体、自燃物品及遇湿易燃物品的撒漏处理与施救

对撒漏的此类物品，应谨慎收集妥善处理。撒漏的黄磷应立即浸入水中，硝化纤维要用水润湿；金属钠、钾应浸入煤油或液体石蜡中；电石、保险粉等遇水易燃物品撒漏，收集后进行安全处理，不得并入原货件中。

本类物品中的一些金属粉末、金属有机化合物、氨基化合物和遇水易燃物品着火时，禁用水和二氧化碳灭火剂。扑救浸油的棉、毛、麻类制品火灾时，要注意防止复燃。对本类物品的火灾扑救，应有防毒措施。

五、氧化性物质和有机过氧化物的撒漏处理与施救

氧化性物质撒漏时，应扫除干净，再用水冲洗。收集的撒漏物品，不得倒入原货件内。

过氧化钠等着火时，不能用水扑救；其他氧化性物质用水灭火时，要防止水溶液流至易燃、易爆物品处。

六、毒性物质的撒漏处理与施救

固态毒品撒漏时，应谨慎收集处理，如氰化钠可用漂白粉或次氯酸钠处理；液态毒品渗漏时，

可先用砂土、锯末等物吸收，妥善处理。被毒性物质污染的机具、车辆及仓库地面，应进行洗刷除污。

发生火灾时，对遇水能发生危险反应的毒性物质（如金属铊、锑粉、磷化锌等）不得用水灭火。

处理撒漏毒性物质和扑救毒性物质火灾时，必须穿戴防护服、口罩、手套或防护面具，施救人员要站在上风处。发现头晕、恶心、呕吐等现象，要立即转移至空气新鲜处。

七、铁路运输放射性包装件破损的应急处理

放射性包装件破损必然导致周围辐射水平急剧上升，一旦出现此情景，应立即停止该包装件的运输，应急方法分以下两种情况：

1. 放射性内容物未逸出

若内容器没有破损，应立即将放射源转移至具有屏蔽性能的容器里，待包装修复后，包装件符合运输要求方可继续运输。参与处理事故有关人员所受的照射剂量当量应予以确定并记入其健康档案，如果受照剂量当量超过 100 mSv，应立即送医检查治疗。

2. 放射性内容物外逸

应立即报告铁路和地方公安、环保和卫生防疫部门，同时应立即通知客户一起处理。在事故地点应按辐射水平 0.005 mSv/h 为界限划出警戒区悬挂警告牌并派人看护。事故处理应在应急组织指挥下进行。

(1)粉末状放射性内容外逸。

①用浸透清水的纱布或吸水纸将外逸的粉状物覆盖起来。

②如果内容器没有破损，且其中仍有残留粉末，应将此容器转移到完好的容器中去并将其屏蔽。

③用镊子将沾有放射性物质的湿纱布等覆盖物揭下来，放入塑料袋内。

④用湿润的脱脂棉花，将残留的粉末由外向里蘸干净。

⑤用湿润的脱脂棉敷在被污染的表面反复擦拭，并用表面污染监测仪测定。

⑥若被污染的表面是质地疏松的物质，不宜采用擦拭去污时，可将其表层除掉，直至符合卫生标准为止。

(2)液状放射性内容物外逸。

①立即将倒翻的内容器扶正盖好，并转入完好的外容器中。

②用纱布、吸水纸或木屑等吸水材料覆盖于放射性液体上直至将其吸干。

③用镊子将沾有放射性液体的纱布等覆盖物装入塑料袋里，或用小铁铲将吸有放射性物质的木屑铲入塑料袋里。

④用脱脂棉在被污染的表面上反复擦拭，直至符合卫生标准为止。

八、腐蚀性物质的泄漏处理与施救

发现液体酸性腐蚀性物质泄漏应及时撒上干砂土，清除干净后，再用水冲洗污染处；大量酸液溢漏时，可用石灰水中和。

着火时，不可用柱状水，以防腐蚀液体飞溅伤人；对遇水能剧烈反应及引起燃烧、爆炸或放出有毒气体的腐蚀性物质，禁用水灭火。

典型工作任务2　危险货物事故应急预案编制

学习目标

1. 能力目标

能够正确处理危险货物运输中事故、灾害和紧急事件。

2. 知识目标

(1)了解危险货物事故应急预案的编制。

(2)了解铁路危险货物运输事故应急管理。

3. 素质目标

(1)针对危险货物运输中可能遇到的各种情况,具有安全意识和应对能力。

(2)树立法治观念,增强法律意识。

安全案例

1. 押运人脱岗导致液氯罐车泄漏

(1)事故概况:某日7:20,一列编挂××化工厂1辆GY型液氯自备罐车的货物列车到达A编组站。11时许,该罐车附近作业的铁路员工闻到刺激性异味,未找到该罐车押运人,请同列另一化工公司的液氯罐车押运人协助处理。12时左右,该罐车的2名押运人赶到现场,13时左右处理完毕,液氯泄漏完全终止。此次液氯泄漏造成28名铁路人员急性氯气中毒。

(2)原因分析:液氯(铁危编号23002)属毒性气体,加压液化后储存于压力容器运输,容器破损或泄漏会致汽化扩散,危害极大。为此,《危规》规定限用耐压液化气体自备罐车装运。

案例中GY型液氯罐车中修后,2号位液相阀门盲板螺栓比规定少两个,且存在螺栓紧固不到位的情况。运行中受震动,盲板螺栓松动引发液氯泄漏。此外,押运人未认真检查设施,未发现螺栓缺失,且同时脱岗,无法及时处置,是造成该事故的主要原因。

2. 自备罐车液氯泄漏

(1)事故概况:5月29日,B站发往C站的1车自备罐车液氯,6月4日编挂于××××次货物列车。当日15:30运行至D编组站技术检查时,发现刺激性气味,疑似泄漏。因找不到押运人,D站求援总参防化部门和该市化工厂。经检查,系安全阀装配不密贴导致液氯泄漏,专业人员于20:30关闭并加固阀门处理完毕。事故致76人中毒(15人较重送医),严重影响铁路枢纽运输秩序。

(2)原因分析:

①罐车安全阀锈蚀、失灵,安全阀装配不密贴。②该罐车货票记载有押运人2名,实际上押运人并没有随车押运监护。

相关知识

危险货物事故应急预案泛指针对可能的事故、灾害和紧急事件，在事故发生的紧急时刻，为防止事态扩大，保证迅速、有序、有效地开展应急救援行动，把损失降低到最低程度而采取的预先确定的施救行动方案。

一、危险货物事故应急预案的编制要求

1. 事故应急预案种类

《危险化学品安全管理条例》明确规定："危险化学品单位应当制定本单位事故应急预案，配备应急救援人员和必要的应急救援器材、设备，并定期组织演练。危险化学品单位应当将其危险化学品事故应急预案报所在地设区的市级人民政府安全生产监督管理部门备案。"

应急预案是针对可能的事故、灾害和紧急事件，为保证迅速、有序，有效地开展应急与救援行动、降低人员伤亡和财产损失，预先制订的有关计划和方案，也称为应急计划。

事故应急预案分为综合应急预案、专项应急预案、现场处置方案。

(1)综合应急预案：总体上阐述处理事故的应急方针、政策，应急组织结构及相关应急职责，应急行动、措施和保障等基本要求和程序，是应对各类事故的综合性文件。

(2)专项应急预案：针对具体的事故类别(如煤矿瓦斯爆炸、危险化学品泄漏等事故)、危险源和应急保障而制订的计划或方案，是综合应急预案组成部分，应按照综合应急预案的程序和要求组织制订，并作为综合应急预案的附件。专项应急预案应制订明确的救援程序和应急救援措施。

(3)现场处置方案：针对具体的装置、场所或设施、岗位所制订的应急处置措施。现场处置方案应具体、简单、针对性强。现场处置方案应根据风险评估及危险性控制措施逐一编制，做到事故相关人员应知应会、熟练掌握，并通过应急演练，做到迅速反应、正确处理。

2. 编制要求

应急预案应形成体系，针对各类可能发生的事故和所有危险源制订专项应急预案和现场应急处置方案，并明确事前、事发、事中、事后的各个过程中相关部门和有关人员的职责。应急预案编制的具体流程为：成立编制小组、收集资料、危险源辨别与风险分析、应急能力评估、预案编制、预案评审与发布。

3. 应急预案编制框架及内容

(1)基本情况。主要包括单位的办理种类和运量，重要基础设施及作业特点，危险目标，危险特性及对周边的影响，可利用的安全、消防、个体防护的设备与器材及其分布。

(2)应急救援组织机构与职责。包括设置应急救援机构，组织人员及职责，组织指挥协调和应急救援联络网络。

(3)报警与通信联络方式。建立 24 h 值班制度和有效的报警装置，以及有效的内、外部通信联络手段。

(4)事故发生后应急处理。包括现场人员清点，确定撤离方式；划定危险隔离区，确定非现场人员紧急疏散方式；确定周边区域单位人员的疏散方式；制订事故周边区域道路隔离或交通

疏导办法等。

(5)检测、抢救、救援及控制措施。包括检测人员防护、监护措施，抢险救援人员的防护、监护措施，现场实时监测及异常情况下抢险人员撤离条件，应急救援队伍的调度，控制事故扩大的措施等。

(6)受伤人员的现场救护及救治。

(7)现场保护与现场洗消。

(8)事故善后处理与总结分析。

4. 应急救援保障

(1)配备相应的应急救援和安全防护设施(包括应急装备、药品和器材等)。

(2)通信与信息保障。建立通信系统维护与信息采集等制度，确保应急期间通信畅通。

(3)应急救援队伍的保障。明确各类应急响应的人力资源情况，明确与地方政府、军队、武警等团体的联络方式。

(4)现场救援和工程抢险保障。明确突发公共事件现场可供应急响应使用的设备(包括电源、照明)数量、性能和存放位置、备用措施等内容。

(5)交通运输保障。包括各类交通运输工具名称、数量、分布、功能、使用信息，驾驶员应急准备措施，使用单位启用方案等。

(6)物资和经费保障。

(7)保卫和治安保障。

(8)监督检查。

5. 应急预案的培训与演练

(1)公众信息系统。

最大限度公布突发公共事件应急预案信息、接警电话和部门，宣传应预防的措施(包括避险、避灾、自救和互救常识等)。

(2)培训。

明确培训部门的权力与责任，并对各级领导、应急管理和救援人员进行岗前培训和常规性培训。

(3)演练。

明确演练的部门(机构)对演练的场所、范围、内容的要求，以及组织指挥等规定，不断提高事故的预防和处理能力。

二、铁路危险货物运输事故应急管理

1. 铁路危险货物运输处置原则

发生铁路危险货物运输事故，铁路各级有关部门应当立即组织铁路危险货物运输各相关单位，按照铁路危险货物运输事故应急预案组织实施救援，采取必要的应急处置措施，减少事故损失，防止事故蔓延、扩大。

(1)立即组织营救和救治受害人员，疏散、撤离或者采取其他措施保护危害区域内的其他人员。

(2)迅速控制危害源，测定危险化学品的性质、事故的危害区域及危害程度。

(3)针对事故对人体、动植物、土壤、水源、大气造成的现实危害和可能产生的危害,迅速采取封闭、隔离、洗消等措施。

(4)对危险货物运输事故造成的环境污染和生态破坏状况进行监测、评估,并采取相应的环境污染治理和生态修复措施。

2. 铁路危险货物运输应急预案及演练队伍

(1)应急预案编制及演练。

为正确快速处置危险货物事故,办理站应编制本站应急预案,预案应细化到所办理的危险货物具体品名,并包括环保应急处理预案。办理站还应建立应急救援队伍,定期组织事故救援演练,开展预防自救工作,并对活动进行记录和总结,设置醒目的安全疏散标志,保持疏散通道安全畅通。

(2)应急器材配置管理。

办理站和货检站应配齐危险货物检测、应急救援、安全防护等器材,并进行经常性维护、保养,保证器材状态完好,可用、能用、会用、便于取用。强化器材使用培训工作,保证人员掌握操作规程,正确、熟练使用器材。

3. 铁路危险货物运输事故应急处置

危险货物发生泄漏、火灾及其他行车事故时,车站应立即启动应急预案,迅速向铁路有关部门、地方政府及公安、消防、环保、卫生防疫部门报告,并速请熟悉货物性质及罐体构造的部门协助处置。要设立警戒区,组织人员向逆风方向疏散,防止危险货物流入水域。易燃、有毒液体发生泄漏时,应及时阻断火源。对标有"禁水"标记的罐车,严禁用水施救。对有毒气体施救时应站在上风方向,防止中毒事故发生。

放射性包装件破损时不得继续运输,放射性物质(物品)发生泄漏事故时,要立即启动应急预案,事故地点应按辐射水平 0.005 mSv/h 为依据划出警戒区并悬挂警告牌,派人看护。

存在密闭空间的棚车、集装箱火灾时,打开车门、箱门前必须了解货物的品名、危险品属性、包装、规格,准备好施救工具、器材和卸车、掏箱机具后,方可开门施救。对有毒有害物质(物品),施救人员没有采取好防护措施,严禁进入施救区域。

铁路危险货物运输各相关单位应配备相应的应急救援和安全防护设备,定期组织危险货物运输应急预案的培训和演练,检查和分析存在的问题,不断提高事故的预防和处置能力。

相关规范、规程与标准

1.《铁路危险货物运输管理规则》(铁总运〔2017〕164 号)。

2.《铁路危险货物品名表》(TB/T 30006—2022)。

3.《铁路危险货物运输安全监督管理规定》(交通运输部令〔2022〕24 号)。

4.《危险货物品名表》(GB 12268—2025)。

5.《铁路危险货物运输技术要求》(TB/T 30008—2023)。

实作问答

1. 液化气体罐车押运人向车站报告罐车内液化气体超过临界压力,请求减压,请问车站应如何处置?

【解】(1)车站接到押运人提出减压请求时,应及时向铁路局集团公司有关部门、地方政府、公安、消防、环保、卫生防疫部门汇报。

(2)选择有足够水源,安全、空旷的线路和处所,做好调车准备工作。

(3)设立警戒区,防止闲杂人员进入,切断一切火源,做好消防准备。

(4)排放减压时,有关人员应站在上风方向,排放应间隔进行,排放浓度不得超过国家规定标准。

(5)同时用雾状水喷淋罐体,冷却罐车,以防爆炸。

(6)剧毒气体未经有关部门同意,不得擅自处理。

2. 某站接250××次列车,货运检查员到检时发现液化石油气罐车6车一组,其中1车上盖阀门处有白烟冒出,并有特殊异味,且随车未发现有押运人员,30 min后即发生燃烧。请回答下列问题:

(1)货运检查员应对液化石油气罐车检查哪些内容?

(2)检查中发现液化石油气罐车上盖阀冒白烟时,应通知哪些人员?

(3)发现缺少押运人时,应如何处理?

(4)发生火灾时,应如何应急处理?

【解】(1)货运检查员应对液化石油气罐车检查以下内容:

①罐体有无漏裂,货物有无外泄、渗漏。

②上盖是否关闭良好。

③阀是否拧紧、垫是否齐全。

④进行押运检查,包括检查押运人数是否符合要求;押运人是否携带培训合格证明、押运员须知,是否与票据记载相符,有无冒名顶替;押运员着装是否符合规定;押运人携带工具、备品是否齐全,是否携带危险货物等违禁品;押运间状态是否良好等。

⑤两组液化石油气罐车之间编组隔离是否符合规定,与牵引的机车隔离是否符合要求。

货检人员与押运人在所押运的车辆前签认。

(2)发现液化石油气罐车上盖阀冒白烟时,立即通知车站调度员、车站值班员、押运人员,将相邻车辆迅速调离火灾现场,尽可能将火灾车辆调离人员稠密区。

(3)发现缺少押运人时,应立即甩车,做好登记,并通知发站或到站联系托运人、收货人补齐押运员,编制普通记录后方可继运。

(4)发生火灾时,车站应立即启动应急预案,迅速向铁路有关部门报告,并速请熟悉货物性质及罐体构造的部门协助处置:

①将相邻车迅速调离火灾现场。

②根据资料及押运人要求,确认货物性质。

③立即向地方政府,公安消防等部门请求处理和抢救。

④设立警戒区,组织人员向逆风方向疏散。

⑤准备足够的灭火器材。

⑥灭火后,用大量冷水冷却罐车,以防爆炸。

⑦按章逐级上报及拍发货运损失速报。

3. 116××次货物列车于某日10:20到达某站，共挂有二组液化石油气罐车。请回答下列问题：

(1)对液化石油气罐车，应检查哪些内容？

(2)发现其中一辆液化石油气罐车发生泄漏，应如何处理？

(3)根据列车编组，列车到达应有几名押运人？

【解】(1)对液化石油气罐车，应检查以下内容：

①罐体有无漏裂，货物有无外泄、渗漏。

②上盖是否关闭良好，阀件是否拧紧，配件是否齐全。

③进行押运检查，包括检查押运人数是否符合要求；押运人是否携带培训合格证明和押运员须知，押运人姓名、身份证号码是否与票据记载相符，有无冒名顶替；押运员着装是否符合规定；携带的工具、备品是否齐全，是否携带危险货物等违禁品；押运间状态是否良好等。

④车辆编组隔离是否符合规定要求。

货检人员与押运人在所押运的车辆前签认。

(2)发现其中一辆液化石油气罐车发生泄漏时，应做如下处理：

①货检员立即向车站值班员和公安部门报告，同时通知押运人及时处理。

②得到货检员的报告后，车站应立即启动应急预案。

③货检员确认货物性质，采取临时防护措施，切断火源，防范闲杂人员出入。

④押运人无法自行修复时，车站与押运人应及时向铁路主管部门、地方政府、公安消防及环保、卫生防疫部门报告，并速请熟悉货物性质及罐体构造的部门协助处理。

⑤迅速将故障车辆调至安全处所，设立警戒区，组织人员向逆风方向疏散。

⑥采取积极抢救措施，喷水降温，防止事态扩大。

⑦正确拍发货运损失速报。

⑧编制记录，登记台账。

(3)至少应有4名押运人。

课后作业

1. 简答题

(1)简述易燃液体的撒漏处理与施救。

(2)简述毒性物质的撒漏处理与施救。

2. 综合分析题

(1)B站接卸一辆G_{60}型铁路罐车时罐体发生泄漏并燃烧，B站立即组织灭火扑救。查货票信息显示该车货物为原油，由A站发往B站，装载重量40 t。事后经专家认定该车装载货物品名为松节油，铁危编号32138。已知G_{60}型罐车标记载重量52 t，容积60 m^3，松节油密度为0.85 t/m^3。

请问：①A站在承运该车货物时违反了哪些规定？

②承运易燃液体罐车时需要注意哪些事项？

③B站发现罐体泄漏并燃烧，应如何处置？

(2)某公司业务人员到车站要求办理豆粕运输,应如何办理?

(3)某站(当地气温:25 ℃)发运的一车汽油(铁危编号 31001,一级易燃液体),运输至南方某途中货检站(当地气温:37 ℃)时,货检人员发现汽油罐车顶部卸油口(罐内有卸油管)发生外溢,经专业技术人员对呼吸阀采取压力泄放处理,使受压汽油液面回落,排除了汽油泄漏事故。试分析托运人托运的罐装汽油泄漏原因及下一步需采取的安全措施。

模块3
鲜活货物运输

项目 8　鲜活货物运输组织

典型工作任务 1　鲜活货物运输认知

学习目标

1. 能力目标

能判定货物在铁路运输中是否属于鲜活货物，确定其分类及其运输要求。

2. 知识目标

(1)掌握鲜活货物的定义与分类。

(2)了解鲜活货物运输的要求与特点。

3. 素质目标

(1)养成安全运输的意识。

(2)具有服务意识和担当意识。

安全案例

易腐货物葡萄运输中腐烂变质

(1)事故概况：8 月 11 日，A 站承运 4 车冷却葡萄至 B 站，保价 20 万元。8 月 20 日 11:00 送专用线卸车，次日 11:30 开始卸车，卸车时车内温度 3.8～4.7 ℃。交付约 5 000 件后，收货人发现部分葡萄腐烂变质，拒绝领取。经勘查，四车共装 25 984 件葡萄(超正常装载量)，其中 12 098 件腐烂。

(2)原因分析：

①车内葡萄装载过密，未留通风空隙；托运人使用再生塑料箱，耐压硬度不足，箱体挤压变形；车站受理把关不严，未纠正包装和装载问题，且未执行每车 6 200 件的装载标准。

②机械冷藏车作业单显示，8 月 11 日 0:00—8 月 12 日 18:00 车内温度为 5.4 ℃，卸车时车内温度 3.8～4.7 ℃，均高于《铁路鲜活货物运输规则》(以下简称《鲜规》)规定的 1～4 ℃标准。

相关知识

鲜活货物是社会生产和人民生活的必需品，也是重要的外贸物资。随着我国经济建设和改革开放的发展，鲜活货物的品种和运量逐年增长。搞好铁路鲜活货物运输，有利于推动我国食品生产和进出口的发展，对于促进我国经济和外贸的发展、满足人民生活需要、提高人民健康水平都具有重要意义。

一、鲜活货物的认知

1. 鲜活货物的定义

鲜活货物是指在铁路运输过程中需要采取制冷、加温、保温、通风、上水、加冰等特殊措施，以防止出现腐烂、变质、冻损、生理病害、病残死亡等问题的货物。

2. 鲜活货物的分类

鲜活货物分为易腐货物和活动物两大类。

(1)易腐货物。

易腐货物是指在一般条件下保管和运输时，极易受到外界气温及湿度的影响而腐败变质的货物。易腐货物包括肉、蛋、乳制品、速冻食品、冻水产品、鲜蔬菜、鲜水果等。

易腐货物按其热状态又分为冻结货物、冷却货物和未冷却货物。

①冻结货物是指经过冷冻加工成为冻结状态的易腐货物，如速冻水果、速冻蔬菜、冻肉、冻鱼等。

②冷却货物是指经过冷却处理，温度在冻结点以上的易腐货物，如经过冷却的水果、蔬菜、乳制品和饮品等。

③未冷却货物是指未经过任何冷处理，完全处于自然状态的易腐货物，如采收后以初始状态进行运输的水果、蔬菜。

按热状态来划分易腐货物种类的目的，是便于正确确定易腐货物的运输条件(如选用车种、装载方法、运输方式、控温范围等)，合理制定运价和便于采取相应的管理措施。

(2)活动物。

活动物包括禽、畜、兽、蜜蜂、活水产品等。

二、鲜活货物运输的特点与要求

1. 鲜活货物运输的特点

(1)季节性强，运量波动大。

大部分鲜活货物的生产具有季节性，如水果集中在三、四季度，南菜北运集中在冬春两季，水产品集中在春秋汛期，从而也形成了鲜活货物运输的旺季和淡季，旺季运量集中，运输时间紧迫。

(2)品种多，运输工作复杂。

我国物产丰富，鲜活货物品种多，性质不一。不同的鲜活货物运输条件各异，运输时需要采取冷藏、保温、加温、通风等特殊保护措施，提供预冷、上水、供料等特殊服务，运输工作复杂。

(3)运距长,运输期限要求短。

我国地域辽阔,鲜活货物分布不均,需要通过运输来调节,以满足各地市场的需求。由于我国鲜活货物产地较为集中,销地十分分散,运输距离一般较长,若运输时间过长,会造成易腐货物养分减少,干耗增大,质量下降甚至腐烂变质;活动物则可能掉膘、病残,甚至死亡。因此,运输易腐货物需要有严格的容许运输期限,运输活动物也须注意容许在途时间。

(4)批量小,去向分散。

近年来,鲜活货物市场总体需求量增大,但各地市场则呈现需求品种多、批量小的发展趋势,除少数大宗鲜活货物的流向流量较为明显和稳定外,多数货物的流向流量都较为分散。

(5)货物质量易受外界气温、湿度和卫生条件的影响。

鲜活货物与其他货物最大的不同是其具有鲜活的特性,质量易受外界气温、湿度和卫生条件的影响。尤其是易腐货物,热了易腐烂,冷了易冻损,干了易干缩,湿了易发霉,对温度、湿度有特殊的要求。活动物则要注意热天防暑降温,冷天防寒防冻。另外,若储运环境卫生条件不好,使鲜活货物受到污染,不仅会直接影响到货物的质量和外观,也将使货物易被微生物侵害而腐烂变质或病残死亡。

(6)货物品质要求高。

随着经济和社会的发展,人民的生活水平不断提高,对鲜活货物质量的要求也越来越高,为此,运输时要更加注重保持食品的营养价值、风味口感、色泽外观和卫生安全。

2. 鲜活货物运输的要求

(1)承运货物要符合运输条件的规定。

易腐货物的热状态、承运质量、承运温度、包装和容许运输期限等要符合运输条件的规定;活动物应无病残,有规定的检疫证明,需要的容器、饲料和装车备品也应符合要求。

(2)需配备相应的运输车辆、运载器具和运输设备。

为保证鲜活货物的运输质量,需要有冷藏车等专用货车或冷藏集装箱等运输工具,还需要有为鲜活货物运输服务的预冷、上水、供电等设施。

(3)运输中需要保持适宜的温度和湿度。

易腐货物在储运过程中,需要始终保持适宜的温度和湿度。例如储运香蕉最适宜的温度为11.7 ℃,相对湿度为80%～85%,用机械冷藏车装运时,车内温度要求保持在11～15 ℃的范围内。

(4)要有良好的卫生和通风条件。

鲜活货物的储运环境应符合卫生防疫的要求,必须按规定严格对货车、货位进行清扫、洗刷除污和消毒,使用的装卸搬运机具、用品应清洁,运输需要的饮用水要卫生,防止货物受到污染和微生物侵害,还要有良好的通风条件,便于散热降温,排除有害气体、异味和多余水汽,保持空气清新适宜。

(5)做到灵活、快速运输。

为适应易腐货物运输去向分散、批量小的发展趋势,需要增加单节式机械冷藏车、冷藏集装箱等专用车辆和运载工具,采用灵活多样的运输组织方式。针对鲜活货物运输季节性强、运量波动大、速度要求快的特点,必须加强运输组织工作,做到快速运输。要积极组织开行鲜活货物快运直达列车、冷链特需班列,发展鲜活货物行包快运和绿色通道等多种快运形式。

(6)提供冷链物流服务。

为提高易腐货物储运质量,铁路应以冷藏运输为主体,逐步构建和拓展易腐货物产储运销一体化的冷藏链,实现冷藏运输网络与冷藏仓储配送网络对接,形成具有铁路特色的冷链物流网络体系,为易腐货物提供更优质的全方位和全程物流服务。

典型工作任务2　冷藏运输原理及冷藏运输设备认知

学习目标

1. 能力目标

能正确合理地运用冷藏运输设备。

2. 知识目标

(1)理解冷藏运输原理,熟悉冷藏运输设备。

(2)了解机械冷藏车和冷藏集装箱的类型、结构和技术性能。

3. 素质目标

(1)具有完善的安全运输保障思维和绿色运输方案优化意识。

(2)深刻理解"人民铁路为人民"的服务宗旨,勇于承担社会发展新使命。

安全案例

整车冷冻货物变质

(1)事故概况:某日,××××次货物列车运行至A站时,车站货运人员检查发现机后15位冷藏车厢(车号:×××××,承运货物:冷冻鸡肉,收货人:××公司)制冷设备停止工作,车厢内温度升高至17 ℃,部分货物出现解冻、变质现象,构成铁路交通一般C类事故。

(2)原因分析:

①该冷藏车厢制冷机组压缩机故障,导致制冷系统失效,车厢内温度无法保持在规定范围内。

②冷藏车厢日常维护保养工作流于形式,检修人员责任心不强,未能严格按照操作规程进行检修,导致设备带病运行。

③列车运行途中,相关工作人员未能及时发现冷藏车厢温度异常,延误了故障处理时机。

相关知识

一、易腐货物的冷藏原理

易腐货物在保管或运输过程中,由于某些原因,其成分发生变化,失去食用价值,称为腐败。易腐货物腐败后,会产生恶臭、异味和毒素。

引起易腐货物腐败的原因主要有:微生物作用、呼吸作用和化学作用,也就是细菌等微生物的滋生繁殖、自身的呼吸作用和表皮组织损伤引起的氧化作用。

一般来讲,动物性食品腐败的主要原因是微生物作用,因为动物性食品对细菌的抵抗能力不大,细菌一旦沾染上去,很快就繁殖起来,造成食品变质腐烂;植物性食品腐败的主要原因则是呼吸作用,植物性食品(水果、蔬菜)在采摘之后,虽然不再继续生长,但仍然能在一定程度上抵抗细菌的入侵,直到体内养分逐渐消耗,抗病能力减弱到一定程度,或食品机体被碰伤,细菌才能乘虚而入,使食品彻底腐烂。

呼吸作用和微生物活动都与温度有关,利用控制温度的办法,能够达到既控制呼吸作用,又控制微生物活动的目的。冷藏法以其简单易行、经济适用、安全有效的特点,在我国铁路易腐货物运输中被普遍采用。

冷藏法相较其他储藏方法(如腌制、晒干、加防腐剂等)有以下优点:

(1)能很好地保持食品的原有品质,包括色、味、香、营养物质和维生素。

(2)冷源价格低廉,加工成本不高。

(3)有利于大量保管和运输易腐食品。

(4)冷藏食品对人体健康无不良影响。

在保管和运输易腐货物中,必须做到连续冷藏。因为微生物活动和呼吸作用都会随着温度的升高而加快,如保管和运输中某个环节不能保持连续冷藏的条件,食品就可能在这个环节迅速腐败。

二、易腐货物的冷藏方法

冷藏按温度降低的程度分为冷却和冻结两种方法。

(1)冷却方法。

冷却就是将食品的温度降低到指定的度数,但不低于食品液汁的冰点。

水果、蔬菜等植物性食品采摘后仍有生命活动,其呼吸作用可抵御微生物的入侵,但是在不断消耗体内积累的营养物质和水分。随着呼吸作用的延续,其本身的色泽、风味、质地、营养成分也逐渐变化。冷却方法就是通过降低温度以降低其呼吸强度,有效抑制微生物的繁殖,减弱氧化、呼吸作用,以保持货物的质量。冷却的温度不宜过低,温度低于 0 ℃时,易造成货物发生冻坏而变质。因此,不同品类的水果、蔬菜都有一个合适的冷却温度,多数水果、蔬菜的适宜储运温度在 0～4 ℃。冷却加工时,水果、蔬菜等多用冷空气冷却,鱼虾可用夹冰冷却。

在合适的温度环境中,为避免植物性食品内的水分过分蒸发而影响其外观和质量,也要求保持一定的空气相对湿度。

(2)冻结方法。

冻结就是将食品中含的水分大部分冻结成冰,其温度范围在－18 ℃以下。在－20 ℃时,食品中未冻结的液汁约占全部液汁的 10%～15%。

冻结方法适于对动物性食品的储运。动物性食品储藏温度越低,储藏时间就越长。试验资料表明,在同样条件下进行冷加工的冻结食品,当改变冷藏温度时,质量保存期不同。例如,某一冻结食品分别放在－30 ℃和－20 ℃环境中,则－20 ℃的食品质量下降的速度比－30 ℃的食品质量下降速度要快,储藏时间也短。

冻结加工方法有两种，一种是慢冻，另一种是速冻。慢冻时，由于冻结速度慢，食品中细胞与细胞间首先出现冰晶，细胞内尚未冻结的液体透过细胞膜扩散出来，使大部分水冻结于细胞间隙中，形成大冰晶，破坏了细胞组织结构。解冻时汁液不能充分渗回到细胞组织中，大量汁液便会流出，导致食品质量明显下降。速冻时，由于冻结速度快，细胞内、外几乎同时产生小冰晶，如此细胞内外压力一致，解冻后基本能恢复食品的原貌。

三、冷藏运输

冷藏运输是冷藏方法在易腐货物运输中的运用，需要在运输技术上提供适合货物性质的运输条件，在运输组织上尽量缩短运输时间。

1. 冷藏运输技术要求

冷藏运输最重要的技术要求是保持适当的低温。铁路冷藏运输主要是使用机械冷藏车和冷藏集装箱等运输车辆、运载器具，采用机械制冷等技术，将易腐货物置于适宜的低温防护条件下进行运输，以保持货物的质量，防止腐烂变质。此外，采用预冷技术，运输前在预冷站或冷库将易腐货物降温处理成冻结货物或冷却货物，装车前对车辆、集装箱进行预冷，运输时能将货物温度尽快降低到适宜的运输温度，更有利于保持易腐货物的质量。

运输过程中，调湿也是一项关键的技术条件。湿度指空气中所含水蒸气的程度，通常用相对湿度，即绝对湿度与饱和湿度的百分比表示。湿度过大，微生物繁殖快，呼吸作用强，货物易腐烂变质；湿度过小，水分蒸发快，货物干耗增大，使货物失去新鲜状态，质量和数量都受到损失。目前铁路冷藏运输车辆、运载器具仍缺乏自动调湿技术，一般通过降低温度，使空气中水蒸气冷凝，以降低空气的湿度；增大空气湿度则通过洒水来实现。

冷藏运输还应注意及时通风换气，排除热量、有害气体和多余水汽，补充新鲜空气，并保持良好的卫生环境，防止易腐货物受到污损和被微生物侵染。冷藏运输如能有选择地结合使用保藏技术，可更有效地保持易腐货物的品质。例如，可将水果、蔬菜、肉类等用气调法或减压法密闭包装后冷藏运输，能更好地保持货物的鲜度、风味和色泽。

2. 冷藏运输组织方法

冷藏运输尽管采取了低温和其他特殊的防护措施来保持易腐货物的质量，但也只能延缓而不能停止货物的物理、化学、生物变化过程，货物质量仍有缓慢的降低，如营养成分减少，水分干耗增大，色泽风味改变等，运输时间越长，质量降低的程度越大。因此，应积极组织快速运输，尽量缩短运输时间，以保持易腐货物的初始质量。

3. 冷藏链与保鲜链

铁路冷藏运输只是易腐货物整个物流过程中的一个环节，如采用冷藏链技术，将易腐货物从生产、加工、分拣、储存、运输、配送、销售乃至消费的全过程，均置于低温防护下，可最大限度地保护易腐货物的原有质量。而进一步采用保鲜链技术，综合运用各种适宜的无污染的储藏方法和手段，则可以使易腐货物在各环节中，最大限度地保持特性和品质。

四、易腐货物运输设备

易腐货物的运输工具对于易腐货物运输的质量和效率起着至关重要的作用，冷藏车和冷藏集装箱是最主要的易腐货物运输工具。

1. 冷藏车的特点和种类

在我国，铁路冷藏车是长途冷藏运输的基本工具之一。铁路冷藏车的特点是车体隔热，气密性好，车内有冷却装置，在温热季节能在车内保持比外界气温低的温度。在寒季，冷藏车还可用来不加冷保温运输或用热电器(机械冷藏车)加温运输，在车内保持比外界气温高的温度。由于其主要用途是冷藏，所以称为冷藏车。

(1)冷藏车的特点。

①具有良好的隔热车体，以减少车内与外界的热交换。冷藏车的隔热性能以总传热系数 K 表示。K 值愈小，单位时间透过车体围护结构传入车内的热量愈少。随着聚氨基甲酸乙酯等新型隔热材料的出现，以及夹层隔热结构的试制和成功运用，现代冷藏车已将传热系数 K 值降到 0.23 W/(m² · K)以下。

②具有有效的制冷和加温设备，以建立车内的热平衡，保持所需的稳定温度。

③具有装货设备和通风循环设备，以保证货物合理装载，保证车内温度均匀，并在必要时可换气。

④具有可靠的检测仪表，以正确反映车内的温度状况。

(2)冷藏车的种类。

冷藏车是铁路运输鲜活货物的专用车，车体采用夹层结构和隔热材料。目前我国运用的主要车型、车辆(组)有 B_{22} 型、B_{23} 型 5 辆一组(1 辆发电乘务车、4 辆冷藏货物车)的机械冷藏车组，B_{10} 型单节式机械冷藏车和 BX_{1k} 型冷藏集装箱运输车组等。

常用机械冷藏车的基本参数见表 8-2-1。

表 8-2-1 常用机械冷藏车的基本参数

车型	自重/t	载重/t	容积/m^3	装货面积/m^2	车内装载尺寸/m 长×宽×高	最大外部尺寸/mm 长×宽×高	门孔尺寸/mm 宽×高	车组自重/t	车组载重/t	车组全长/m	车内可保持的温度/℃	特点
B_{22}	38	46	105	46	18×2.558×2.3	21 938×3 020×4 670	2 700×2 300	206	184	107.7	−24～+14	5 节机械冷藏车组，1 辆工作车，两端各 2 辆货物车
B_{23}	38.2	45.5	105	46	18×2.560×2.3	21 938×3 134×4 640	2 702×2 306	206	182	110.1	−24～+14	5 节机械冷藏车组，1 辆工作车，两端各 2 辆货物车
B_{10BT}	41.1	38	100	43.6	17.3×2.56×2.3	21 938×3 094×4 700	2 700×2 300	—	—	—	−24～+14	单节机械冷藏车

① B_{22}、B_{23} 型机械冷藏车组。

我国铁路机械冷藏车的发展经历了进口、引进技术和实现国产化到自行开发制造的过程。B_{22} 型机械冷藏车(图 8-2-1)于 20 世纪 80 年代从德国进口，B_{23} 型机械冷藏车由我国生产制造。

图 8-2-1　B_{22} 型机械冷藏车

我国现有的成组机械冷藏车均采用集中供电、分散制冷、加温控温的形式。发电乘务车连挂在车组中间，两边各挂 2 节货物车。发电乘务车负责向冷藏货物车和乘务员工作生活供电，冷藏货物车负责装载货物和控温，各货物车可任意换位、调头连接。车组连接状况如图 8-2-2 所示。

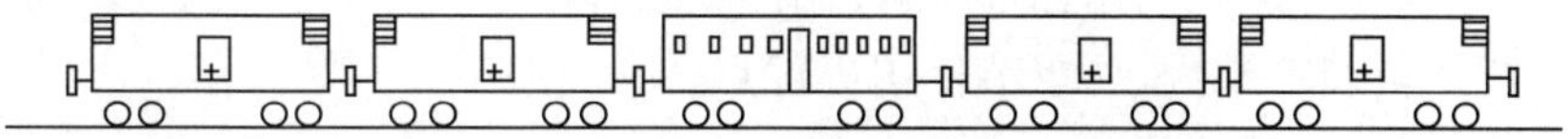

图 8-2-2　五节式机械冷藏车车组连接状况

B_{22} 型机械冷藏车组全长 107.7 m，有效装货容积 420 m^3，载重量 184 t。B_{22} 型机械冷藏车组在外温 −45～45 ℃时，车内可保持 −24～14 ℃。发电乘务车车体为全钢整体承载箱型结构，辅有聚苯乙烯隔热材料。发电乘务车内分为机械间、控制中心间、过道和厨房、卫生间、采暖锅炉间、卧室、会议室七个空间。冷藏货物车车体长 21 m，内长 18 m，两端各有一个工具间，工具间上部为制冷机组，下部为总控柜和制冷机组配电柜，在一位端还开有侧门，如图 8-2-3 所示。

② B_{10} 型机械冷藏车。

B_{10A}、B_{10B} 和 B_{10BT} 型单节机械冷藏车由我国相继自主研制。B_{10} 型机械冷藏车为单节式机械冷藏车，也可连节用，设有发电工作间为装货间供电。单节式机械冷藏车较机械冷藏车组，具有单车运用、灵活方便的特点，能更好地适应易腐货物运输去向分散、批量小的需要。

此类新型机械冷藏车可采用卫星定位技术进行全程监控，可根据客户要求实现一车多间、多温的控制，满足客户一次运输多品种货物的要求。

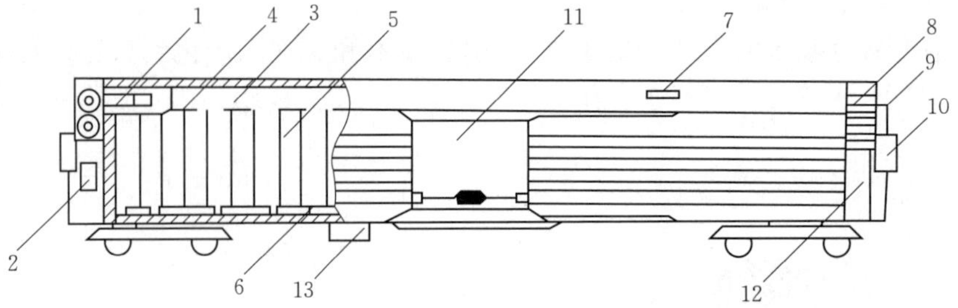

1—制冷机组；2—冷藏车总控柜；3—风道；4—循环挡板；5—通风条；
6—底格板（离水格子）；7—通风换气排气口；8—机组通风百叶窗；
9—护栏；10—工作台；11—车门；12—工具间侧门；13—备件箱。

图 8-2-3 冷藏货物车设备布置

③ BX$_{1K}$ 型冷藏集装箱车组。

为满足易腐货物运输需要，铁路利用现有装备资源和技术，创新研制出由 8 辆 BX$_{1K}$ 型集装箱专用平车和 B$_{23}$ 型机械冷藏车的发电乘务车组成的 BX$_{1K}$ 型冷藏集装箱车组。车组共计 9 辆，顺序为：BX$_{1K}$ 型车 4 辆，B$_{23}$ 型机械冷藏发电乘务车 1 辆，BX$_{1K}$ 型车 4 辆。其中，B$_{23}$ 型机械冷藏车的发电乘务车负责发电并向 8 辆 BX$_{1K}$ 型集装箱专用平车供电。BX$_{1K}$ 型车由 X$_{1K}$ 型车加装供电线路改造而成，改造后在原车型前涂打"B"字配属标记，BX$_{1K}$ 型车自重、标记载重量等有关技术参数与 X$_{1K}$ 型车相同。

2015 年 12 月 31 日，BX$_{1K}$ 型车组正式上线试运行。此次试运标志着我国铁路冷藏集装箱运输已与国际接轨，便于开展冷藏集装箱的海铁联运。

BX$_{1K}$ 型车组的适运箱型为 20 英尺、40 英尺、45 英尺自备冷藏集装箱；回空可装运 20 英尺、40 英尺、45 英尺通用箱。BX$_{1K}$ 型车组禁止溜放，固定成组运输，途中不得拆解。

④隔热冷藏车。

BH$_1$ 型隔热冷藏车内设有专用的制冷和加温设备，车内温度取决于环境温度和装货温度，可满足大部分水果和蔬菜的运输，因不设制冷设备，隔热车具有无须供应燃料和途中服务、成本低、检修方便、货装容积大、可单节使用等优点。

(3)使用冷藏车应注意的问题。

冷藏车作为一种专业化运输工具，使用是否正确，将直接关系到货物的运输质量和企业的经济效益，所以，在使用时应注意以下问题：

①在装运货物前，要事先对货物和车内进行预冷。制冷机组要保持货物在装车后的温度，不能让货物在车内发生温度下降或冻结等情况。将温度较高的货物或是在车内温度较高的情况下直接将货物装入车内，会增加使车内温度降低到预定温度的难度。机械冷藏车车内预冷温度为：冻结货物 −3～0 ℃，香蕉 12～15 ℃，菠萝、柑橘 9～12 ℃，其他易腐货物 0～3 ℃。香蕉装车时，应在冷藏车作业单内注明装车期间的外温情况，运输结束时，香蕉变黄不是香蕉质量降低的表征。

②装货时注意保持车内冷气循环流动。为了保持车内温度均衡，必须充分注意货物的码放位置，不能将货物一直装至车厢顶部，也不能让货物堵住冷气的出口和入口。

③装卸货物要迅速。冷藏车车门打开后，外部的气流将流入车内，将导致车内温度升高，且此时应使制冷机组停止工作，因此装卸货物要迅速。

④装运绿色蔬菜和水果时要特别小心。如果车内冷气循环不好，货物中央的温度会上升，易使绿色蔬菜、水果的质量受到损害，因此要特别注意。此外，靠近冷气出口的此类物品，易因冷气而冻伤，因此应事先用被单等物品将货物遮挡起来。

⑤要始终保持车内清洁。在货物运输中，保持车内清洁十分重要。如果货物中的盐分、脂肪及其他化学物质附在车厢内壁或门缝处，不仅不卫生，而且还会腐蚀厢体，缩短车厢的使用寿命，所以务必始终保持厢体内清洁。

⑥对系统坚持正确维护与保养。对车辆制冷系统，应认真按照要求给予正确的维护和保养。另外，车辆一般不宜挪作他用，如用于一般货物运输等。

2. 冷藏集装箱

冷藏集装箱是指具有隔热的箱壁（包括端壁和侧壁）、箱门、箱底和箱顶，能阻止内外热交换的集装箱，其具有良好隔热性、气密性，且能维持一定的低温要求，适用于各类易腐货物的运送、贮存。

（1）冷藏集装箱的主要类型。

我国冷藏集装箱主要有柴电一体式冷藏集装箱、外部供电式冷藏集装箱、隔热集装箱、新能源锂电池冷藏集装箱、蓄冷型冷藏集装箱五种。

①柴电一体式冷藏集装箱。

柴电一体式冷藏集装箱自带柴油发电机给制冷机供电，以实现箱内温度控制。此类集装箱使用普通平车装运即可，可单箱运输，组织方式灵活，能适应小批量、多批次运输需求。该集装箱目前有40英尺、45英尺两种规格，如图8-2-4所示。

图8-2-4　柴电一体式冷藏集装箱

②外部供电式冷藏集装箱。

该型冷藏集装箱为采用外接电源、可远程监控的40英尺冷藏集装箱，主要由箱体、制冷机组（不带发电机）、远程监控系统等部分构成。

该型冷藏集装箱的箱体、制冷机组、监控设施按铁路、公路和海运运输工况，特别是长时间铁路运输工况的应用要求进行设计和制造，能承受的环境温度为－40～80 ℃，需要由“8＋1”型 BX_{1K} 车组或外挂式发电机供电。

③隔热集装箱。

隔热集装箱主要由箱体、监测装置等构成，无冷却和加温设备，箱体采用导热率低的泡沫塑料等隔热材料，具有良好的隔热性能。为实现其保温功能，还可外接制冷或加热设备向箱内输送冷风或热风，使货物保持鲜度此类集装箱主要用于载运水果、蔬菜等货物，同时还具有定位及远程温度监测功能。

隔热集装箱的特点是箱体本身结构简单，箱体货物有效装载容积率高，造价便宜，适合大批量、同品种冷冻或冷藏货物在固定航线上运输。其缺点是缺少灵活性，对整个运输线路上的相关配套设施要求高。

④新能源锂电池冷藏集装箱。

此类集装箱是采用大容量锂电池作为动力系统的冷藏集装箱，具有节能、环保、经济等特性。由锂电池驱动的冷藏集装箱能满足铁路、公路、水路等多种运输需求。箱体采用大功率纯电动变频制冷机组，具有制冷速度快、耗电量低、保温性能好等诸多优势，同时，采用信息化技术对运输全程实施远程监控，提升了运输可靠性。

⑤蓄冷型冷藏集装箱。

蓄冷型冷藏集装箱运用箱体顶部储存的蓄冷剂释放冷量进行鲜活货物运输。通过加装智能化远程监控系统，可实时感知箱内温度及湿度，方便快捷，易于实现铁公水路运输及联运。

(2)冷藏集装箱的使用要求。

一般要求有以下几点：

①冷藏集装箱装货后应检查冷藏或冷冻货物的原有质量，并在货单上加以说明。对于装箱时已降低了鲜度的货物、有臭气的货物和冻结松弛的货物，要检查是否已换成正常货物，否则应在有关运输文件上加以备注，明确责任。

②在装箱过程中，应严格装货堆码原则，避免冷风短路造成降温不平衡，降低制冷装置的制冷效率。

③冷冻货长距离运输时，箱内设定温度与实际温度差不能超过 3 ℃。若运送冷却货，其温度误差应不大于 0.5 ℃，最好不大于 0.25 ℃。

④运送新鲜水果、蔬菜时，应及时打开新风口，进行通风换气。运送冷冻货时，应关闭新风口，否则会造成货损事故。

⑤在运输纸盒包装的冷却货物时，必须注意通风问题，保持箱内干燥。由于箱内温度受到日照变化的强烈影响，易使潮湿的包装材料或衬垫材料产生大量的水蒸气而凝成水珠，产生纸盒湿损事故。

目前国际运输用的冷藏集装箱，绝大多数采用 440 V×60 Hz×3 的电驱动冷藏集装箱，除应满足上述一般要求外，通常还应达到如下技术要求：

①为了达到国际通用的目的，冷藏集装箱的外部尺寸、角件等应符合国际标准集装箱的要求，其强度要能满足国际标准集装箱的强度要求。

②由于集装箱在运输和装卸中将受到连续的振动、摇摆和冲击，故要求冷藏集装箱在承受一定的外力条件下不会妨碍制冷装置的运转。

③冷藏集装箱的材料、涂料和表面处理方法等要考虑到海水、海风的腐蚀，应采用防腐性较好的材料。

④制冷装置上使用的电气设备和箱门要具有充分的水密性。

⑤设计制造冷藏集装箱时，其漏热率、漏气率要符合国际标准化组织的规定。

⑥在装载冷冻货物时，箱内温度保持在－20～－18 ℃。装载冷却货物时，箱内温度控制方式自动转为冷却控制。

⑦为了防止集装箱内外的热传导，要求集装箱四周绝缘材料的传热率在 28 W/(m^2 · K)以下，40 英尺箱为 20 W/(m^2 · K)左右。

⑧设在后端壁上的箱门要求能打开 260°以上。

⑨制冷装置要求能自动冷却、自动加热、自动除霜，箱内温度能自动调节、自动记录，并装有远距离监视电路。操作要简单，要便于进行维修、保养和检查。

⑩要求外界温度在－35～55 ℃的条件下，冷藏集装箱能正常使用。温度控制器的精密度要求达到误差在±0.5 ℃内。

⑪运输果蔬类食品时，箱内会因货物表面水分蒸发、货物呼吸作用产生水分等产生大量的凝结水。为了避免 T 形地板被凝结水淹没而影响冷气流通，冷藏集装箱箱内地板的四个角各装有一个漏水器，能防溢自动排水的漏水器。

拓展阅读

1. 储藏易腐货物的新方法

随着科学技术的飞速发展，易腐货物的储藏、保鲜研究出诸多新方法：

(1)气调储藏。

通过改变储藏环境中大气的成分，控制水果、蔬菜的呼吸作用，达到较长期储藏的目的。对大多数水果、蔬菜而言，将空气中的氧气含量控制在 2%～5%之间、二氧化碳含量控制在 3%～8%之间，可大大延长其储藏时间。

(2)减压储藏。

在储运水果、蔬菜过程中，可将储运环境的气压降低至一定水平，从而控制其呼吸作用和抑制微生物繁殖，达到长期储藏食品的目的。实践证明，环境气压降至 0.013 3 MPa 以下时，由于氧浓度的降低，可使果蔬进入休眠状态，减慢其呼吸作用和成熟过程，同时也抑制了微生物的繁殖，但这种方法应增加环境的空气湿度至 90%～95%才不会令货物干耗。此外，减压储藏每天还需换 4 次气，避免果蔬缺氧呼吸使其内产生酒精。采用减压储藏方式时，香蕉在 0.02 MPa 下可储藏 3 个月，浆果可储藏 6 周，苹果则可储藏 9 个月之久。

(3)离子和臭氧保鲜。

利用高电压把环境空气电离出正、负离子，同时产生适量臭氧杀死微生物，正、负离子可使蔬菜中生物电荷中和，这就弱化了生命活动，使其处于人工休眠状态，减少体内营养物质的消耗，达到保鲜的目的。试验结果表明，用离子加臭氧处理过的秋番茄，可在室温中保鲜 56 d，完好率高达 95%，比未处理过的番茄减少损失 18%。

(4)冻结真空干制。

把含有大量水分的食品速冻至－18 ℃以下，然后送入真空容器脱水，让 97%～98%的水在真空状态下直接升华，脱水后的食品残留在冻结时的冰架中，经密封包装后，可以长期保存。这种冻干食品比速冻食品更能保持原有的色、香、味及维生素，密封包装后可在常温下保存运输。食用时，冲入适量的水即可复原，故深受人们喜爱。

(5)超低温保鲜技术。

例如,用液氮将活鱼迅速冰冻昏迷,装入罐头内冷藏运输。食用时,将罐头打开,把鱼放入常温的水中,鱼便会复活。

(6)冷温高湿储藏法。

把冷库的温度调到 0～1 ℃,湿度调高至 95%,并注入负离子和臭氧混合气体。此方法既解决了果蔬在高湿度下难以承受低温的问题,混合气体增加负离子又可解决低浓度臭氧杀菌能力差的问题,果蔬保鲜时间可延长 5 倍。

2. 其他制冷方法

(1)干冰制冷。

干冰是固态的二氧化碳,为透明雪花状固体,可以根据需要压制成块状。干冰的密度与制取的方法有关,一般在 1 300～1 500 kg/m^3 之间,工业上取 1 400 kg/m^3。在常压下,干冰的升华温度为−78.9 ℃;在真空条件下,干冰的升华温度更低,可达−100 ℃以下。

每千克干冰汽化时吸收升华潜热 574 kJ/kg。如果把汽化了的二氧化碳气体再从−78.9 ℃升温到 0 ℃时[其比热容为 0.837 kJ/(kg·K)],所吸收的显热为 66 kJ/kg。将升华潜热和升温显热相加,可得每千克干冰在维持 0 ℃温度的情况下,单位质量制冷量为 640 kJ/kg,约为冰的单位制冷量的 2 倍。且由于干冰的密度大,故单位容积制冷量比冰更大,为冰的 2.9 倍。

干冰在乙醚中溶解,可得到−100 ℃的低温。干冰适用于维持温度在−100 ℃以上的各种制冷场合。如冻结和冷藏食品、医药卫生、机械制造、人工降雨和科学试验等方面。干冰用在−60 ℃以上的温度范围内,其使用比冰盐混合物方便,其单位容积制冷量比冰盐混合物大得多。故干冰在制冷技术领域中被称为新冷源之一。以干冰做冷源,再配以适当的换热和温度控制装置,在冷藏运输中便可得到各种温度的冷藏条件。

(2)液氮制冷。

液氮原料是空气经深冷分离制取的。氮气在大气中占 78.03%,为空气总质量的 75.48%。氮是一种较稳定的气体,只在高温和放电条件下才能与金属或非金属化合生成氮化物,在常温、常压下,氮是无色、无味、无毒、不燃、不爆的气体,使用十分安全。在常压下,将氮冷却至−196 ℃,将会变为无色、透明的液体,到−210 ℃将凝固成雪花状的固态物质。

典型工作任务 3　易腐货物运输组织

学习目标

1. 能力目标

能正确合理地组织易腐货物运输。

2. 知识目标

(1)理解易腐货物运输基本要求和基本方法。

(2)掌握易腐货物的托运、承运、装车、车辆运行、途中和到达作业内容和注意事项。

3. 素质目标

(1)养成科学严谨的工作习惯与职业素养。

(2)深刻理解"人民铁路为人民"的服务宗旨,勇于承担社会发展新使命。

安全案例

易腐货物梨部分腐烂事故

(1)事故概况:5 月 10 日,甲站承运到乙站梨(冷却)一批,使用机械冷藏车装载当日挂出,于 5 月 28 日到达乙站,发现该批梨部分腐烂,经查该批货物的装载方式符合"易腐货物机械冷藏车运输条件表"及"易腐货物运输包装表"要求,"托运人记事"栏仅记载:"容许运输期限 13 日"。甲站—乙站运输里程 2 295 km,货物运输途中遇到水害,在丙站发生滞留 26 h,经查该批货物运输温度符合"易腐货物机械冷藏车运输条件表"规定要求。

(2)原因分析:

①托运人记事栏未注明梨(冷却)的品类顺号及热状态,该批货物容许运输期限为 13 d,货物运到期限为 11 d,13－11＝2(d),小于铁路规定的运到期限 3 d 以上。

②发站受理时未要求托运人提供检疫证明,也未要求托运人在货物运单"托运人记事"栏内注明检疫证明的名称和号码,并留存相关证明文件的影像资料。

相关知识

一、易腐货物运输种类和运输条件

1. 易腐货物运输种类

铁路不办理零担易腐货物运输。

易腐货物通常按整车运输,也可用冷藏集装箱运输。经铁路局集团公司确定,在一定季节和一定区域内不易腐烂的货物也可用通用集装箱运输。

2. 易腐货物的运输条件

装运易腐货物应使用冷藏车或冷藏集装箱等相应的冷链物流装备。在一定季节和区域内不易腐烂、变质、冻损的易腐货物,经托运人确认不影响货物质量的,承运人可根据托运人的要求,使用棚车或通用集装箱装运。使用棚车装运时,应按"使用棚车运输易腐货物的措施"(《鲜规》附件 5)规定办理。

冷藏车(包括空车回送和回空代用)经国铁集团调度命令承认后方可使用,使用外挂式发电机组的冷藏集装箱,须经发送铁路局集团公司同意。

托运人、承运人和收货人在办理易腐货物冷藏车运输时,均应遵守《鲜规》附件 1"易腐货物机械冷藏车运输条件表"(表 8-3-1)的规定。该表分速冻食品、冻水产品、肉类、肉类制品、油脂类、禽蛋类、乳制品、糖果类、饮品、鲜蔬菜、鲜水果、坚果类、其他等 13 类,按品类顺号对各品类易腐货物的品名、热状态、装车时货物质量要求(含感官质量和承运温度)、运输温度、适用包装号或包装方法、装载方式(含装载要求和装载号)等做了具体的规定。

表 8-3-1 易腐货物机械冷藏车运输条件表(摘录)

品类顺号	货物品类	货物品名	货物热状态	装车时货物质量要求		运输温度/℃	适用包装号或包装	装载方式		说明
				感官质量	承运温度/℃			装载要求	装载号	
1.1	速冻水果	速冻荔枝、速冻草莓等	冻结	果面洁净,无不洁物污染。冻结良好,无结霜或粘连。无异味。产品包装完好无破损。无复冻现象	−18以下	−15以下	3	紧密堆码	—	—
3.5	禽肉	冻家禽、冻禽肉、冻禽副产品、冻禽肉制品	冻结	冻结良好。表皮和肌肉切面有光泽,具有禽种固有的色泽。无不良异味,无变形,无复冻现象	−18以下	−15以下	3(整家禽也可用8号包装)	紧密堆码	—	—
6.2	鲜蛋	鲜蛋	冷却	新鲜、无变质、无异味。蛋壳清洁、完整、无破裂	−1～3	0～4	1、2、3	紧密堆码	—	—
			未冷却		—	5～12				
7.5	鲜乳	鲜奶(巴氏杀菌奶除外)	冷却	色泽呈乳白色或稍带微黄色。无肉眼可见杂质和其他异物。具有新鲜乳品固有的香味,无其他异味。包装完整、无破损	2～6	2～6	3	紧密堆码	—	—
			未冷却		—					
		调味奶	冷却	色泽均匀一致,具有乳品固有的滋味和气味,无凝块、黏稠现象,无肉眼可见杂质和异物	2～6	2～6	3	紧密堆码	—	—
			未冷却		—					

二、易腐货物的托运与承运

1. 易腐货物按一批托运的规定

(1)不同热状态的易腐货物不得按一批托运。

不同热状态的易腐货物,运输条件差别较大。例如禽蛋中,冰蛋是冻结货物,其运输温度为−15 ℃;冷却鲜蛋是冷却货物,其运输温度为 0～4 ℃;未冷却鲜蛋是未冷却货物,其运输温度为 5～12 ℃;皮蛋、盐蛋等则不一定须按易腐货物办理。另外,易腐货物的热状态不同,对运输成本和货物质量的影响也较大。经冻结和冷却的货物运输,不但可以减少制冷量,提高货物装载量,降低运输成本,也易于将货温尽快降低到规定的运输温度,有利于保持易腐货物的质量。

(2)按一批托运的整车易腐货物,一般限运同一品名。不同品名的易腐货物,运输温度要求接近、货物性质允许混装的,可按一批托运,在同一机械冷藏车内组织混装运输。此时,托运人应与发站和乘务组商定运输条件,签订运输协议,并将运输条件记录在货物运单"托运人记事"栏和"机械冷藏车作业单"(《鲜规》附件 8,表 8-3-2)内。

表 8-3-2　机械冷藏车作业单

NO　000000

一、始发站作业记录

1. 发站________到站________、车种、车型、车号________________运单号____________________。

2. 货物品名、热状态__________________________;包装种类、状态____________________。

3. 货物质量抽查情况:____。

4. 货物装载方法____。

5. 商定的运输条件____。

6. 车辆预冷时间________h,车内预冷温度________℃。

7. 货物进站时间____月____日____时。装车时间______月____日____时____分开始到____月____日____时____分止,其中制冷时间____月____日____时____分开始到____月____日____时____分止。

8. 装车时车内温度__________℃,车外温度____________℃,货物的承运温度____________℃。

9. 试运批准号:____。

10. 其他需说明情况:

托运人或经办人签字(盖章)____________________。机械冷藏车机械长签字(盖章)__________。

铁路专用线(专用铁路)签字(盖章)________________;发站货运员签字(盖章)______________。

二、到站作业记录

1. 到达车次__________次,时间____月____日____时______分。

2. 车辆调入时间__月__日____时____分。卸车时间____月__日____时____分起至____月____日____时____分止,其中制冷时间____月____日____时____分开始到____月____日____时____分止。

3. 卸车时温度:车内温度________℃,车外温度________℃。

4. 货物质量:感官观察______________,冻结货物温度____________℃。

5. 车内洗刷情况____。

6. 其他需说明情况:

收货人或经办人签字(盖章)__________________。机械冷藏车机械长签字(盖章)______________。

铁路专用线(专用铁路)签字(盖章)________________;到站货运员签字(盖章)________________。

三、机械冷藏车温度记录

日/时分												
外温												
车内温度												
日/时分												
外温												
车内温度												

机械冷藏车机械长(签字)________列车戳______

注:1. 未冷却货物可不填记货物的承运温度。

2. 冷却及未冷却的货物以卸车时车内温度为货物交接温度。

3. 机械冷藏车温度记录填满时,可在本页反面画格填写。

4. “机械冷藏车作业单”一式三份,一份由发站留存,一份随车递送到站保存,一份由机械冷藏车乘务组交配属单位存档。

5. 本作业单保存期为一年。

规格 A4 竖印(共 2 页)

(3)性质相互影响的货物,不得按一批混装运输。

一般情况下,下列货物不得混装运输:

①具有强烈气味的货物和容易吸收异味的货物。

②易产生乙烯气体的货物和对乙烯敏感的货物。

③水果和肉类,蔬菜和乳制品。

2. 易腐货物的货物运单的填制

(1)货物品名。

托运易腐货物时,托运人应在货物运单"货物名称"栏内填记货物名称,同时在"托运人记事"栏内注明易腐货物品类顺号、热状态。例如,冷却的鲜蛋(运输条件见表 8-3-1),货物运单"货物名称"栏内应填写"鲜蛋(顺号 6.2、冷却)"。

(2)容许运输期限。

托运易腐货物时,托运人应在货物运单"托运人记事"栏内注明易腐货物容许运输期限(日数)。易腐货物容许运输期限须大于铁路规定的运到期限 3 d 以上。

易腐货物的容许运输期限,必须依据科学实验、实践经验和专门知识,根据货物的品种、性质、采收季节、初始质量、成熟度、加工处理方法、气候、运输工具、运输方式等一系列因素确定。

易腐货物的运到期限与普通货物的运到期限的计算方法相同,即发送期间为 1 d,运送期间按每 250 运价公里或其未满为 1 d,按快运办理时,按每 500 运价公里或其未满为 1 d。货物实际运到期限的起止时间是从承运次日起至卸车完毕或货车调到交接地点时止。

(3)需途中供电服务。

使用冷藏集装箱运输易腐货物,且途中需要供电服务时,托运人应在货物运单注明"BX 车供电运输"字样,并在"托运人记事"栏内注明运输温度。

(4)冷藏车的运输方式。

使用机械冷藏车运输易腐货物时,托运人应按"易腐货物机械冷藏车运输条件表"规定或与承运人商定的运输条件,在货物运单"托运人记事"栏内具体注明装载货物的运输温度要求和"途中控温""途中不控温""途中通风""途中不通风"等字样,以便铁路按要求组织运输。

(5)押运事宜。

需浇水运输的鲜活植物,托运人须派押运人押运。需通风运输的易腐货物,托运人要求派人押运时,经车站同意,可派人押运。押运人数,除特定者外,每批不应超过 2 人,托运人要求增派时,须经车站承认。托运人应在货物运单"托运人记事"栏内注明押运人的姓名、证件名称及号码。

(6)运输标记。

发站承运易腐货物后在货物运单上标注"△K",并转记在"列车编组顺序表"内,可引起各环节运输工作人员的重视,防止易腐货物车辆在途中发生积压和滞留。

3. 易腐货物的检疫证明

托运需要检疫的鲜活货物时,托运人应按国家有关规定提出检疫证明,在货物运单"托运人记事"栏内注明检疫证明的名称和号码,车站凭此办理运输,并按规定在铁路货运电子商务系统中留存证明文件的影像资料。

为防止病虫害的传播,控制疫情的蔓延,经由铁路运输的动植物产品和鲜活植物,应是无病和符合检疫要求的。需检疫运输的肉、油脂、内脏、生皮毛、血液、骨、蹄等畜禽产品,稻麦、瓜果、蔬菜的种子和中药材等植物产品，以及苗木、盆景等鲜活植物，应凭检疫合格证明办理运输。

4. 易腐货物的质量、温度和包装要求

托运人托运易腐货物时，货物的质量、温度、包装和选用车辆，均须符合“易腐货物机械冷藏车运输条件表”、“易腐货物运输包装表”(《鲜规》附件6，表8-3-3)的规定。

表8-3-3 易腐货物包装表(摘录)

包装号	包装名称	包装材料	包装要求	包装规格	货物净重或容积	堆码实验	备注
1	木箱	木材(干燥，无虫蛀、霉变、腐朽，无污染，无异味)	用木材组合装钉。 通风、透气、清洁、干燥、牢固。内部光滑无尖凸物，外部无钉头或钉尖显露，无其他尖刺。箱子应有足够强度。箱子平整，能平稳堆放，相互堆码，配合适宜。 箱内应加衬垫物	具有16根条挡的木箱，箱板厚度为12～15 mm，宽度为20～40 mm。箱档的厚度和宽度根据木箱的尺寸选定，但厚度不得小于15 mm，宽度不得小于40 mm(可取40～60 mm)。 箱外用两道14号铁丝或铁腰捆扎箍紧。当内装物质量较轻且木箱体积较小时，也可用塑料打包带捆扎。 具体规格尺寸需根据盛装货物的特性、体积、层数和重量而定	20～25 kg	空箱净压650 kg，24 h无明显变形。重箱自码4.8 m高，无明显变形	—
3	纸箱	纸板(无湿损、污染、发霉，无破裂)	用纸板组合装钉。 通风透气(装冻货除外)，清洁、无污，无受潮、离层现象。箱内无突出长钉，纸板要作防潮处理	瓦楞纸箱开孔形状采用圆形、椭圆形或长椭圆形，通气孔直径取25～30 mm，孔的总面积不超过整个包装面积的3%～5%。箱内中部可装支撑的纸板或采用纸板分层隔离衬垫或加井字形瓦楞纸格。 纸箱接头粘合搭接舌边宽度不小于30 mm，粘合牢固。纸箱接头钉应排列整齐、均匀，钉合接缝应钉牢、钉透，不得有叠钉、翘钉、不转角等缺陷。 封箱，可用胶粘带粘牢，也可用低碳钢扁丝钉牢或采用粘合剂粘合。 具体规格尺寸需根据盛装货物的特性、体积、层数和重量而定	15～25 kg	空箱净压650 kg，24 h无明显变形。重箱自码4.8 m高，无明显变形	部分娇嫩水果可使用货物净重小于15 kg的包装，空箱净压试验参见有关标准

托运的易腐货物应有良好的初始质量，必须品质新鲜。冻肉、冻禽、冻鱼、冻虾、冻贝类等动物性易腐货物必须色泽新鲜，气味正常，无腐烂变质现象。植物性易腐货物中，水果必须色泽新鲜，无虫害、破裂、过熟、腐烂等现象；蔬菜必须色泽新鲜，无雨湿、水渍、腐烂等现象，瓜类无破裂。

易腐货物承运时，温度是否达到承运标准，直接影响到冷量消耗和货物质量。承运温度是指装车时货物的温度。提交运输时，易腐货物的温度必须符合规定。冻结货物的承运温度一般应在−12 ℃以下。冷却货物的承运温度多数在0～7 ℃之间。

使用机械冷藏车运输时，发站在装车时会同乘务组抽查记录货物的质量、温度、选用车辆、装运方法是否符合《鲜规》规定。使用冷藏集装箱运输时，托运人负责装箱前预检和温度设置等操作，以及箱内货物的质量、温度、包装和装载。

易腐货物的包装分为箱类、筐类、袋类和桶类，如木箱、纸箱、钙塑箱、塑料箱，竹筐、条筐，塑料袋，桶等。包装材料应质量良好无污染，结构和规格能适应货物体积、形状的要求，便于装卸、搬运、堆码和装载。包装强度和性能需适应货物的性质，怕挤压的货物，包装必须坚固，能承受货物堆码的压力；需要通风的货物，包装应有适量的缝隙或通风孔。体大坚实的货物，如冻羊肉(胴体、腔体)西瓜、哈密瓜等可不要包装。

货物质量、包装、温度达不到要求时，承运人有权拒绝承运货物。

5. 商定运输条件

使用机械冷藏车运输易腐货物，遇以下情况时，托运人可与发站和乘务组商定运输条件，签订运输协议后运输，并在货物运单和“机械冷藏车作业单”中记录运输条件：

(1)不同品名的易腐货物，如运输温度要求接近、货物性质允许混装的，在同一机械冷藏车内组织混装运输时。

(2)运输《鲜规》中未列明的易腐货物，货物热状态、货物包装、装车时质量要求、运输温度及装载方式可比照类似品名货物时；无法比照其他品名办理的易腐货物，应按相关规定试运。

(3)运输经过基因修改、非正常天然繁殖、使用过生长激素或经过化学药物处理等降低了耐储运性的果蔬时。

(4)托运人要求不按《鲜规》规定条件办理时。

三、易腐货物的基本运输方法

在运输中为了保持易腐货物的冷藏条件，需要采取保持一定温度、湿度、通风和卫生条件的运输方法。为了在运输工具内保持一定的温度，就需要根据具体情况采取冷藏、保温、防寒、加温、通风运输等基本运输方法。

1. 冷藏运输

冷藏运输是指由冷藏车、冷藏集装箱提供冷源，保持车内、箱内温度低于外界温度来运输易腐货物。进行冷藏运输不但需要隔热的车厢或箱体，还需要制冷设备(制冷机或其他冷源装置)，并在运输中不断制冷。大部分易腐货物适宜的运输温度多数情况下都低于外界温度，因此需要冷藏运输。冷藏运输是易腐货物的主要运输方式。

2. 保温运输

保温运输是指不采用任何制冷、加温措施，仅利用车体、箱体的隔热性能和货物本身的冷量或热量来保持在适宜的温度范围内运输易腐货物，如寒季保温运输冻肉、柑橘等。保温运输借助于运输工具的隔热结构，使货物本身蓄积的冷量或热量以较为缓慢的速度散失，在一定时间内维持低于或高于外界气温的温度。保温运输既可使用仅有隔热结构的保温车或隔热集装箱，也可以使用冷藏车或冷藏集装箱不制冷进行。

3. 防寒运输

防寒运输是指当保温运输不能使车内温度维持在货物容许的最低温度之上时，须采取补充的防护措施来运输易腐货物，防止货物冷害冻损，多用于寒季运输怕冷怕冻货物。防寒运输实质上是加强隔热性能的保温运输。主要的防寒措施有在车墙上加挂草帘、棉被，车门处加挂棉帘、草帘，在地板上和四角铺塞稻草、稻壳等。有时也可用棚车进行防寒运输。

4. 加温运输

加温运输是指由运输工具提供热源，保持车内温度高于外界温度来运输易腐货物。当防寒措施仍不能防止易腐货物遭受冷害冻损时，可采取加温运输。机械冷藏车采用开启电热器加温，棚车采用安装火炉生火加温。目前铁路运输仅采用开启机械冷藏车的电热器使车内温度保持在规定温度范围的加温运输方法。

5. 通风运输

通风运输是指在运输全程或者部分区段需要开启冷藏车的通风口盖、进风阀门、排气口或者开启棚车门窗或吊起敞车侧板对车内进行通风来运输易腐货物。通风运输主要用于棚车、敞车运输水果、蔬菜。通风的目的在于散发货物的田间热、呼吸热，排除二氧化碳、乙醇等气体和多余水汽，避免货物积热不散、缺氧呼吸或被乙醇催熟而导致腐烂。

微课

易腐货物装车作业

四、易腐货物装车作业

1. 车辆选配

运输易腐货物时，应根据货物的种类、热状态、气候条件、运输距离和运输去向等因素选择使用的车辆。装运易腐货物应按规定使用冷藏车。确因冷藏车不足时，承运人可根据托运人的要求，按“使用棚敞车运输易腐货物的措施”规定使用棚敞车运输。

(1)机械冷藏车组和 BX 型车组的使用规定。

①机械冷藏车组和 BX 型车组运输时，可组织同一到站卸车的两站分装，或同一发站装车的两站分卸。但两分装或分卸站应为同一径路，距离不超过 200 km。第一装车站的装车数或第二卸车站的卸车数不得少于全组车的一半(枢纽地区除外)。两站分装(卸)是指机械冷藏车组中不同货物车在不同车站装(卸)车，同一货物车只能在一个车站装(卸)车。

②机械冷藏车组中不同的货物车，可以装运温度要求不同的货物。

③机械冷藏车装载货物的重量，不得超过车辆的标记载重量。冷藏集装箱总重应符合集装箱运输有关规定。

④冷藏车、铁路冷藏集装箱严禁用于装运易污染、腐蚀和损坏车辆或箱体的非易腐货物。

⑤无包装的水果、蔬菜(西瓜、哈密瓜、南瓜、冬瓜除外)等易污染、损坏车内设备或箱体的易腐货物不得用冷藏车、铁路冷藏集装箱装运。

⑥冷藏集装箱发电机所用柴油装载量不得超过油箱容积的 95%。

(2)棚车的使用规定。

①易腐货物是否适合棚车运输，由托运人确定，并在运单“托运人记事”栏内记明“要求使用棚车，因此造成的货损自负”字样。

②运输途中各地区有外温低于－10 ℃时，使用棚车装运玻璃瓶装的酒、罐头、饮料类货物

必须采取保温措施。

③采取防寒、保温、隔热措施时，所用材料应清洁无污染。

④装车作业时，对需要通风运输的水果、蔬菜等易腐货物要留有足够的通风空隙。同时可将车辆门窗开启固定，用栅栏将货物挡住，并在货物运单"承运人记事"栏注明"圈开"(表示开门窗运输)，"圈开"应转记在"列车编组顺序表"记事栏内。开启的门窗最外突出部位不得超限。

⑤使用棚车运输易腐货物时，是否需要押运由托运人确定

2. 易腐货物装车前的准备工作

(1)车辆检查。

冷藏车装车前，装车单位应检查通风口、车门及车内设备是否齐全良好，车内是否清洁卫生。机械冷藏车乘务组接到装车通知后，应检查机组的运转情况。发现状态不良不能保证货物安全和运输质量的车辆，如车体车门破损、离水格子不全或损坏、机械故障、有恶臭污染等现象，应予更换或洗刷除污消毒。

(2)车辆预冷。

车辆预冷有利于货物降温，减少途中冷量消耗，也便于保持车内适宜的运输温度。用冷藏车运输易腐货物时，在装车前必须预冷，待车内温度降低到规定温度后，方可装车。

(3)填记机械冷藏车装车通知单。

使用机械冷藏车运输易腐货物时，发站应与托运人商定进货、装车等事项，将计划装车时间、装车地点、货物品名及热状态、重量、到站等事项填记在"机械冷藏车(BX型车)装车通知单"(《鲜规》附件11，表8-3-4)内，于装车前12 h交给乘务组；两站分装的，第二装车站应在车辆到达后及时交给乘务组。乘务组应在装车前做好上水、补足油料、预冷车辆等工作。

表8-3-4 机械冷藏车(BX型车)装车通知单

车号	装车地点	货物品名及热状态	重量/t	到站	计划装车时间	附注
国铁集团、铁路局集团公司调度命令号码						

注：1. 本通知单一式两份，一份交乘务组作为准备装货的通知，一份发站存查。

2. BX型车装车时，车号填写工作车车号，"货物品名及热状态"栏填货物品名即可，"重量"栏可不填写，需要供电服务的，应在"附注"栏注明"供电"字样。

装车站货运员(签字)站戳

年　月　日

机械长(签字)列车戳

年　月　日

规格　A5竖印

使用BX型车组运输冷藏集装箱时，发站应于装车前6 h将“机械冷藏车(BX型车)装车通知单”交给冷藏车乘务组。

使用冷藏集装箱运输易腐货物时，车站应与托运人、收货人商定冷藏集装箱进出站、站内接电等事项，减少冷藏集装箱非工作状态的站内停留时间，避免发生货损。具备冷藏集装箱接电条件件的集装箱办理站见《鲜规》附件12。

3. 易腐货物的装载方法

易腐货物的装载必须在保证货物质量良好的前提下，充分利用车辆(或集装箱)的装载容积和载重力。铁路运输易腐货物的装载方法包括紧密堆码法和留间隙的装载方法两大类。

(1)紧密堆码法。

紧密堆码法可减少货物间的间隙，减缓货物本身冷量的散失，有利于保证货物质量和有效利用货车装载量。适用于冻结货物、冬季短途保温运输的某些怕冷货物、热季运输的某些不发热的冷却货物或夹冰运送的鱼虾、蔬菜等的装载。马铃薯、晚白菜、萝卜、南瓜、冬瓜、西瓜、胡萝卜等可采用这种装载方法。

(2)留间隙的装载方法。

留间隙的装载方法是指在货物或货件间留有通风间隙，以保证空气流通，利于货物散热和车内空气循环。适用于冷却和未冷却的水果、蔬菜、鲜蛋等的装载。留间隙的装载方法按其所留间隙的方式及程度不同，又可分为以下几种装载法：

①品字形装载法。

奇数层与偶数层货件交错、骑缝装载，使呈品字形状，如图8-3-1所示。这种方法适用于箱装，且在热季要求冷却、通风或在寒季要求加温的货物。品字形装车只能在货件的纵向形成通风道，车内空气只能沿着车辆纵向循环，不能上下流通。

②井字形装载法。

货箱侧板之间留空隙，端板之间紧靠，奇数层装法相同，偶数层装法相同，奇数层与偶数层交叉堆放形成井字，如图8-3-2所示。这种方法适用于长条形包装货物的装载。这种装载方法灵活多样，各层货件纵横交错，可按车辆有效装载尺寸和包装规模确定纵向或横向的放置件数。

此法的特点是，空气可在每个井字孔中上下流动，并可通过井字孔串入筐间的缝隙，同时，各层纵向直缝内的空气也能畅通无阻，因此空气的循环情况远比品字形优，且装载较品字形更为牢靠。此外，由于车内空气比较流畅，车门中间也可装载货物，货箱在车内还可灵活摆放，因此装载量也较大。

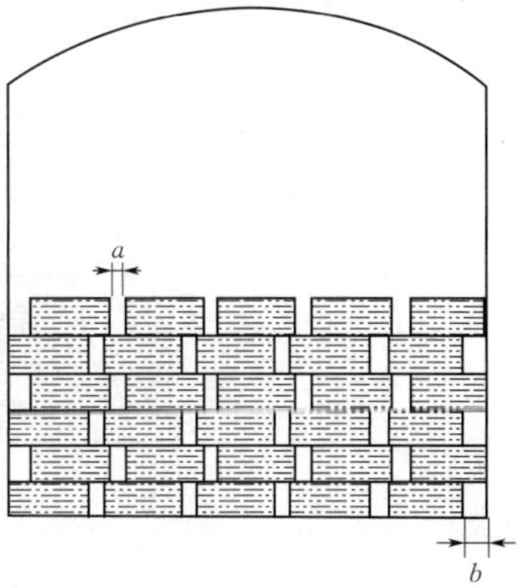

图8-3-1 品字形装载法

注：空隙值$a=4\sim5$ cm，$b=4\sim5$ cm。

③“一二三、三二一”装载法。

第一层按间隔一件、二件、三件留空隙；第二层按间隔三件、二件、一件留空隙；奇数层同第一层，偶数层同第二层，如图8-3-3所示。我国铁路在冬季运输柑橘时常用该装载方法。用这种方法装车时，空气只能在车辆纵向的三条通风道中流通，因此空气循环情况比上述两种方法都差，但装载量较大，适于运输较坚实的水果和蔬菜。

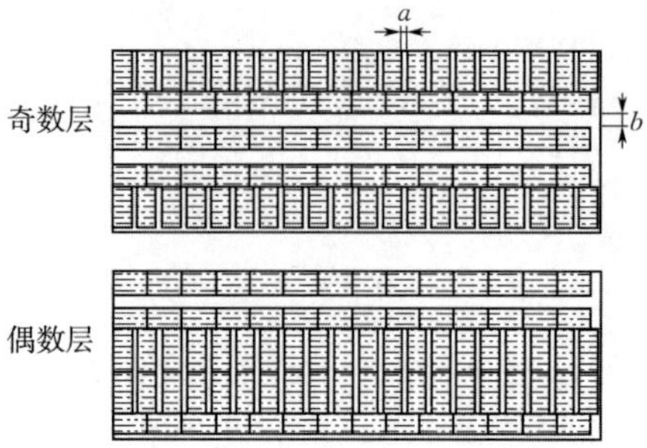

图 8-3-2　井字形装载法

注：空隙值 $a=3\sim4$ cm，$b=3\sim4$ cm。

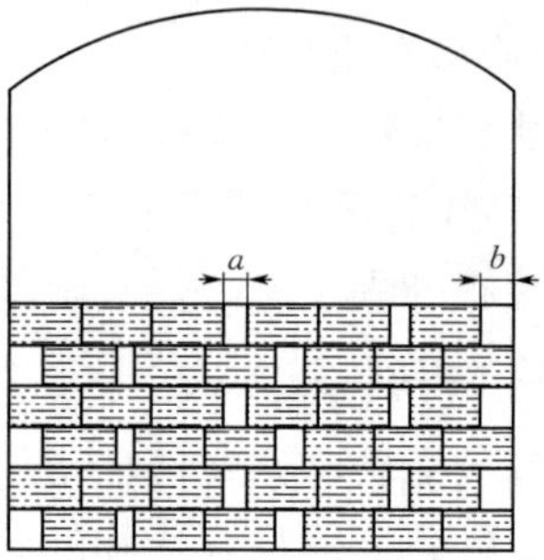

图 8-3-3　“一二三、三二一”装载法

注：空隙值 $a=3\sim4$ cm，$b=5\sim6$ cm。

④筐式装载法。

这种装载方法主要用于喇叭形竹筐、条筐等包装的水果和蔬菜的装载，也适用于梯形塑料箱类包装。由于这些筐形包装本身形状及编造上的特点，装载时货件之间会自然形成一定间隙，便于冷空气的流通，故可不必留出专用风道，只需适当考虑货物性质，并有意识地确定货件装载顺序，即可保证形成适当的通风道。

该装载方法有以下三种形式：

a. 筐口对装法一。底层两侧的箩、篓、筐等大筐口朝下，中间的大筐口朝上，第二层则方向相反，奇数层装法相同，偶数层相同，如图 8-3-4 所示。其特点是货件与车墙间有纵向通风道，货件上下及横向有间隙，车内空气循环较好。

b. 筐口对装法二。底层及奇数层全部大筐(箱)口朝上，第二层及偶数层全部大筐(箱)口朝下，如图 8-3-5 所示。其特点是货件间纵横向均设有通风道，上下有间隙，车内空气循环条件最好，但对车辆容积的利用较差。

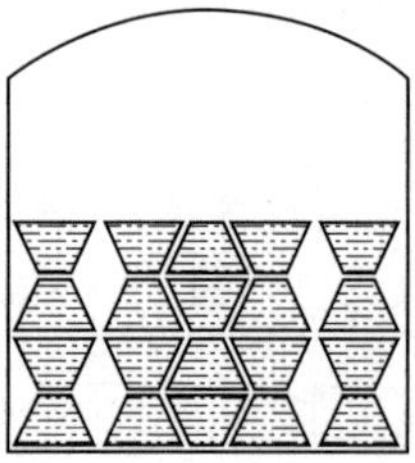

图 8-3-4　筐口对装法一

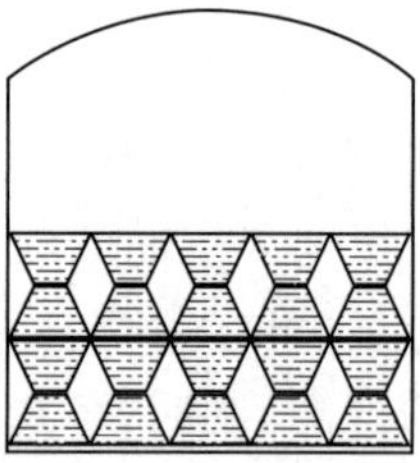

图 8-3-5　筐口对装法二

c. 筐式顺装法。每层的筐(箱)口大头朝上，按顺序堆装，如图 8-3-6 所示。

三种装载形式中，第一种形式适于装载香蕉等，第二和第三种形式适于装载较坚实的水果、蔬菜。

⑤包装预留通风道法。

包装时，采用能够预留空隙的箱子，如图 8-3-7 所示。这种箱子可紧密堆码，而不会影响车内冷空气的流通。

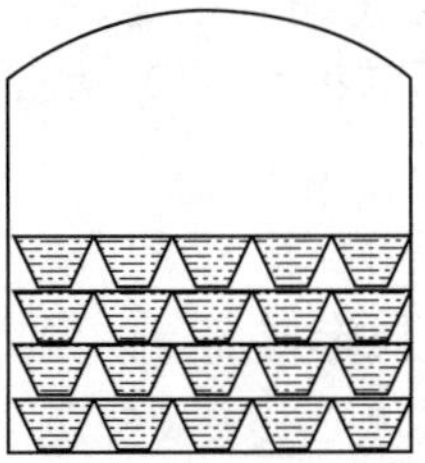

图 8-3-6 筐式顺装法

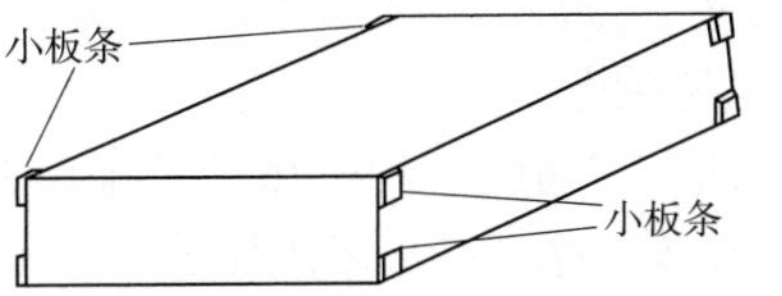

图 8-3-7 可预留空隙的箱子

4. 易腐货物的装车作业

(1)装车注意事项。

易腐货物应按“易腐货物机械冷藏车运输条件表”、“易腐货物装载方法表”(《鲜规》附件7)规定的方法装载。经过预冷的冷藏车装车时，应采取措施保持车内温度。在装卸车作业中应使用不致损坏车内设备的工具，不得挤碰循环挡板和挤占车体压筋之间的空隙，上层货物距离循环挡板至少应留出 50 mm 的空隙，不得在货物分层间使用影响通风的隔板。货物在车内的堆码，应当保证两侧车门能够方便开启。开关车门时，严禁乱砸硬撬。在采取保温、防寒、防湿等措施时，严禁以钉、钻、铆等方式损坏冷藏车车体。

易腐货物装卸车作业时，应轻拿轻放。冷藏集装箱装卸和搬运时，应稳起轻放，避免冲撞，防止损坏。装运冷藏集装箱应使用集装箱专用平车或共用平车，并符合集装箱运输有关规定。

易腐货物的装载与加固应符合《加规》《超规》等有关技术要求。

车站货运员和冷藏车乘务组指导装卸车作业，发现问题及时联系托运人、收货人共同解决。货物装车完毕，冷藏车乘务组负责检查车门是否关闭严密，及时记录车内温度并开机调温。

需要途中供电服务的冷藏集装箱装车后，冷藏车乘务组负责冷藏集装箱的电源连接、温度检查，发现影响正常运输的异常情况，要及时报告和处理。卸车前，车站应通知冷藏车乘务组，冷藏车乘务组应按规定做好检查记录，并将冷藏集装箱电源连接线拔出和复位；具备卸车条件后，冷藏车乘务组通知车站。未配备冷藏车乘务组的，相关工作由车辆配属单位负责。

(2)装车时间规定。

车站、冷藏车乘务组和托运人应加强装车组织工作，缩短装车时间。易腐货物作业车停站时间原则上不得超过该站的货车停留时间。单节机械冷藏车每辆装车作业时间(不包括洗车和预冷时间，下同)不得超过 3 h。货物车为 4 辆的机械冷藏车组，每组装车作业时间不得超过 6 h，每车的装车作业时间不得超过 3 h。装车期间需要制冷的，要在“机械冷藏车作业单”中注明起止时间，超过上述规定时间的，车站按规定核收有关费用。

五、易腐货物车辆运行组织

(1)列车的组织。

在易腐货物运量集中的区段，应开行易腐货物或以易腐货物为主的班列、直达、快运等快速货物列车。在其他区段，应积极组织挂运快速货物列车。

承运人应根据易腐货物季节性强、运量波动大、时间要求快的特点，加强运输组织工作，坚持优先安排运输计划、优先进货装车、优先配空、优先取送、优先编组、优先挂运。

各级调度对装有易腐货物的列车、车辆应重点掌握，防止途中积压。对装有易腐货物的车辆，除中间站装(卸)车可编入摘挂、小运转列车外，均应编入快运列车或直通、直达、区段列车。车辆在编组站、区段站的中转停留时间，原则上不得超过车站有关去向的货车中转停留时间。

(2)控温、通风与供电。

冷藏车乘务组应按“易腐货物机械冷藏车运输条件表”规定或商定的温度要求保持车内温度，并按规定定期对车内温度状况进行监控和记录，需通风运输的，要定期进行通风作业。BX型车组的冷藏车乘务组负责途中供电工作，并在沿途车辆技检作业时，对冷藏集装箱温度进行检查和记录。未配备冷藏车乘务组的，车辆配属单位要做好远程监控和应急处置。

(3)办理变更。

易腐货物需变更到站时，可办理一次，但容许运输期限要大于重新计算的运到期限3 d以上。

(4)中途上水。

需中途上水的机械冷藏车、BX型车组应编在列车中部，乘务组应提前拍发电报将有关情况通知前方上水站。

(5)禁止溜放。

冷藏集装箱(无论空重)、机械冷藏车、BX型车组(不具备供电功能的除外)禁止溜放。BX型车组运输途中不得拆解。

(6)发生滞留的处理。

装有易腐货物的车辆，在运行途中不得保留。遇有特殊情况需要保留时，保留站应立即向铁路局集团公司调度、货运部门报告，同时采取措施妥善处理，并编制普通记录说明原因。

装有易腐货物的车辆、集装箱因技术状态不良等原因发生滞留不能继运时，滞留站应及时报告铁路局集团公司调度、货运部门，并尽量组织按原运输条件倒装。不宜在当地处理的货物，通知发、到站及时联系托运人、收货人，并限时提出处理办法。超过要求时间未接到答复或因等候答复使货物造成损失时，由发生地铁路局集团公司与发送铁路局集团公司协商处理。

(7)途中事故处理。

沿途各站发现冷藏集装箱箱门开启、油箱漏油、电源连接线脱落等问题，影响运输安全时，应及时处理和报告。甩车处理的，必要时应通知箱主单位或托运人配合处置。

运输途中发现易腐货物腐烂、变质、冻损、污染、生理病害、病残死亡等问题时，发现单位应立即通知车站联系托运人、收货人并妥善处理，防止货物损失扩大。

六、易腐货物的到达作业

1. 卸车与交付

到达的易腐货物应及时组织卸车交付或送车交接，严禁以车代库。车站货运员和机械冷藏车乘务员指导卸车作业，发现问题及时联系托运人、收货人共同解决。

对易腐货物的到卸情况，应重点抽查货物的质量，以冷藏车装运的还应抽测货物的温度和检查车内、外温度，以机械冷藏车装运的应会同乘务组进行检测。货场内卸车的易腐货物要注意场地、装卸搬运机具符合卫生要求，严防污染变质，车站应及时联系收货人，采取措施，随卸随搬，减少暂存时间，特别是冻结、冷却货物和保温、加温货物，收货人应准备搬运工具和防护用品，组织直接卸车，防止货物升温过快或发生冷害冻损。

装运易腐货物的机械冷藏车，卸后应认真填写机械冷藏车作业单“到站作业记录”的各项内容。收货人领取货物时，必须将货物的装车备品、防护用品、衬垫物品等全部搬出。卸车单位负责将卸后的车辆和货位清扫干净。

2. 到达货损处理

到达货物出现腐烂、变质、冻损、污染、生理病害、病残死亡等问题时，到站应立即组织卸车并按规定编制货运记录，使用机械冷藏车的应会同乘务组组织卸车。收货人有异议的，不得拒绝卸车或中途停止卸车，否则因此造成的扩大损失由收货人承担。

发现食品运输污染的，应立即向铁路食品安全监管办公室报告。

3. 联系不到收货人或收货人拒绝领取的处理

易腐货物运抵到站，联系不到收货人或收货人拒绝领取时，到站应自发出催领通知次日起（不能实行催领通知时，为卸车完了的次日）或收货人拒绝领取之日起，1 d 内及时通知发站和托运人，征求处理意见。托运人自接到通知之日起，2 d 内提出处理意见答复到站。对于超过容许运输期限仍无人领取的货物，收货人拒领而托运人又未按规定期限提出处理意见的货物，或虽未超过上述期限，但是已开始腐坏、变质的货物，到站可按无法交付货物或有关规定处理。

七、易腐货物车的洗刷除污作业

被易腐货物污染的车辆，卸车单位要彻底洗刷除污，保证没有残留的污水、秽物。按规定需要消毒的，由收货人委托有资质的单位进行消毒。车辆洗刷除污、消毒后适当通风，晾干后再关车门。机械冷藏车洗刷除污、消毒后须经车站和乘务组检查验收，棚、敞车洗刷除污、消毒后须经车站检查验收。卸车单位没有货车洗刷除污条件的，车站应根据调度命令填写“特殊货车及运送用具回送清单”，向铁路局集团公司指定的洗刷除污站回送。

清扫、洗刷除污费用由收货人承担。

典型工作任务 4　活动物运输组织

学习目标

1. 能力目标

(1)能够正确合理地组织活动物的发送、途中和到达作业。

(2)能够进行风险预判与运输组织优化设计

2. 知识目标

(1)掌握活动物的托运、承运、装车、车辆运行的作业内容及注意事项。

(2)熟悉活动物运输组织到达作业注意事项。

3. 素质目标

(1)强化活动物运输的安全意识、环保意识。

(2)深刻理解“人民铁路为人民”的服务宗旨,勇于承担社会发展新使命。

安全案例

活牛运输途中逃脱导致列车脱轨

(1)事故概况:某日,A站承运一批活牛。列车行驶至某山区路段时,因车厢护栏断裂,部分牛群受颠簸冲出车厢,跌落至铁路沿线。其中一头牛被后方驶来的另一列货运列车撞击,导致列车紧急制动,部分车厢脱轨。事故造成3节车厢受损、1名铁路工作人员轻伤,铁路线路中断5 h,直接经济损失超百万元。

(2)原因分析:

①运输动物的专用车厢护栏存在锈蚀老化问题,未在装车前检查修复,导致动物冲撞后断裂。

②运输前安全检查流于形式,未发现车厢护栏隐患。

③当日高温天气未采取降温措施,动物因应激反应加剧挣扎。

相关知识

一、活动物托运与承运

活动物包括禽、畜、兽、蜜蜂、活水产品等。

1. 活动物运输种类

活动物一般按整车运输,未装容器的活动物、蜜蜂限按整车运输。活动物可用活动物专用集装箱运输,但不能用通用集装箱运输。

2. 活动物的检疫证明

为防止动物疫病的传播,保护畜牧养殖业发展和人民身体健康,运输的活动物(包括家禽、家畜、鱼虾、蟹贝、实验动物、观赏动物、演艺动物、野生动物等)应是健康无病的,必须持有国家卫生防疫机构出具的检疫合格证明。

托运人托运活动物时,托运人应按国家有关规定提出检疫证明,在货物运单“托运人记事”栏内注明检疫证明的名称和号码,车站凭此办理运输,并按规定在铁路货运电子商务系统中留存证明文件的影像资料。

3. 蜜蜂运输单证

托运蜜蜂时,托运人除填写货物运单外,还要按车填写物品清单(一式两份,一份留站存查,一份托运人自留)。物品清单要记明蜜蜂的空箱数、有蜂箱数、押运人所带的生活用品,饲养工具及蜜蜂饲料等。

4. 猛禽、猛兽商定运输条件

托运猛禽、猛兽时,托运人应与发站商定运输条件和运输防护方法,报发送铁路局集团公司批准。跨铁路局集团公司运输时,发送铁路局集团公司应将商定的事项通知相关铁路局集团公司。托运人应在货物运单“托运人记事”栏内注明商定的运输条件和运输防护方法。

5. 活动物押运

运输活动物时，托运人必须派熟悉动物特性的押运人随车押运，负责做好动物的饲养、饮水、换水、洒水、看护和安全工作，并在货物运单“托运人记事”栏内注明押运人的人数和押运人姓名、证件名称及号码。

押运人每车1～2人。押运人携带物品只限途中生活用品和途中需要的饲料和饲养工具，并严格遵守“押运人须知”和铁路的有关规定，途中不得吸烟、生火、做饭、用明火照明。

为放蜂需要带的狗必须装在铁笼内，并交验检疫证明。

6. 活动物运输标记

承运活动物时，发站在货物运单注明“活动物”和“禁止溜放”，并转记在“列车编组顶序表”记事栏内。托运人提出需要途中上水的，发站在货物运单注明。

运输标记用以引起各环节运输工作人员的注意，做好沿途服务工作，及时办理运输作业，缩短在途时间。

二、活动物的装车作业

1. 车辆选配

(1)装运活动物应选用专用车辆、敞车或有窗的棚车。

装运活动物的货车是否适合所运活动物生理、生活特点的要求，是运输过程中能否为其创造必要的生存环境的前提，故装运活动物，应选配合适的车种、车型及符合卫生要求的车辆。

装运过毒性物质和某些化肥的木地板货车，一时难以将残留的有害物质清扫、洗刷干净，车内残留的毒性和异味短时间内也难以消除，故不宜用来装运活动物，以免活动物中毒死亡。

无车窗的棚车，通风条件差，不宜用来装运活动物。因为车内空气在活动物粪便影响下更加污浊，且车体散热困难，易使活动物受热、感染疾病，引起病残或死亡。

(2)装运牛、马、骡、驴、骆驼等大牲畜，应使用木(竹)地板货车，并采取有效措施将活动物拴紧；木(竹)地板货车不足需要使用其他货车时，要采取衬垫等防滑措施。

(3)装运活鱼不能使用全钢棚车及车窗不能开启的棚车(采用增氧机运输的除外)。托运人随车携带增氧机时，动力用柴油不能超过100 kg，须配带1～2只灭火器。不能使用汽油动力增氧机。

2. 装车作业

(1)禽、畜可单层或多层装载，每层的装载数量由托运人根据季节、运输距离、活动物的体积及选用的车种车型等情况确定。

(2)装运活动物的车辆可开启门窗，但应采取措施防止大牲畜头部伸出，并在货物运单“承运人记事”栏注明“圈开”，“圈开”应转记在“列车编组顺序表”记事栏内。对开启的车门应捆绑牢固，并用栅栏将活动物挡住。开启的门窗最外突出部位不得超限。

(3)蜜蜂进站时，托运人必须在蜂箱巢门外安装好纱罩，防止蜜蜂飞出蜇人，遮蔽信号，影响车站作业和行车安全。蜂箱巢门未安装纱罩的，发站不得承运。

蜜蜂的装车，托运人必须严格按照车站指定的时间进货、装车，最好组织在晚上进行此项作业。因为夜间蜂群处于休息状态，搬运装载时不会逃散，对作业人员的安全也更为有利。

(4)活动物的装载应符合《加规》《超规》等有关技术要求。

(5)为避免溜放撞击造成活动物损伤和因损伤造成死亡，活动物装车后应插挂“禁止溜放”表示牌。车站在调车作业时，严禁溜放。

三、运输组织和途中作业

1. 活动物车辆编挂

装蜜蜂的车辆与装载农药的车辆原则上不得编挂在同一列车上。

蜜蜂对杀虫剂、有毒气体等化学物质极其敏感，所以不仅不能使用装过农药等毒害品的车辆装运蜜蜂，对装有某些毒害品的车辆，也不可与装运蜜蜂的车辆编挂在一起运输。农药属于毒害品，不少农药即使无包装破损现象，自然挥发出来的气体气味也很浓烈，且对人们身体健康有害，易造成蜜蜂死亡。

如因车流不足、分别挂运有困难，在本次列车运行全程内不发生列车折角转向运行的条件下，可将装运蜂蜜的车辆与装运农药的车辆编入同一列车内，但应将蜜蜂车挂在农药车的前部，并隔离 4 辆以上。蜜蜂车和生石灰车编在同一列车内时，应隔离 2 辆以上，并将蜜蜂车挂在生石灰车的前部。

在活动物运量集中的区段，应开行以活动物为主的班列、直达、快运等快速货物列车。在其他区段，应积极组织挂运快速货物列车。

承运人应根据活动物时间要求快的特点，加强运输组织工作，坚持优先安排运输计划、优先进货装车、优先配空、优先取送、优先编组、优先挂运。

各级调度对装有活动物的列车、车辆应重点掌握，防止途中积压。对装有活动物的车辆，除中间站装(卸)车可编入摘挂、小运转列车外，均应编入快运列车或直通、直达、区段列车。车辆在编组站、区段站的中转停留时间，原则上不得超过车站有关去向的货车中转停留时间。

2. 途中上水

活动物供水是一项不容忽视的工作。在运输途中，如果活动物的饮用水不能得到及时补充和更换，将导致其生存环境和条件恶化，易造成活动物中暑、缺氧、掉膘、病残，甚至死亡。

活动物在中途上水，由铁路指定的上水站免费供应。上水用具由托运人或押运人自备。对挂有活动物需要上水车辆的列车，发站或上水站应拍发电报依次向前方上水站进行预报，上水站应将其接入备有上水设备的股道。上水预报电文内容和代号见表 8-4-1。

表 8-4-1　上水预报电文内容和代号

内　容	开车月、日	车　次	车型车号	货物品名	到　站	收货人
代　号	(1)	(2)	(3)	(4)	(5)	(6)

注：1. 在电文首部冠以“上水预报”字样。

2. 整列运输时，代号(3)只报车型、车数，不报车号。代号(6)由最后一个上水站向到站预报。

3. 疫情的处理

运输过程中发现活动物染疫、疑似染疫、病死或死因不明时，押运人应及时通知车站。车站发现上述情况时，应及时向当地兽医主管部门、动物卫生监督机构或者动物疫病预防控制机构报告，同时拍发电报通知发、到站和上级主管部门，并采取隔离等控制措施，防止动物疫情扩散。严禁乱扔染疫、疑似染疫的活动物，病死或死因不明的活动物尸体。

4. 污染物清理作业

活动物的排泄物及垫料、包装物、容器等污染物应由押运人或收货人在铁路指定站或到站清除，并按动物防疫部门的规定处理，不得中途随意向车外抛撒，不得违规在中途站清扫和冲洗。

5. 蜜蜂途中作业限制

蜜蜂运输不办理变更到站。

为防止蜜蜂蜇伤人、畜，保证铁路作业安全，加速货物送达，在车站和运输过程中不得放蜂。蜜蜂到达到站后，要尽快办理卸车、交付手续，并及时搬出货场。

四、活动物的到达作业

活动物车到站后，卸车单位负责将卸后的车辆和货位清扫干净。卸车时要采取必要的措施防止活动物发生病残、死亡等事故。

蜜蜂到达到站后，要尽快办理卸车、交付手续，并及时搬出货场。

收货人领取货物时，必须将货物的装车备品、防护用品、衬垫物品等全部搬出。

五、活动物车辆的洗刷消毒作业

活动物车辆的洗刷消毒作业参照易腐货物车辆的相关作业执行。

相关规范、规程与标准

1.《铁路鲜活货物运输规则》(铁总货〔2018〕180号)。

2.《铁路集装箱运输规则》(铁货〔2022〕168号)。

实作问答

1. A站使用机械冷藏车装一车水果到B站，途经C站时，因前方山体滑坡造成行车中断，请问C站及主管铁路局集团公司该如何处理？

【解】 (1)C站应立即电告主管铁路局集团公司，请示绕路运输。

(2)如有几条径路可以运至到站时，铁路局集团公司应根据线路通过能力组织绕路运输。

(3)如果绕路运输时，运到期限超过容许运输期限将造成货物变质损坏，而短期内不可能通车时，可先将货物卸下，妥善保管，待恢复运输时再行装车继续运输。

(4)如果卸下再装，可造成货物损失时，C站应联系A站请托运人或联系B站请收货人在要求的时间内提出处理办法。

(5)C站按托运人或收货人提出的处理办法进行办理。

(6)超过要求时间未接到答复或因等候答复将使货物造成损失时，C站比照无法交付货物处理。

(7)C站比照无法交付货物处理后，应将所得价款扣除处理中产生的必要费用(如装卸费)后，将剩余价款通知托运人领取。

(8)C站将处理结果电告发、到站，并抄送主管铁路局集团公司。

2. 某站接250××次列车时，车站接到押运人报告P3423××车内装有一批活牛，其中有1头牛突然死亡并且死因不明，要求车站进行处理，车站立即组织装卸工将死牛就地进行掩埋处理。请问：

(1)该站的处理方法是否正确？

(2)如果不正确，应该怎样处理？并说明依据。

【解】 (1)该站的处理方法是错误的。

(2)根据《鲜规》第六十三条的规定，车站应及时向当地动物防疫部门报告并按相关规定妥善处理，同时拍发电报通知发、到站和上级主管部门。严禁乱扔染疫、疑似染疫的活动物，病死或死因不明的活动物尸体。

3. 客户从A站发B站一批芒果7 000件，重量21 000 kg，价格30 000元，使用一个自备40英尺冷藏箱站到站运输，要求承运运输途中温度12～15 ℃。途中柴油机发电，确保满足承运温度条件，如不能满足温度条件自行负责。容许运输期限17 d(满足大于货物运到限3 d以上的条件)，装载加固方案号码:2021001。请问：

(1)客户提报运单时，应在运单"托运人记事"栏内填记哪些内容？

(2)车站应如何受理？

【解】 (1)"托运人记事栏"应记明：芒果，品类顺号×××，热状态为未冷却货物，运输温度为12～15 ℃，容许运输期限17 d；站到站运输；运输自备40英尺冷藏箱，途中柴油机发电，途中确保满足承运温度条件，如不能满足温度条件自行负责；检疫证明×××，号码×××。

(2)车站应按以下程序受理：

①检查需求信息是否完整、准确。

②审核发到站办理限制、起重能力、临时停限装、特定运输条件等信息。

③依据《鲜规》附录，芒果属于应施检疫植物和植物产品范围。依据《鲜规》第七条规定，审核托运人提供的检疫证明，采集影像资料。在证明文件背面注明托运货物数量，加盖车站日期戳，退还托运人或按规定存查。

④在"承运人记事"栏内记明：禁止溜放，△K，装载加固方案号码:2021001。

课后作业

1. 单项选择题

(1)易腐货物容许运输期限须大于铁路规定的运到期限(　　)以上。

A. 2 h　　B. 3 h　　C. 4 h　　D. 6 h

(2)货物车为4辆的机械冷藏车组，每组装卸车作业时间不超过(　　)。

A. 3 h　　B. 4 h　　C. 5 h　　D. 6 h

(3)使用机械冷藏车装运易腐货物，装车时上层货物距离循环挡板至少应留出(　　)的空隙。

A. 50 mm　　B. 55 mm　　C. 60 mm　　D. 65 mm

(4)易腐货物运抵到站，联系不到收货人或收货人拒领时，到站应自发出催领通知(　　)起或收货人拒领之日起。

A. 12 h　　B. 24 h　　C. 当日　　D. 次日

(5)活动物装车后应插挂(　　)标识牌,车站在调车作业时,严禁溜放。

A. 限速连挂　B. 禁止溜放　C. 洗刷标签　D. 活动物

(6)以长达货物车、冷藏车代替其他车辆及改变罐车使用范围时,应经(　　)承认。

A. 站段　B. 铁路局集团公司　C. 特货公司　D. 国铁集团

(7)使用冷藏车(包括空车回送和回空代用),应由发站逐级上报,经(　　)调度命令承认后方可使用。

A. 站段　B. 铁路局集团公司　C. 特货公司　D. 国铁集团

(8)使用机械冷藏车试运未列名的易腐货物,同一发站、品名、运输条件的货物,首批试运不超过(　　)。

A. 2辆　B. 3辆　C. 4辆　D. 5辆

(9)使用机械冷藏车试运未列名的易腐货物,试运期不得超过(　　)。

A. 半年　B. 1年　C. 2年　D. 3年

(10)机械冷藏车车内预冷冻结货物温度为(　　)。

A. −3~0 ℃　B. 0~3 ℃　C. 9~12 ℃　D. 11~15 ℃

(11)机械冷藏车车内预冷香蕉温度为(　　)。

A. −3~0 ℃　B. 0~3 ℃　C. 9~12 ℃　D. 11~15 ℃

(12)机械冷藏车车内预冷菠萝、柑橘温度为(　　)。

A. −3~0 ℃　B. 0~3 ℃　C. 9~12 ℃　D. 11~15 ℃

(13)机械冷藏车车内预冷其他易腐温度为(　　)。

A. −3~0 ℃　B. 0~3 ℃　C. 9~12 ℃　D. 11~15 ℃

(14)易腐货物是否符合敞车、棚车运输,由(　　)确定。

A. 发站　B. 托运人　C. 装车单位　D. 收货人

(15)使用敞敞车、棚车运输易腐货物时,是否需要押运由(　　)确定。

A. 发站　B. 托运人　C. 装车单位　D. 收货人

2. 多项选择题

(1)鲜活货物是指在铁路运输过程中需要采取制冷、加温、(　　)等特殊措施,以防止出现腐烂、变质、冻损、生理病害、病残伤亡等问题的货物。

A. 保温　B. 通风　C. 上水　D. 加冰

(2)活动物包括(　　)、蜜蜂、活水产品等。

A. 禽　B. 畜　C. 兽　D. 蛋类

(3)使用机械冷藏车装运时,发站应在装车时会同乘务组对货物的(　　)进行抽查。

A. 温度　B. 质量　C. 包装　D. 安全防护用品

(4)运输途中发现易腐货物(　　)、生理病害、病残死亡等问题时,发现单位应立即通知车站联系托运人、收货人并妥善处理,防止货物损失扩大。

A. 腐烂　B. 变质　C. 冻损　D. 污染

(5)对承运的活动物,发站应在货物运单、货票、封套上注明(　　)字样。

A. 限速连挂　B. 易腐货物　C. 禁止溜放　D. 活动物

3. 简答题

(1)在铁路货物运输中,什么是鲜活货物?鲜活货物如何分类?易腐货物按热状态又如何分类?

(2)试述鲜活货物的运输特点及运输要求。

(3)铁路冷藏运输设备有哪些?

(4)何种情况下车辆需要预冷?车辆预冷的作用是什么?

4. 综合分析题

(1)A站12月12日装冻肉一批到B站(运价里程1 151 km),货物运单托运人记事栏内记载允许运到期限10 d,12月17日该车到达B站后,托运人要求变更到C站(B至C运价里程258 km),B站能否受理?为什么?

(2)易腐货物运抵到站,联系不到收货人或收货人拒绝领取时,到站应如何处理?

参考文献

[1] 韩梅.铁路货运技术[M].2版.北京:中国铁道出版社,2010.

[2] 项书峰.铁路货运实作问答[M].3版.北京:中国铁道出版社有限公司,2021.

[3] 戴实.铁路货运组织[M].3版.北京:中国铁道出版社,2015.

[4] 中国国家铁路集团有限公司货运部.铁路货物运输[M].北京:中国铁道出版社有限公司,2022.

[5] 韩梅,郎茂祥.铁路货物运输[M].2版.北京:中国铁道出版社有限公司,2022.

[6] 中国铁路总公司.铁路技术管理规程:普速铁路部分:TG/01A—2017[S].北京:中国铁道出版社,2017.

[7] 中华人民共和国铁道部.铁路货物运输规程[S].北京:中国铁道出版社,1991.

[8] 中国铁路总公司.铁路危险货物运输管理规则[S].北京:中国铁道出版社,2017.

[9] 国家铁路局.铁路危险货物品名表:TB/T 30006—2022[S].北京:中国铁道出版社有限公司,2022.

[10] 中国铁路总公司.铁路货物装载加固规则[S].北京:中国铁道出版社,2015.

[11] 中国国家铁路集团有限公司.铁路集装箱运输规则[S].北京:中国铁道出版社有限公司,2022.

[12] 中国铁路总公司.铁路超限超重货物运输规则[S].北京:中国铁道出版社,2016.

[13] 中国铁路总公司.铁路鲜活货物运输规则[S].北京:中国铁道出版社,2018.

[14] 中国铁路总公司.铁路货运安全管理规则[S].北京:中国铁道出版社,2015.

[15] 中华人民共和国铁道部.铁路货物运输管理规则[S].北京:中国铁道出版社,2000.

[16] 国家铁路局.铁路货物装卸安全技术要求:TB/T 30009—2023[S].北京:中国铁道出版社有限公司,2023.

[17] 中华人民共和国铁道部.电气化铁路有关人员电气安全规则[S].北京:中国铁道出版社,2013.

[18] 中国铁路总公司.铁路货运计量安全检测设备运用管理规则[S].北京:中国铁道出版社,2016.

[19] 国家铁路局.标准轨距铁路限界　第1部分:机车车辆限界:GB 146.1—2020[S].北京:中国标准出版社,2020.

[20] 国家铁路局.标准轨距铁路限界　第2部分:建筑限界:GB 146.2—2020[S].北京:中国标准出版社,2020.

[21] 国家铁路局.铁路危险货物运输技术要求:TB/T 30008—2023[S].北京:中国铁道出版社有限公司,2023.

[22] 国家铁路局.铁路超限超重货物运输技术要求:TB/T 30007—2022[S].北京:中国铁道出版社有限公司,2022.

[23] 国家铁路局.铁路货物装载加固技术要求:TB/T 30004—2021[S].北京:中国铁道出版社有限公司,2021.